八次危机

中国的真实经验 1949-2009

温铁军 等/著

人民东方出版传媒
东方出版社

图书在版编目（CIP）数据

八次危机／温铁军 等著.—北京：东方出版社，2012.10
ISBN 978-7-5060-5557-4

Ⅰ.①八… Ⅱ.①温… Ⅲ.①中国经济—经济危机—研究 Ⅳ.①F124.8

中国版本图书馆 CIP 数据核字（2012）第 254505 号

八次危机
（BACI WEIJI）

作　　者：	温铁军 等
责任编辑：	袁　园
出　　版：	东方出版社
发　　行：	人民东方出版传媒有限公司
地　　址：	北京市东城区朝阳门内大街 166 号
邮　　编：	100010
印　　刷：	北京明恒达印务有限公司
版　　次：	2013 年 1 月第 1 版
印　　次：	2025 年 3 月第 69 次印刷
开　　本：	660 毫米×960 毫米　1/16
印　　张：	26
字　　数：	305 千字
书　　号：	ISBN 978-7-5060-5557-4
定　　价：	55.00 元

发行电话：(010) 85924663　85924644　85924641

版权所有，违者必究
如有印装质量问题，我社负责调换，请拨打电话：(010) 85924602　85924603

天行有常。不为尧存,不为桀亡。
循道而不贰,则天不能祸。

——荀子《天论》

致 谢

本书辑录的科研成果得到以下支持,特此鸣谢:

中国国家社科基金重大项目、重点项目

中国教育部人文社会科学重大攻关项目、应急项目

中国国家自然科学基金应急项目

北京市交叉学科重点项目,首都经济学科群建设项目

中国人民大学985中国农村发展哲学社会科学创新基地

联合国开发计划署中国代表处战略合作项目

"国仁文丛"（Green Thesis）总序

因为有话要说，而且要说在我们团队近期系列出版物的前面，①所以写总序。

我自20世纪60年代以来，从被动实践中的主动反思到80年代以来主动实践中的主动反思，经两个11年在不同试验区的历练，②加之后来广泛开展国内外调查和区域比较研究，且已经过了知天命之年……自忖有从经验层次向理性高度升华的条件，便先要求自己努力做到自觉地"告别百年激进"，③遂有21世纪以来从发起社会大众参与改良、对"百年乡建"（Rural Reconstruction）之言行一致地接续，而渐趋达至"国仁"思想境界，亦即一般学人必须"削足"才能跟从制度"适履"，但只要纳入主流就碍难达到的"实践出真知"。

因此，我在2016年暑假从中国人民大学退休之际，要求为今后

---

① 这几年我们会有十几本书分别以不同作者、不同课题成果的名义问世。这些出版物都被要求做单独的"成果标识"。但我们实际上要做的仍然是这几十年的经验归纳总结和理论提升，"实事求是"地形成"去意识形态化"的话语体系。由此，就需要为这个分别标识的系列出版物做个总序。

② 参见即将出版的《此生无憾：温铁军自述辑录》（暂定名），其中对20世纪80—90年代在官方政策部门开展农村改革试验区及新世纪启动民间为主的新乡村建设试验区，两个11年的经历分别予以归纳。

③ 参见温铁军：《告别百年激进》，东方出版社2016年版。这是我2004—2014年这11年演讲录的上卷，主要是与全球化有关的宏大叙事和对宏观经济形势的分析，甫一出版即被书评人排在当月优选10本财经类著作的第一位。

几年的一系列出版物担纲作序，也主要是想明了指出"国仁文丛"何词何意，亦即：这个丛书是什么思路和内涵。

一、释义之意

"国"者，生民聚落之域也。"上下五千年"是中国人开口就露出来的文化自豪！就在于，人类四大文明古国除了中华文明得以历经无数朝代仍在延续之外，其他都在奴隶制时代以其与西方空间距离远近而次第败亡。由此看中国，唯其远在千山万水之隔的亚洲之东，尤与扩张奴隶制而强盛千年的西方相去甚远，且有万代众生勉力维护生于斯而逝于斯之域，"恭惟鞠养，岂敢毁伤"，兹有国有民，相得益彰。遂有国民文化悠久于国家存续之理，更有国家历史传承于国民行动之中。

"仁"者"爱人"，本源于"仁者，二人也"。先民们既受惠于光风水土滋养哺育的东亚万年农业，又受制于资源环境只能聚落而居，久之则族群杂处，而需邻里守望、礼义相习，遂有乡土中国仁学礼教上下一致维系大一统的家国文化之说，于是天下道德文章唯大同书是尊。历史上每有"礼崩乐坏"，随之社会失序，必有国之不国，无以为家。是以，"克己复礼为仁"本为数千年立国之本，何以今人竟至于"纵己毁礼为恶"……致使梁漱溟痛感"自毁甚于他毁"的现代性为表、横贪纵欲为里之巨大制度成本肆无忌惮地向资源环境转嫁而致人类自身不可持续！

据此可知我们提出"国仁"思想之于文丛的内涵：

中国人历史性地身处三大气候带覆盖、差异显著的复杂资源地理环境下，只有以多元文化为基础的各类社会群体兼收并蓄、包容共生，才能实现并绵延中华文明数千年的历史性可持续。

这个我们每个人都身处其中的、在亚洲原住民大陆的万年农业文明中居于核心地位的"群体文化"内核，也被道家论述为"一阴一阳之谓道"，进而在漫长的文化演进中逐渐形成了极具包容性的、儒释道合一的体系。①

由是，在21世纪初重启中国乡村建设运动之后，我们团队试图把近代史上逐步从实践中清晰起来的乡建思想，寻源上溯地与先贤往圣之绝学做跨时空结合，归纳为人类在21世纪转向"生态文明"要承前启后的社会改良思想。②

是以，道生万物，大德中庸。上善若水，大润民生。有道而立，大象无形。从之者众，大音希声。③ 此乃百年改良思想指导下的乡村建设运动之真实写照。

基于这些长期实践中的批判性思考，我们团队认同的"国仁文丛"的图形标志，是出土的汉代画像砖上那个可与西方文明对照的、扭合在一起的蛇身双人——创造了饮食男女人之大欲的女娲，只有和用阴阳八卦作为思想工具"格物致知"了人类与自然界的伏羲有机地合为一体，才有人类社会自觉与大自然和谐共生的繁衍。蛇身双人的扭结表明在中国人传统思想中物质与精神的自然融合，既得益于多样性内在于群体文化规范而不必指人欲为

---

① 最近10年一直有海内外学者在研究乡建。国外有学者试图把中国乡建学者的思想上溯归源到孔子或老子，国内也有人问我到底偏重晏阳初还是梁漱溟，还有很多人不理解梁漱溟晚年由儒家而佛家的思想演变。其实，我们从来就是兼收并蓄。在儒释道合一的顶天立地和五洲四海的融会贯通之中形成乡建思想。因此，这些海内外研究者的关注点对我们来说本来不是问题。

② 本文丛并非团队的全部思想成果，但在"国仁文丛"设计之前的成果没法再纳入进来，只好如此。

③ 这些年，我一直试图对承上启下的中国乡村建设运动中形成的国仁思想做归纳，遂借作序之机凝练成这段文言，意味着国仁追求的是一种"大德、大润、大象、大音"的思想境界。

"原罪"而出伊甸园；也不必非要构建某一个派别的绝对真理而人为地分裂成唯物与唯心这两个体系，制造出"二元对立结构"的对抗性矛盾。

此乃思想理论意义上的"国仁"之意。

行动纲领意义上的"国仁"，十多年前来源于英文的"Green Ground"。

我们搞乡村建设的人，是一批"不分左右翼，但分老中青"的海内外志愿者。① 大家潜移默化地受到"三生万物"道家哲学思想影响，而或多或少地关注我自20世纪90年代以来坚持的"三农"问题——农业社会万年传承之内因，也在于"三位一体"：在于农民的生产与家庭生计合为一体，在于农村的多元化经济与自然界的多样性合为一体，在于农业的经济过程与动植物的自然过程合为一体。

据此，我们长期强调的"三农"的三位一体，在万年农业之乡土社会中，本来一直如是。告别蒙昧进入文明以来的数千年中，乡村建设在这个以农业为基础繁衍生息的大国，历来是不言而喻之立国之本。

据此，我们长期强调的三位一体的"三农"，本是人类社会转向生态文明必须依赖的"正外部性"最大的领域，也是国家综合安全的最后载体。

中国近代史上最不堪的麻烦，就在于激进者们罔顾"三农"的正外部性，把城市资本追求现代化所积累的巨大"负外部性"代价向乡土中国倾倒！于是，我虽然清楚"三农"本属于三位一体，也曾经在20世纪90年代末期和21世纪第一个10年特别强调"三农

---

① 中国乡建运动之所以能够延续百年而生生不息，乃在于参与者大抵做到了思想和行动上都"去激进"，不照搬西方的左右翼搞的党同伐异。

问题农民为首",主要是因为那个时期的形势严重地不利于农民这个世界上最大的弱势群体。实际上,也就是在做这种特别强调而遭遇各种利益集团排斥的困境中,我才渐行渐知地明白了前辈的牺牲精神。大凡关注底层民生的人,无论何种政治诉求、宗教情怀和文化旨趣,总难免因慈而悲、因悲而悯,在中国百年激进近现代史中,也就难免"悲剧意义"地、历史性地与晏阳初的悲天悯人①、梁漱溟的"妇人之仁"等,形成客观的承继关系。据此看,20世纪初期的"乡建派学者"也许应该被归为中国最早的女性主义者。② 我们作为继往开来的当代乡村建设参与者,有条件站在前辈肩上高屋建瓴、推陈出新,不仅要认清20世纪延续而来的中国"三农"困境,而且要了解21世纪被单极金融资本霸权强化了的全球化,及其向发展中国家转嫁巨大制度成本的制度体系。这个今人高于前人的全球视野,要求我们建立超越西方中心主义意识形态的世界观和宏大叙事的历史观,否则,难以引领当代乡村建设运动,遑论提升本土问题的分析能力。

从2001年中央主要领导人接受我们提出的"三农"问题这个难以纳入全球化的概念以来,即有一批志愿者着手复兴百年传承的"乡村建设"。部分年轻的乡建志愿者于2003年在距北京大约300公里之遥的河北翟城村开始了新时期乡建,一开始根本就没有外部资金投入和内部管理能力。因为这种以民间力量为主的社会运动无权

---

① 参阅温铁军:《"三农"问题与制度变迁》,中国经济出版社2009年版。记得一位学者型领导曾经语重心长地告诫我:农民在现代化的大潮中挣扎着下沉,就剩下两只手在水面乱抓。你的思想无所谓对错,只不过是溺水者最后抓住的那根稻草,再怎么努力,也不过是落得跟着沉下去的结局……

② 乡建前辈学者梁漱溟因在1953年与毛泽东激辩合作化问题而被后者批为"妇人之仁"。据此,梁漱溟可以被认为是中国20世纪50年代的早期女性主义者。尽管在实事求是的态度面前,打上何种类别的标签并不重要,但如果这是当代学者们的本能偏好,也只好任由其是。

无钱,很大程度要靠热血青年们艰苦奋斗。那,年轻人激情四射地创了业,也激情四射地生了孩子,老辈们就得跟上支持和维护。十多年来,有一句低层次的话多次被我在低潮的时候重复:存在就是一切。只要我们在随处可见的排斥下仍然以另类的方式存活下去,就证明了方式的可持续。我们在最开始心里就觉着,应该给这个社会广泛参与的乡建运动将来可能形成的可持续生存系统,提出一个可以做国际交流的概念,一个符合21世纪生态文明需要的、大家可以共享的名号。于是就跟海外志愿者们商量,提出了这个英文概念"Green Ground"。若直译,就是"绿色大地";若意译,则是"可持续基础"。如果把音译与意译结合起来考量,那就是"国仁"。有国有仁,方有国人国祚久长不衰。

从十多年来的乡建工作看,这三个意思都对路。

二、文丛之众

俗话说,三人为众。子曰:"三人行,必有我师焉。择其善者而从之,其不善者而改之。"如此看文丛,乃众人为师是也。何况,我们在推进乡村建设之初就强调"去精英化"的大众民主。[①]

前几年,一直希望整个团队愿意理解我试图"让当代乡建成为历史"的愿望。尤其希望大家能够结合对近代史中任何主流都激进推行现代化的反思,主动地接续前辈学者上一个世纪之交开始的乡村建设改良运动,在实际工作中不断梳理经验教训。或可说,我"野心勃勃"地企图把我们在新的世纪之交启动的新乡建运动,纳入

---

① 关于精英专政与大众民主的分析,请参阅高士明、贺照田:《人间思想第四辑:亚洲思想运动报告》,人间出版社2016年版,第2—19页。

百年乡建和社会改良史的脉络。诚然，能够理解这番苦心的人确实不多。①

这几年，我也确实算是把自己有限的能力最大化地发挥出来，"处心积虑"地安排乡建志愿者中有理论建设能力的人在获取学位之后分布到设有乡建中心或乡建学院的不同高校，尽可能在多个学科体系中形成跨领域的思想共同体。目前，我们在海内外十几个高校设有机构或合作单位，有数十个乡村基层的试点单位，能够自主地、有组织有配合地开展理论研究和教学培训工作，立足本土乡村建设的"话语体系"构建，已经有了丰硕成果。②

总之，我们不仅有条件对21世纪已经坚持了15年的"当代新乡建"做个总结，而且有能力形成对20世纪前辈乡村建设运动的继承发扬。

我们团队迄今所建构的主要理论创新可以表述为以下五点。

一是人类文明差异派生论：气候周期性变化与随之而来的资源环境条件改变对人类文明差异及演化客观上起决定作用。据此，人类文明在各个大陆演化的客观进程，至少在殖民化滥觞全球之前应

---

① 近年来，我不断在乡建团队中强调对乡建经验的归纳总结要尽可能提升到理性认识高度，并且要努力接续百年乡建历史，并带领团队申报了一批科研项目。那么，要完成科研任务，就要花费很多精力。对此，就有一些长期从事乡村基层工作，必须拿到项目经费才能维持单位生存，为此来不及形成理论偏好的同人难以接受，甚至有些意见相左之人表达了误解、批评。这本来不足为怪，对批评意见也不必辩解。总体上看，大乡建网络的各个单位还是积极配合的。但，考虑到这些批评说法将来可能会被人拿去当某些标题党的报道和粗俗研究者的资料，因此，我才不得不以总序的方式让相对客观些的解释在各个著述上都有起码的文字依据——尽管这些话只是简单地写在脚注中。

② 中国有中国人民大学、中国农业大学、中共中央党校（国家行政学院）、清华大学、重庆大学、华中科技大学、北京理工大学、上海大学、西南大学、福建农林大学、香港岭南大学。海外有英国舒马赫学院、美国康奈尔大学，近期正在形成合作的还有国际慢食协会的美食科技大学（意大利）等。

是多元化的，不是遵循在产业资本时代西方经典理论家提出的生产方式升级理论而展开的。这个理论有助于我们构建不同于主流的生态化历史观。

二是制度派生及其路径依赖理论：不同地理条件下的资源禀赋和要素条件，决定了近代全球化之前人类文明及制度的内生性与多元性，也决定了近代史上不同现代化的原始积累（东西方差异）途径，由此形成了不同的制度安排和体系结构，并构成其后制度变迁的路径依赖。这也成为我们开展国别比较和区域比较研究的重要理论工具。

三是成本递次转嫁论：自近代以来，在全球化所形成的世界体系中，核心国家和居于主导地位的群体不断通过向外转嫁制度成本而获取收益，得以完成资本原始积累、实现产业资本扩张和向金融资本跃升，广大发展中国家及底层民众则因不断被迫承受成本转嫁而深陷"低水平陷阱"难以自拔。当代全球化本质上是一个因不同利益取向而相互竞争的金融资本为主导、递次向外转嫁成本以维持金融资本寄生性生存的体系。在人类无节制的贪欲面前，最终承担代价转嫁的是"谈判缺位"的资源和生态环境，致有人类社会的不可持续之虞。

四是发展中国家外部性理论：第二次世界大战后绝大多数发展中国家都是通过与宗主国谈判形成主权，这可以看作一个"交易"。任何类型的交易都有信息不对称带来的风险，因转嫁交易范围之外的经济和社会承载而为外部性问题，任何信息单方垄断都在占有收益的同时对交易另一方做成本转嫁，由此发展中国家谈判形成主权必有负外部性，导致难以摆脱"依附"地位。但，越是一次性博弈则风险爆发造成谈判双方双输的可能性越大，发达国家在巧取豪夺巨大收益的同时，其风险也在同步深化和加剧。

五是乡土社会应对外部性的内部化理论：中国作为原住民人口大国中唯一完成工业化的国家，其比较经验恰恰在于有着几千年"内部化处理负外部性"的村社基础，其中的村社理性和政府理性构成中国的两大比较制度优势。政府同样是人类制造出来但反过来统治人类自身的成本高昂的产物。遂有政府与资本相结合激进推进现代化之后的经济、社会、文化、资源、环境等负外向性问题，成为中国通往可持续的障碍，才有如此广泛的民众愿意参与进来，以期通过乡村建设使"三农"仍然作为中国危机"软着陆"的载体。

以上五点核心思想，主要体现于我们基于"本土化"和"国际化"两翼而展开的以下五个领域的研究工作中。

一是应对全球化的挑战。在资本主义三阶段——原始积累阶段、产业资本扩张阶段和金融资本阶段，核心国家/发达国家总是不断以新的方式向外转嫁制度成本，乃是全球化给广大发展中国家、给资源环境可持续带来的最大挑战。这个思想，在我们的主要课题研究中，作为全球宏观背景，都有所体现，也发表在我们关于全球资本化与制度致贫等一系列文章中。

二是发展中国家比较研究。团队与联合国开发计划署合作，构建了"南方国家知识分享网络"，开展了"新兴七国比较研究"和"南方陷阱"等发展中国家的深入研究。目前正在进行比较研究的新兴七国包括中国、土耳其、印度、印度尼西亚、巴西、委内瑞拉、南非。已经发表了有关文章和演讲，两部专著也在起草和修改之中。

三是国内区域比较研究。中国是个超大型国家，各区域的地理条件和人文环境差异极大，对各区域的发展经验进行研究、总结和归纳，是形成整体性的"中国经验"并建立"中国话语"的基础。

团队已经完成了苏南、岭南、重庆、杭州、广西左右江、苏州工业园区等不同地区的发展经验的分析。已经发表了多篇文章，形成的专著也获得多项国家级、省部级出版奖和科研奖。

四是国家安全研究。国家综合安全是当前"以国家为基本竞争单位的全球化"面临的最大挑战。基于国际比较和历史比较，团队研究表明了新中国通过土地革命建立政权与其利用"三农"内部化应对经济危机之间的相关关系——从历史经验看，新中国在其追求"工业化+城市化＝现代化"的道路上，已经发生了九次经济危机，凡是能动员广大农村分担危机成本的，就能实现危机"软着陆"，否则就只能在城市"硬着陆"。团队正在开展的研究是以国家社科基金重大项目为依托，探讨如何从结构和机制上改善乡村治理以维护国家综合安全。

五是"三农"与"三治"研究。我们自提出"三农"问题并被中央领导人接受之后，用了十多年的时间来研究乡村"三治"问题（指县治/乡治/村治）。自20世纪80年代农村去组织化改革以来，作为经济基础的"三农"日益衰败，而作为上层建筑的"三治"成本不断上升，二者之间的错配乃至哲学意义上的冲突日益深化！其结果，不仅是农村爆发对抗性冲突，陷入严重的不可持续困境，还在生态环境、食品、文化等方面成为国家综合"不安全"的重要"贡献者"。比形成对问题的完整逻辑解释更难的，是我们如何打破这个"囚徒困境"。也因此，任何层面上的实践探索都难能可贵，即使最终被打上"失败"的标签，也不意味着这个堂吉诃德式的努力过程并不重要，更不意味着这个过程作为一种社会试验没有记录和研究价值。

综上，"大乡建"体系之中从事研究的团队成员众多，且来去自由，但混沌中自然有序，我认为团队在这五个领域的思想创新，在五个方面所做的去西方中心主义、去意识形态的理论探索，已经形成了"研究上顶天立地，交流上中西贯通"的蔚然大观。仅"国仁文丛"的写作者就有数十人，参与调研和在地实践者更无以计数，收入的文字从内容到形式都有创新性，且不拘一格。如果从我20世纪80年代就职于中央农研室做"农村改革试验区"的政策调研和国内外合作的理论研究算起，我们脚踏实地开展理论联系实际的科研实践活动已经数十年了。其间，团队获得了十多项国家级"纵向课题"和数十项"横向课题"，获得了十几项省部级以上国内奖及一项海外奖。在高校这个尚可用为"公器"的平台上，我们团队通过这些体现中国人民大学"实事求是"校训的研究和高校间的联合课题调研，已经带出来数百名学生，锻炼了一批能够深入基层调研，并且有过硬发表成果能力的人才，也推进了分散在各地城乡的试验区的工作水平。

由此看，当代大乡建由各自独立小单位组成，虽然看上去是各自为政的"四无"体系——"无总部、无领导、无纪律、无固定资金来源"，却能"聚是一团火、散是满天星"，做出了一般海外背景或企业出资的非政府组织"做不到、做不好，做起来也不长久"的事业。诚然，这谈不上是赞誉我们团队的治理结构，因为各单位难免时不时发生各种内部乱象。但，乡建参与者无论转型为NGO（非政府组织）还是NPO（非营利组织），都仍愿意留在大乡建之中，否则再怎么干得风生水起也难有靠自己的思想水平形成"带队伍"的能力！若然，则乡建改良事业得以百年传承的核心竞争力，恰在于"有思想创新，才能有人才培养，才有群体的骨干来带动事业"。君不见：20世纪乡村建设大师辈出、试验点竟以千数，21世纪新乡建则学者咸从、各界群众参与者更有数十万！

这就是大众广泛参与其中的另一种（alternative）社会历史……

由此看到：发展中国家为主的"世界社会论坛"（World Social Forum）打出的口号是"另一个世界是可能的"（Another world is possible）；而在中国，我们不习惯提口号，而是用乡建人的负重前行，在大地上写下"另一个世界就在这里"（Another world is here）。

人们说，20年就是一代人。从2001年算起，我们发扬"启迪民智，开发民力"的前辈精神，在21世纪海内外资本纵情饕餮大快朵颐中勉力传承的"大乡建"，作为大众广泛参与的社会改良事业已经延续15年了！再坚持5年，就是一代人用热血书写的历史了。

作为长期志愿者，大家都辛苦，但也乐在其中！吾辈不求回报，但求国仁永续。唯愿百年来无数志士仁人投身其中的乡建事业，在中华文明的生生不息中一代代地传承下去。

以此为序，上慰先贤；立此存照，正本清源。

温铁军

丙申年甲午月

公元二〇一六年六月

目　录

推荐序 ··· 001
自　序 ··· 003
概念提示 ··· 015

第一部分　中国的八次危机及其"软着陆"

引言 ··· 003

纵观60年的中国当代史，已经有四次对外引资和连带发生的八次与国家工业化不同阶段特征有关的城市经济危机——**改革前后各有三次属于债务转化赤字型的危机，纳入全球化以来则有两次输入型危机**。其与西方特色工业化长期向外转嫁成本之最显著、最本质的区别在于，在中国特色的城乡二元对立的基本体制矛盾约束下，发生的是内向型的制度成本转嫁：凡是能向农村直接转嫁危机代价的，则集中于城市的产业资本就可以实现"软着陆"，原有体制也就得以维持；凡是不能向农村直接转嫁代价的危机就不得不在城市"硬着陆"，遂导致政府财税、金融，乃至整个经济体制的重大变革。

第一章　发展陷阱和中国经验 ····························· 009

在纳入全球化的国际环境下，中国作为相对于殖民主

I

义历史而言的"原住民"过亿的人口大国，且是未经西方那种对外侵略就完成工业化原始积累、进入产业资本扩张的发展中大国，其发展经验，如果仅用服务于西方意识形态的一般理论框架和学术概念，恐怕难以全面解释。

一、从外资外债视角解析"中国经验" ·················· 010

将当代中国半个多世纪的四次"对外开放"——从国家负债大规模引进设备，到直接引入外商以合资、独资形式直接投资——的复杂背景及内在原因联系在一起就不难发现，对外开放从来都是"双刃剑"：一方面，它被中国政府在资本短缺时期作为推动经济发展和政策调整的重要工具；另一方面，以金融资本为主要收益、全球范围攫取资源和剩余的发达国家不可能改变获利方式，外资又是加剧国家对外负债导致国内经济困境的始作俑者。而且，正是这种内在矛盾迫使决策层不得不进行内外经济政治政策的调整和变革。

（一）问题的提出：基于发展中国家工业化的国际比较 ·················· 011

（二）中国周期性经济危机的政治经济学分析 ·················· 018

二、从危机化解视角思考中国发展的可持续性 ·················· 022

对于融入全球化的中国来说，因倚重外需而具备再次遭遇类似1997年和2008年的输入型危机的条件；在中国经济中已经占比高达30%的外资由于自身的流动性，其进入和撤出也会引发国内经济政治的连锁反应。面对严峻挑战的中国人亟需力戒骄躁，对资本主义文明史上的危机规律及其必然引发的法西斯化倾向加深认识；**唯复兴多样性内涵的生态文明，开展综合性合作与基层自治，才可能以东方特色的"内部化"**

机制应对转嫁而来的外部性风险。这也可使中国免于重蹈西方负债过高的政治现代化危机之覆辙。

（一）近年来宏观环境的新变化 …………………… 023
（二）农村社会经济条件的新变化 ………………… 027
（三）趋势性问题及建议 …………………………… 031

第二章　1958—1976：工业化初期的三次危机及其外资外债背景
………………………………………………………… 035

中国20世纪上半叶的三次国内革命战争无论被何种名义的政党领导，其主体只能是为了实现几千年来"耕者有其田"的梦想而无数次付诸武力的农民，战后建立的也只能是农民平均占有村内土地的"小有产者"社会。从此，源于西方19世纪阶级政治经验的经典意识形态，在中国也就只能漂泊——不仅中国的经济社会政治矛盾摆脱不了这个世界上数量最大的"农民小资"国家的基本属性约束，而且政府无论走何种工业化道路，都势必面临与数亿分散的小农之间的"交易费用"过大的历史困局。

一、第一次借助外资走出民国危机的背景及其逻辑演变："二战"后地缘战略的重构及演变 ……………… 040

1949—1950年年初的通胀和经济萧条很严重，但为什么没有被本书列入新中国60年的八次危机？因为性质不同：1929—1933年席卷西方的大危机，不仅终结了民国经济的"黄金十年"，而且在1935年连带改变了中国的币制，造成1937—1949年的长期通胀，与之相呼应的是日本侵华战争……1949年的政治变迁恢复了传统的小农村社制度，客观上未能在城市改变长达13年的民国通胀危机之延续。

二、危机一：1958—1960年苏联援华投资中断之后，中国发生了什么 …………………………………… 054

  1949年以来，历经4年"民族资本主义"和5年"国家资本主义"的中国在连续9年的国家工业化"资本原始积累"后，一方面史无前例地在大城市中初步构建了以军重工业为主的全民所有制经济；另一方面也形成了任何资本原始积累都势必发生的巨大制度成本。但本书讨论的核心问题却不在制度成本，而在于这种成本因何爆发和向何处转嫁。

三、危机二：1968—1970年"三线建设"中的国家战略调整与经济危机 ·· 068

  20世纪60年代美苏两个超级大国并立的地缘战略控制基本完成。同一时期，第三世界国家全面解放殖民地的斗争和受两个超级大国地缘战略控制地区的反抗风起云涌。对此，两个超级大国分别使用的是形式不同但性质相同的极端手段——其一使用CIA制造军人独裁政权；其二则是军事镇压东欧民主运动和激化中苏边界冲突……与之对立的是第三世界广泛接受"毛式"自力更生、群众参与的社会主义，这恰和西方社会自由主义理念指导下争取民权和民主的群众运动相得益彰。

四、第二次更大规模借助外资调整结构的背景及其符合逻辑的危机演变——20世纪70年代来自西方的外债：从"四三方案"到"八二方案" ·· 079

  1971年可被称为西方世界的"金融资本主义元年"：美国停止兑换黄金，布雷顿森林体系解体，西方产业资本开始外移，其汇回资产收益促使国内经济向金融服务业作结构升级。同年，不可能进入金融化、停滞在产业资本扩张阶段的苏联把小型核武器配置给中国边界沿线驻军，中国则启动"乒乓外交"重构与西方关系。同期，日本产业对东亚的"雁阵式"扩散全面开始,"四小龙"和"四小虎"造就的亚洲奇迹对中国起到了榜样作用。

五、危机三:1974—1976年最后一次"上山下乡" ········ 084

与20世纪50年代国家工业化原始积累形成的巨大成本向农村转嫁的情形并无二致,20世纪70年代国家连续通过负债引入西方设备促进工业结构调整的举措也如影随形地产生了巨大制度成本:国家债务演化为财政赤字,连续几年突破百亿,造成投资下降,导致1974年的城市就业危机,路径依赖地向农村集体转嫁危机代价——第三次上山下乡运动开始。

第三章 1978—1997:改革以来三次内源性经济危机及其化解
·· 089

如果把1988—1994年发生在中国的大危机与西方1929—1933年的大危机作客观对比,应该能出一本很有比较研究价值的学术著作。但得坚持客观地把1988—1989年的滞涨、1990—1991年的萧条和1992年的复苏、1993—1994年进入高涨的同时再次诱发高通胀的过程,看作一个比较典型的危机周期来作分析。诚然,中国1993年以后以应对危机的政府调控为实际内容的"深化改革",及其造成内需下降导致的外向型经济大转型,对世界资本主义影响巨大,也给后辈留下了异常丰富的话题。

一、危机四:1979—1980年改革以来的第一次经济危机及借助"三农"的复苏 ··· 097

在20世纪70年代连续增加外债转化为赤字的压力下,必须换汇还债。随之是以中央财政"甩包袱"为内核的经济体制改革——以"放权让利"为名推动"地方工业化"(与1958年类似)。于是,一方面是最有创汇潜力的沿海率先得到对外开放的机会;另一方

V

面，这些地方的对外负债只能由中央政府偿还。于是中央与地方"条块分割，尾大不掉"的利益关系更加复杂。

  （一）"第一次"经济危机的发生和表现特点 ………… 099
  （二）1980年经济危机"硬着陆"在城市及借助"三农"
    的复苏 ………………………………………………… 109

二、危机五：1988—1990年改革以来的第二次经济危机及"三农"应对 ……………………………………………………… 124

  20世纪80年代因高增长+低上访的"黄金十年"而名垂青史！其中有三种不同的原始积累或资本扩张：一是**城市经济基本完成了国家工业化原始积累，进入产业资本扩张阶段**；二是农村经济休养生息、**乡镇企业进入产业资本原始积累阶段**，遂使"三农"承载经济危机能力增强；三是国家垄断资本下的"富二代"横空出世，官倒公司靠倒买倒卖、**囤积居奇进行"权贵资本"的原始积累**。这三者充满矛盾的"谐振"造成经济秩序混乱和贪污腐败大量发生。

  （一）1988—1990年经济危机的特点和内在机制 …… 124
  （二）经济危机与成本向"三农"的转嫁 ……………… 132

三、第三次外资外债背景及其逻辑演变 ………………………… 138

  日本高增长终结于房地产泡沫破灭，财政赤字与金融高负债，加速一般制造业的产业转移。中国受制于外汇短缺、财政赤字和偿债乏力，因而进一步**放权让利于并不承担债务责任的地方政府**，全国普遍出现"政府公司化"——各地政府借机攀比出台以"亲资本"为内涵的改革政策，大规模招商引资和经济过热，遂使中央债务负担陡增。

四、危机六：1993—1994年改革以来第三次经济危机及其外向
　　型转化 ·· 148

　　鲜为人知的是：中国在20世纪90年代上半期相对于GDP的综合债务率曾经高达140%以上（高于2010年欧债危机爆发时的平均水平）。但在那时，遭西方封锁的中国没资格呼救——西方主流舆论是"中国崩溃论"……在中国政府严酷的宏观调控和自我紧缩的促推下，只能再次像1980年那次危机硬着陆在城市那样内向型地"成本转嫁"！在付出巨大财产损失和社会代价走出危机时，中国的国内战略产业和高附加值产品出口及其利润，都已经极高比例地受控于跨国公司了。

　　（一）改革以来第三次经济危机（国家工业化60年的
　　　　　第六次危机）发生的内在机制和特点············ 149
　　（二）城市和农村共同分担1993—1994年危机的成本
　　　　　 ·· 162

**第四章　1997和2008年中国两次"输入型"危机的发生、应对
　　　　及影响** ·· 179

　　这一时期中国经济最为重要的阶段性变化是纳入资本全球化——百年苦恋工业化的中国人，在世纪之交**告别产业资本阶段的长期短缺，迎来全面过剩之际，随即遇到国际产业资本的全球布局**，促推西方制造业大举转移进入中国。但另一方面，随着这一轮产业经济高增长而来势汹汹的，主要是**金融资本全球竞争的新挑战**！

一、现象归纳：60年四次引进外资各伴生两次危机 ········· 180
　　第四次外资与纳入全球化——进入21世纪之后中国加入世界贸易组织，随之成为全球外商直接投资（FDI）排名第一的国家。以西方为主的跨国公司愈

益控制着中国的产业和出口，并占有主要收益。以输入型因素为主的危机使没有全球话语权的中国政府依靠国内宏观调控的代价过大。

二、危机七：1997年东南亚金融危机的应对措施及影响 … 183

随着经济外向度在1997年增加到70%以上，中国开始遭遇第一次输入型危机——东南亚金融危机导致外需显著下降，政府随即启动国债投资拉动增长，**这是中国政府第一次相对比较主动的危机应对行为**（10年之后，当面临同样的外需下降于2008年华尔街金融海啸而再次发生的时候，中国政府以增加国债投资为主来应对，其经验已经比较成熟了）。

（一）危机本源变化——为什么是一场输入型危机 …… 184
（二）"政府进入"是中国应对输入型危机的主要经验
　…………………………………………………… 191
（三）本轮危机对"三农"与"三治"的影响 ……… 211

三、第四次外资外债背景及逻辑演变及1997—2008年：国内外两个"产能过剩"的碰撞 …………………………… 219

中国领导人在1999年提出"以人为本"，要改变"以资为本"的发展逻辑。此前中国经济学家已经指出"生产过剩 + 劳动力过剩 = 恶性循环"的一般内生性矛盾。同期发生的是中国"入世"游戏的多方博弈——庞大的中国过剩生产能力在纳入本来就严重过剩的全球化过程中，引爆了病入膏肓的全球产业资本危机。**跨国资本寻找要素价格低谷与占领市场双重目标驱动了全球产业重新布局，这是第四次外资进入中国的动因。**

四、危机八：2008年金融危机的应对措施及影响 ………… 229

成功应对了1997年东南亚金融危机，有着丰富的财政投资经验的中国连续10年维持着投资拉动经济的增长模式。这种投资之于实体经济中物质财富的增长快慢，主要取决于幅员辽阔且区域差别显著的中国是否存在可吸纳基本建设投资的空间。也因此，增加投资于中西部和加强三农建设，才有应对全球危机的现实作用。

(一) 危机发生前的国内宏观环境……………………229

(二) 以"三农"战略为代表的"民生新政"对2008年危机"软着陆"的作用 ……………………239

(三) 2008—2009年：第二次输入型危机发生后中国的应对措施……………………245

(四) 对两次输入型危机应对环境和条件的简单比较……………………250

第二部分　关于全球危机与中国对策研究的简报和会议记录选辑

引言……………………257

I 一个趋势，两种保守，三大战略
——2011年春季新世纪第二个十年中国发展战略闭门会议综述……………………261

II 中国构筑战略回旋空间要靠两条腿"走出去"
——2010年秋季宏观形势闭门研讨会辑要……………………285

III 灰色经济、压力维稳与政治体制改革
——2010年11月4日闭门研讨会观点摘要……………………291

IV 中产阶级的崛起与中国社会结构的变化
——2010年3月1日闭门研讨会观点摘要……………………307

大事年表 …………………………………………………… 325
附录　温铁军归来 ………………………………………… 347
后记 ………………………………………………………… 367

专栏目录

专栏 1　新中国成立 60 年来农民对国家建设的贡献分析 ……… 012
专栏 2　农村人口和劳动力的结构变化…………………………… 028
专栏 3　城市生产的支农工业品难以下乡………………………… 042
专栏 4　1950—1953 年苏联对中国经济建设的援助 …………… 045
专栏 5　20 世纪 60 年代开始的"三线建设"…………………… 071
专栏 6　1978—1981 年工业化建设的"过度投资"……………… 101
专栏 7　政府工作报告中关于各种补贴和福利开支的表述……… 104
专栏 8　政府工作报告中关于财政赤字引发危机的认识及措施
　　　　……………………………………………………………… 107
专栏 9　1988 年价格改革决策过程 ……………………………… 130
专栏 10　20 世纪 80 年代乡镇企业发展的困境 ………………… 134
专栏 11　中央沿海经济发展战略的提出 ………………………… 139
专栏 12　王建的"国际大循环"经济发展战略构想 …………… 143
专栏 13　中国恢复证券市场 ……………………………………… 152
专栏 14　20 世纪 90 年代的林业困境 …………………………… 170
专栏 15　"第二轮圈地运动"中的房地产开发与地方政府征地
　　　　 ……………………………………………………………… 173
专栏 16　中国近现代金融资本的形成与扩张 …………………… 195
专栏 17　海南发展银行随房地产市场崩盘而长期"关闭" …… 199

XI

专栏18 配合农业银行改制的"粮改" …………………………… 203

专栏19 20世纪90年代关于农民负担问题的中央政府文件 … 215

专栏20 近30年来中国对外开放战略的三个阶段 …………… 222

专栏21 20—21世纪国际产业转移的历史变迁 ……………… 230

专栏22 全球经济危机造成企业倒闭和打工者失业 ………… 248

推荐序

我对温铁军教授出版这一重要著作表示热烈祝贺。该书反映了他多年对中华人民共和国自成立以来发展经验的分析总结。

过去数十年中,联合国开发计划署在中国扶贫和改革领域,因与温教授这样一位顶级专家紧密合作而感到荣幸之至。近年来,我们的合作领域又扩展到促进中国与其他发展中国家的创新性南南合作,以实现可持续发展。

自2010年来到中国后,我对能认识温教授并与之合作深感荣幸。他的深入分析、追求创新、善待人民尤其是边缘和弱势群体给我留下深刻印象。我非常钦佩他"用脚做学问"的精神,即政策研究必须基于与基层民众一起工作得来的实践经验。他在开展国际比较研究和学术合作时也采用了这一方法,故此他造访了数十个国家并与之深入交流。

本书从崭新的角度传递了中国发展的经验和教训。它分析了中国自1949年以来经历的主要危机及其克服的办法。它总结了中国改革和发展的路径,展示了中国如何成功实现软着陆,并利用危机进一步发展。

联合国开发计划署正在支持本书的翻译，以扩大其读者范围。我相信本书将会为中国发展经验提供一个更为完整的画面。在当今世界相互联系日益密切、许多国家在面临类似问题试图寻找更佳途径之时，对中国发展经验的深入了解对我们所有人都将大有裨益。

罗黛琳
联合国系统驻华协调员
联合国开发计划署驻华代表
2012 年 6 月 15 日，北京

自　序

我们一直在作"不积涓滴，无以成江海"的长期努力，**试图构建立足于"中国经验解析"的"批判政策学"**[①]。这本书，算是这种不懈努力的一个初步结果。

请理解，由于科学研究是一种对前人经验总结中不可重复检验的结论作"不断证伪"才能逐渐达到一般理性高度的认识创新过程。因此，我们特意把"批判政策学"研究必须遵循的方法原则放在前面，意在区别于非科学：只有**超脱研究者身处其中的**利益结构约束，才能做到"在历史经验过程的起点上构建与之起点**一致的逻辑解释**"，才能做到"去价值判断"的客观研究——对已经发生的经验过程作范畴归纳，对各种范畴之间的相关关系作证伪比较，渐进发现其中的本质关系。

---

① "中国经验解析"的主要内容为作者科研团队的研究成果，是中国人民大学每个学期都要开课的全校性的"通识教育大讲堂"成熟课程，也是对海外开设的夏季国际小学期课程，深受国内外学生及社会各界的好评。在海外，以此为内容的演讲也有广泛共鸣。而"批判政策学"（Critical Policy Studies），则是从人类的文化多样性视角对发展政策作批判性分析的新兴边缘学科，目前是"中国人民大学可持续发展高等研究院"的主要科研方向。

一、对三大问题领域的初步清理

我们事先确实没有这样的想法,只是在修改书稿的讨论之中,在对历史经济学的资料研究中自然地形成了对三大现实问题领域的"问题意识"。虽难免粗疏,仍试述如下:

第一是意识形态问题。这,绝对不是我们开展中国的真实经验系列研究之初衷,却在客观上产生了出乎意料的结果:研读本书,不仅能还公平于社会主义,还正义于自由主义,同时还能把罪恶还给资本主义。

之所以如此说,是近20年所搜集的历史资料和海内外新近的研究,大体上能够支持我们在1988年发表"危机论"时就初步讨论过的、在1993年发表"国家资本再分配与民间资本再积累"时[①]就确立过的观点——中国人虽然在1949年提出的是新民主主义战略,试图建立多元经济体制和人民民主的上层建筑,但经济基础对上层建筑起决定作用的规律不可逆。在城市经济领域中,1949—1953年这前4年主要搞的是民族资本主义;1953—1959年这后6年主要搞的是国家资本主义。这第一个10年的实际演变,不在于主观上确立何种意识形态,而主要取决于客观上正处在"区域热战"和西方全面封锁压力下的"内向型资本原始积累"阶段——为了重新让"中华民族自立于世界民族之林",唯赖国家工业化才能维护主权独立,而任何**工业化都绕不开资本的原始积累**;只要在"资本极度稀缺"条件下就势必仰赖外资,遂势必被要求"亲外资"的制度干犯本国流血牺牲才换得的主权独立——这导致了大多数发展中国家深陷于

---

① 温铁军:《我们到底要什么》,华夏出版社,2004年第1版。

"发展陷阱"的悖论中。

不过，仅仅点破这一后发国家普遍遭遇"发展主义""对外开放"悖论的问题意识，仍然略显肤浅。我们要进一步讨论的问题是：既然**中国也绕不开工业化原始积累，也势所必然地在制度取向上内生性地"亲资本"**，那么，中国人为此付出了什么代价？怎样才能爬出发展陷阱？

对于中国人在这个历史阶段的经验过程，如果人们愿意自觉地摘下有色眼镜，本来是能够看清楚的。

1956年城市里完成的主要是国家资本对私人资本的改造；同年推进的农村集体化运动也并非农业自身的制度需要——代表城市工业的部门向中央提出的**"农业现代化"**，其实质＝集体化＋机械化，目的是以乡为单位建立高级社，实行土地规模经营，以承载城市资本品下乡、完成"工农两大部类交换"、提取农业剩余用于内向型原始积累。而1960年发生的严重经济危机，其本质也是在外资突然中辍时，这10年资本原始积累的巨大代价的总爆发！

在这样复杂的政治经济过程中，客观地形成了任何原始积累时期都必然会发生的多种利益群体的矛盾和斗争。这些现象，被传统意识形态作了符合制度内涵的资本利益需求的粗糙归纳，延宕为今人在思想理论领域中的瓦釜雷鸣。

接着要问的应该是：为什么城市资本原始积累的危机却在"农村饿死人"？那是因为原始积累不仅从农民身上提取农业剩余，而且城市资本经济危机代价也向农村转嫁！

自1960年那一次危机之后，每当危机在城市爆发，就都会向农村转嫁；大凡危机能够顺畅转嫁的，就在城市"软着陆"。由此可以认为，农民权益、农村稳定和农业安全的"三农问题"，从来就是与整个国家工业化进程相伴生的基本问题。**"城乡二元结构体制下的'三农'承载城市资本危机代价"**,客观上成为中国工业化完成原始积累进入产业扩张的主要"比较优势"。

至于整个20世纪60年代不断发生的群众运动,主因是"战略性"的外部投入的规模资本陡然"归零",进而使中国随即堕入发展陷阱!遭遇这种情况,一般缺乏国民动员能力的发展中国家确实不具备中国这种跌倒了还能爬起来、以**"大规模劳动投入替代零资本"**来维持本国遭受重创的产业资本原始积累进程不中断的条件!

马克思、恩格斯在《资本论》中讨论在欧洲资本主义体制下的劳动 L 与资本 K 的关系演变时,不可能预见到未来在遥远的东方,**中国竟然在20世纪60年代发生了"以 L 替代 K"的资本原始积累的经验过程**。从这个角度可以说,中国人虽然以其实践创新了马克思主义,却被中国百年来以邯郸学步为最高境界的理论家们拒绝提升为理论。

中国在客观上对外资和外部强权实现了"去依附"的条件下[①],唯有"自力更生,艰苦创业"和采取单位制实现内部公平分配,才能**动员起绝大多数劳动者,实现中国最丰富的劳动力资源的"社会化+资本化"**,由此而规律性地走上前工业化时期"贫穷但相对公平"的社会主义道路。这个时期的中国在维护国家主权独立不可侵犯条件下的自主发展进程,不仅与亚非拉殖民地国家争取自由的解放运动交相呼应,也恰和西方社会在自由主义理念指导下争取民权和民主的群众运动相得益彰。

历史告诉人们,东方实现公平的群众运动与西方争取自由民主

---

① 第三世界依附理论是埃及学者阿明提出的,详见本书正文。

的群众运动内容形式虽然各有千秋，**但在大方向上却是一致的。因而，只要愿意做去意识形态化的研究，就不期然地有了打扫思想理论体系泛滥的糟粕、重建意识形态的效果。**

诚然，人类有坚持理念的精神需求。希望普世价值论者和其他相信不同普世精神以及各种宗教信仰的群体都能够互相尊重。我们只是不敢苟同以西方在中世纪排他性一神教派生的一元论为内涵的"一个主义""一种体制"；不敢追随这种思想体系派生的排他的、派别化的意识形态。我们之所以长期拒绝参与任何派性讨论，并非自命清高，而在于生性愚钝跟不上朋党"同此凉热"。何况，任何内涵话语正确的意识形态的否定之否定地滞后于，甚至直接阻碍经济和社会调整的特征，本是经典理论揭示的约束性规律。

我们已经在几十年的国际比较研究中认识到，**使本为舶来品的意识形态派性化具有普遍性的机制在于**：即使在该意识形态被确立之初，本源于或多或少的经验理性，但只要局限于某个特定时空条件下的斗争需求、服务于特定政治家所运用的动员手段，就难免"被简单化"，并由此顺势而为地"被庸俗化"载入历史！此时，无论**意识形态对本源客观经验之异化是多么得有利于那个特定时空条件下局部的政治需求，随之而来的必然是不同利益集团的政治性"搭便车"——借助已经异化的意识形态，对人们身处其中的当代社会发展困局作符合本集团利益的刻意扭曲——既不受惩罚也不顾后果。**而一旦本属于派生的后者，反客为主地进一步被利益集团诉求的泛政治化需求加强为主流，那么，作为其载体和工具的政体和媒体，也就不可避免地演化为派性政治和蛊惑性媒体。

第二是政治体制问题。这，也肯定不是我们开展中国当代史八次危机研究的重点，但在整理数据过程中却客观上形成了超越国内外主流意识形态的话语：**中国并没有构建西方人所说的"中央化"集权体制的经济条件，长期以来其实是以"地方化"为主的资源资本化发展过程**（除了20世纪50年代以苏联投资形成城市工业资本为主体的经济所造成的官僚主义上层建筑那短暂的、不足7年的"全盘苏化"之外）。

因为，无论海内外的政治家主观上如何判断，人们应该知道的起码常识是：决定政府以何种体制运作的核心是财政税收——中国自1957年苏联中辍对"二五"计划整体投资以来中央财税占比就长期在30%以下，根本不可能形成对地方政府利益的有效约束！而且，**越是在导致很大代价的时段，如大炼钢铁、"大跃进"和"文化大革命"，中央财税占比就越低，甚至低到不足20%；往往是地方自战争年代客观形成的"土围子"们自行其是，而造成的代价和责任却由中央来承担**！

这个内在于中央地方基本利益关系的矛盾对于后续制度演变形成的路径依赖，在20世纪80年代以来放权让利的改革之中表现得风生水起：财税、金融、外汇等，都是放了的再也不能收，没放的也在竞相突破！搞得中央政策圈里的人都知道"政不出红墙（中南海）"，地方政府则"见了红灯绕着走"；各地提拔的那些"改革开放好典型"的干部无一例外都是利用有限的资源加速资本化，而将成本直接向民生和环境转嫁，于是搞得GDP越高，民怨越甚！其中的真问题，乃各地竞相"招商引资""大干快上"造成的综合性制度成本直接威胁国家稳定；但作为"最终责任人"的中央政府的治理措施和宏观调控碍难贯彻，若无"双规"，则几乎没有什么手段可以管住地方大员！这，也许有助于理解两个政治局委员的双规案例——1995年陈希同、2006年陈良宇——此"二陈"的案例，都有带头抵制中央政府宏观调控的背景。

不幸之中的大幸,或称"大乱中的大治",是 1994 年在遭遇史无前例的放权让利成本总爆发的大危机压力下,中央那位被称为"铁腕"的领导人推出了有重大历史意义的分税制改革;这才把地方财税占比从 70% 以上调低到 50% 左右,中央手里才多少有了点调控之"米"! 不过,当时有政策人士称其在"单一政治体制"下构建了"联邦制的财税基础"。若然,则分税制改革为中央地方政治经济关系的后续演变,埋下了很大伏笔。

只要从实际出发就会看到,**"条块分割尾大不掉"是自 1958 年放权地方以来,中国这种"政府公司化"政治体制中延续至今的最大难题**! 既然主要矛盾是中共所内含的利益集团纷争愈演愈烈,除非党内利益集团公开化、政治派别及其代言方式制度化,否则就无法靠一般的政治建设和纪律约束来化解。

第三是城乡二元结构体制。这虽然是我们的长期研究领域,却不是本书开展经济危机研究之前预设的理论重点,只是在以"去价值判断"的方式把握国际比较研究资料之后,才形成了具有一定理性高度的创新:中国的所谓"比较优势",既非劳动力资源丰富到所谓"无限供给",也不是主流舆论所说的私有化和市场化的"改革红利"。因为这两个条件,一般发展中人口大国都有。真正的比较优势在于中国的基本制度——在"城乡二元结构"的基本体制和"土地均分制"的基本财产关系制约下,乡村中内在形成的"农户理性"和"村社理性",得以内部化处置外部性风险,**使数以亿计的农民打工者以聚落于村社的家庭为单位,既以非市场化平均分配得到的无风险资产土地来承担"非农就业"风险,又无形之中拱手把风险收益让渡给了企业家和发达地区的政府。**

而中国在新世纪遭遇的劳动力综合成本快速上升、中小企业纷纷倒闭之新困局，恰在于这些"得了便宜还卖乖"的强势利益集团缺乏对本土经验的基本知识总结，却反过来激进地照搬西方意识形态化的话语体系，自毁中国农村基本制度。颁布"新增人口永不分地"的法律，意味着直接侵犯宪法赋予的土地所有者的权利，引致中国随后发生了一般发展中国家都经历过的、被"推出来"的新生代打工者们不可能低工资地维持的"边缘化生存"状态——既难以融入城市，又为"一切向钱看"的城市低俗商业文化和"去乡土知识"的反智的农村制式教育等制度文化所全方位地排斥——这也许就是20多年打工潮潮起潮落，而近年来终于演化成"13连跳"[①]悲剧的大背景。

在城市资本化过程以加速度攫取愈发有限的生态资源，造成环境灾难不可逆转的新时期，相对于环境更值得研究者关注的，是被激进的制度变迁推出来的新生代打工者们的生存状况。他们当中约93%为初中以上学历，约占上网青年的54%；他们不可能接受"边缘化"处境，他们**已经被"加工贸易"所需要的"生产线+集中食宿"的高度组织化企业聚集的开发区孵化器催生为国际工人运动史上规模最大、阶级自觉性鲜明且善于斗争的"新工人阶级"**。广东南海的新生代工人"自觉组织"的"广本大罢工"之完胜，是中国3亿劳工成为自觉阶级走上历史舞台的里程碑。西方19世纪的阶级政治历史所派生的经典理论——马克思主义，在中国经历不能落地的百年漂泊后，被新时期工人阶级的对立面——那些尚处于自发状态、只会邯郸学步的人彻底地改变了。这，才是约70%的中国新生中产阶级意欲挟带资产移民海外的主要原因。

---

① 编者注："13连跳"是指富士康工厂自2010年1月以来，4个月之内连续发生13名员工跳楼自杀的事件。

二、关于中国的《九三年》

本书除了在上述关于意识形态、政治体制和城乡二元结构的三大研究领域因无预设假说而有所创新之外，如果人们愿意不戴派性"有色眼镜"阅读本书的话，那么还会在这种以"批判政策学"为研究工具的讨论中，有很多不期然的发现。诚然，做到了"去意识形态化"和在事实上已经远离了派性群体的作者及其科研团队，虽然得以在这个纸醉金迷的环境中身心轻松地做客观研究，几十年埋头于"认识见之于实践和主观见之于客观"的经验归纳和理性提升，但在得出某些创新性很强的研究成果之际，仍然难免心生忧虑。

例如，我们关于1988—1994年大危机的分析。

一方面，作者几乎按捺不住在花甲之年再当一回"文学青年"的冲动，真想写一本为中国人立此存照的《九三年》——法国有1793年大革命；中国则有1993年大危机压力下的大改革：那时中国综合负债率超过GDP的140%，所采取的强行福利紧缩和贱卖公共资产的对策，远比2009—2011年欧债危机的"欧猪"们（PIGS）被法德逼迫要"囧"得多，比美国1929—1933年大危机的罗斯福新政也"俊"得多——在中国经济1992年进入"货币化"，大量增发货币，开放股票、期货、房地产三大富有投机性的资本市场而势必导致经济过热的同时，各地"官员下海"、机关办三产配合着体制上"政府公司化"的产业资本盲目扩张和中央"不得不"进行的结构调整所造成的巨大制度成本，只能对内转嫁给社会大众，造成数千万国企工人下岗、农民收入增速连续3年下降和数万起"群体事件"（海外媒体译成Uprising，翻回中文则为起义），国人收入的下降拖累内需下降。同期，政府财税占GDP比重大幅度下跌到不足12%，几乎为全球最低，以至很多基层干部竟不能"以俸糊口"了，这在客观上派生了很多让人更为尴尬的后果：官场卖官鬻爵、某部武装走私、医院玩忽生命、学校师道束脩（老百姓切齿称之为"四大黑"）……那时候，中国知识分子集体失语，西方政治家和主流舆论趁机跟风炒作"中国崩溃论"，恨不能此中国步彼苏联之后尘。

遭遇危机能靠连续施行"量化宽松"政策而得以嫁祸全球的，只能是军费开支和政府债务都约占世界1/2的美国。时运不济之中国则截然相反，在1993年大危机之下饮鸩止渴式地加快全球化，与大多数发展中国家并无"二"致——以国内"高利率+低币值"对接了西方进入金融资本的全球"币缘战略"阶段，以"低币值+高汇率"为武器的对外扩张需求，还追加了比一般国家更甚的"给外商超国民待遇"的"最低税率+最低地价"助推跨国公司攻城略地[①]；遂有因中国韬光养晦，长期向发达国家进行商品和资本双重输出，而竟至短期就使海外舆论改"中国崩溃论"为"中国威胁论"！

对此，人们如果稍微多睁眼看看就知道，中国人纳入的全球化还有很多不"二"法门。例如，北大的"海归"教授陈平指出：发达国家不仅从中国借债消费，而且通过借债投资控制中国战略产业。又如，我们指出：更为不堪的是，发达国家向中国借债增强其意识形态和军事强权，反过来干涉中国主权和直接以军事力量来围堵中国！

另一方面，我们又尴尬地看到：当年同为改革参与者的部分人

[①] 直到2009年查处国家某部负责政策法规的关键干部及其群体皆被跨国公司贿赂时，人们才意识到财经高官以权谋私竟然丧心病狂到把出卖国家利益制度化的地步。尽管此后对外资企业过分优惠的政策有所调整，却没有亡羊补牢地全面清理与跨国公司"贿赂门"相关的高级公关、游说机构及政府内部"裸官群体"收入来源及其政策取向，也没有任何学者据此计算国家损失，更没有政要承担责任。

已经自觉纳入"官产学媒四大强势集团结盟",教育界和学术界随之"入主流"而为稻粱谋;愿意不顾眼前既得利益做长远自我反思的人凤毛麟角且必遭"病体排异"!也许,作者需要"三省吾身"地去深刻理解"实事求是"这个有着时代背景的认识论原则所内含的辩证关系,而不是以这种看似粗略归纳的客观结果,如此直接地挑战已经意识形态化了的改革话语体系所内含的"政治正确"……有鉴于此,我们暂时放弃为立此存照而写《九三年》的计划。

三、关于政策调整的思考

"臣以险衅,夙遭闵凶"①。作者自 1988 年发表"危机论"和"民间资本的原始积累与地方政府行为"、内外结合地分析了原始积累与危机周期以来,凡二十余载,每有创新,均遭诟病。如今,恬然过花甲,心平遂耳顺,唯愿尚未自残到闭目塞听地步的读者引为参考!而依据本书理论创新提出的政策建议,不外乎符合简单经验逻辑的基本要求。

其一是**渐生态文明之进**改变战略目标——中国人受国情约束只能追求区别于"发展主义"的生态化目标,这无外乎是**把本来在新民主主义阶段就多种成分共存的中国发展战略,渐进地引入符合人类安全基本需求的、城乡包容而内涵多样性的生态文明,并努力使之成为中国主导的改变强权把玩国际秩序的创新性话语体系。**

其二是**顺资本过剩之势**改造发展模式——在"告别短缺"进入全球资本全面过剩的条件下,政府"应该"自觉地改造过于短视的、

---

① 出自西晋李密的《陈情表》。

以快速城市化为资本扩张载体和加速两极分化而激化对抗矛盾的"盎格鲁-撒克逊野蛮资本主义"的中国版"发展主义";"还应"着力构建驱使中国垄断资本集团在参与全球竞争中服从并维护国家长远利益的法律,以及中央政府为了稳定大局对地方政府公司化竞争有效调控的制度。

其三是**急应对危机之需**改良发展政策——以人类与生态的可持续安全为政策之本的政府,"应该"长期增加中西部和"三农"的公共投入,鼓励自主性和多样性的乡土社会文化建设,稳定乡土中国承载城市资本危机代价的基础性条件。以此,也许还能延缓中国新时期阶级政治成为社会矛盾主导乃至对抗性爆发的速度。

以上问题分析和政策建议,大抵仍拘泥于我们"本应"长期持批判态度的"发展主义"话语体系之内!可见,本书也并不具有对所谓"中国经验"之历史意义的挑战性。也许这只不过因为我们都在人类身处其中的资本主义文明这个历史阶段之中,不可能"拔着头发离开地球"。而这一点,也是作者10多年前因"不忍"而几如前辈"妇人之仁"[①],唯自惭形秽、自嘲式地从改革者群体"退步"为改良者的原因。

后续之作,改良者说。引而不发,大象无形。中道而立,能者咸从。负重伛行,大音希声。

温铁军及其科研实践团队
2011年12月25—26日

---

① 毛泽东在20世纪50年代推进国家资本原始积累之初遭遇乡建领袖梁漱溟出于维护农民利益的反对,因梁乃学界前辈,因而毛泽东有雅量地批之为"妇人之仁",后在推进农村合作化之初又有中央农工部邓子恢、杜润生提出不同意见,邓、杜两人则更被直接批为"小脚女人"。据此可知,此三人皆有不忍人之心而应该得名为中国50年代的"女性主义者"。

概念提示

阅读本书正文之前，需要把握几个基本概念及其内在规律作为理解书中材料和数据的工具：

概念一：资本与政府

人类在西方特色的资本主义文明历史阶段制造出来的两个最为"异己的产品"——代价高昂且反制人类自身的——在经济基础方面是资本，上层建筑方面是政府。不同名义的**政府之服务于资本，只是这个阶段上层建筑派生于并服从于经济基础的一般内涵**。相对这种一般性而言的特殊性，则是直接由政府权力占有或垄断掌控的资本被称为国家资本，且因其内在地结合于政府而客观上形成"政府公司化"，并势必导致"权力资本化"。

本书揭示的这第一个规律，地球人本该都知道。当代精英们之所以仍作困惑状，似乎不在于对这种客观规律承认与否，而更在于如何把握规律来进行自我约束。

概念二：城市化与危机周期

人类在资本主义历史阶段发生的城市化，一方面，主要应归因于资本愈益积聚于城市，也就有了与城市化同步的资本扩张和资本溢出作用于演进中的"城市文化"，并且由于政府也坐落于城市，遂有政府加快城市化的制度演变。这赋予了与城市资本化伴生的"城市文化泛政治化"以发展主义主流所具有的"政治正确"的内涵。但另**一方面，鉴于资本积聚与风险集中不仅等量而且同步，遂有追求城市资本"泛政治化"制度收益的政府在促进城市化的同时，不自觉地造成城市积聚资本与生俱来的风险集中危机，并呈现出周期性爆发的特点**。因此，人类在资本主义历史阶段中不断加快的城市资本深化及其与生俱来的风险集中及危机爆发，使城市化进程中的经济、政治和文化三种强大势力自发结合为主流形态，产生了对任何"自在"群体都具有的普遍的、内在的作用，这种作用有着旋涡般的吸引力。

本书揭示的这第二个规律更难被接受——当代精英集团和痴迷于发展主义主流的群体，在遭受多次周期性危机爆发的打击之下仍然乐此不疲、随波逐流地强化着这种"自在"特性。

概念三：政治现代化成本与债务危机

由金融资本核心区华尔街的"金融海啸"引发的全球危机，乃资本和政府这两个人类制造的异化物在金融资本主义阶段直接结合而造成币权信用扩张过快，"负外部性"过大使然。这既是由经济基础虚拟化催生的贪婪的"金融化泡沫经济"而成，也是由西方所谓现代化政体内含的"高成本上推=高负债累积"的"负债机制"所致。任何跟从西方中心主义意识形态的全球泛化，盲目照搬西方政体的发展中国家，都会有类似甚至更惨重的逻辑结果。

本书揭示的这第三个规律，直到2007—2011年全球金融/债务危机总爆发的严峻时刻，才或多或少地被承担知识生产责任的知识分子认识到，但却仍然由于受制于支撑其话语体系的利益分配机制而难以进行体系性创新！

概念四："成本转嫁论"与发展陷阱

西方特色的资本主义在不同历史阶段造成的危机代价，主要是向殖民地和发展中国家转嫁。这是导致发展中国家贫困的主要原因。这一由西方列强与发展中国家之间的一般矛盾所形成的理论，可以归纳为"成本转嫁论"。"二战"期间及其后广泛发生的解殖斗争形成了一百多个发展中国家，因其普遍参照西方特色资本主义模式追求"发展主义"现代化，却又不可能向外转嫁制度成本而大多数堕入"发展陷阱"！在这样的历史性演变之中，**能够跳出"发展陷阱"的国家，大都可归因于有某种条件对内转嫁成本**。中国在改革之前的城市危机主要靠向集体化的农村转嫁其代价，因而在城市实现"软着陆"；此后的危机则主要在城市"硬着陆"，因而引发"改革"。

本书揭示的这第四个规律，对于发展中国家认识和挣脱"现代化陷阱"具有普遍意义；对于理解中国的发展经验具有重要的逻辑解释作用。

概念五：危机软着陆与加强"三农"

中国作为后发的、资本极度稀缺的国家，为了建设集中在城市的国家工业，在资本原始积累和产业资本扩张阶段都实行了不同名义的"亲资本"政策；在完全没有规模资本投入可能性的个别阶段，则采行过"劳动力集中投入替代资本"政策。中国在2005年把"新农村建设"作为国家战略，连续几年增加了数万亿投资，吸纳了数千万农民在"非农"领域就业，因而在遭遇2009年全球经济危机时才能成功应对。这是一个实现城乡双赢"软着陆"的重要案例。

本书揭示的第五个规律尚属经验层次的归纳，在理性上略嫌高度不足。作者在作归纳时虽有挑战以往意识形态化的话语体系的创新感，但并不认为仅从经济规律出发作分析就能对中国当代史产生足够完整的逻辑解释力。

以上概念，立此存照。

第一部分

中国的八次危机及其"软着陆"

引言

"二战"期间或战后发生解殖运动的大多数发展中国家,一般都致力于参照其原来"宗主国"(后来被称为"发达国家")的模式实现工业化;但在他们中间,仅有少数得益于战后形成的由两个超级大国主导的地缘战略重构的政治因素,其他大多数国家的工业化道路都随着其原宗主国或明或暗,或优或劣的引导而跌入"发展陷阱"。

如果人们愿意对战后兴起的发展主义做"去意识形态化"的解读而只看其客观经验过程的话,那么,**在原住民人口超过1亿以上的发展中大国之中**[①],只有中国完成了工业化初期的资本"原始积累",并顺势进入了工业化中期的"产业扩张"和"结构调整"阶段;从近年来的发展看,则可认为是进入工业化后期,在国内产业资本过剩的客观推动作用下,向金融资本主导的全球化竞争的新阶段跃升的过程。

中国在纳入金融资本的全球竞争之前的那个一般性的工业化过

---

① 这里的原住民概念,是相对于殖民化的原住民。据此,原住民人口超过1亿的发展中国家只有5个,全部是亚洲国家:中国、印度、印度尼西亚、巴基斯坦和孟加拉国。

程，可以**按照产业资本的发展规律大致划分为三个阶段——原始积累、产业扩张、结构调整**，在经济指标上则表现为新中国 60 多年平均达到 8% 以上的高增长速度。

但，如果有条件对当年的场景进行简单的还原，就能直观地感受到，在发达国家主导全球政治经济格局的世界体系当中，**新中国的工业化初期，其原始积累始于外资，旋即中辍，继而在外部资本趋零条件下维持工业化的过程可谓举步维艰**——一方面要在国内人口与资源关系紧张和外部地缘环境紧张的"双重紧张"约束下，内向地实现资本的集聚和积累；另一方面又要在反对冷战封锁和后冷战控制中外向地谋求与外界的资本、技术乃至市场合作的机会。

我们一直强调：中国是在几乎不具备工业化内外部条件的情况下进入工业化的。

对于中国来说，除了以上人所共知的条件的硬约束之外，在**进入工业化之初，还面对两个非常窘迫的基本制度方面的矛盾：**

其一是农民高度分散。中国人通过三次土地革命奠定了国家政治建设的基础，同时也造成 1950 年在总人口中占比 88% 的 5 亿农民回归到对立于工业化逻辑的传统农业文明中的局面。全国高达 1 亿的高度分散的、种养兼业的"粮猪小农"，与因工业化原始积累必须成规模地占有农业剩余的国家之间，势必因存在过高的交易费用而无法交易！

其二是资本绝对稀缺。中国在相对被动的、资本绝对稀缺的条件下只有靠"对外开放"吸引国外资本，才能推进国家工业化；并且，只有按照国外资本的制度要求改造本国上层建筑和意识形态，才能运转外资经济。而这，对于通过百年浴血奋斗才重新获得主权的中国人而言，无疑要支付更高的制度成本。

与那些主要靠对外殖民化扩张完成原始积累的西方发达国家相比，中国在工业化进程中，在这两个相对于制度而言绕不开的基本矛盾制约下，由经济和政治的内在互动导致的危机，不仅势必发生，而且频度要高得多。

中国人历经百年内乱外侮，深知必须沿着西方列强的工业化之路建设本国工业才能维护主权独立，同时也深知自身条件严重不足，遂在1947年提出新民主主义论和在1950年颁布相当于宪法的《共同纲领》的时候，都明确了渐进的"民族资本主义"工业化的基本方针。其内涵，无外乎在城市促进私人工商业，和在农村发展中农经济、保留富农经济，以此构建城乡轻纺产品与农产品的市场交换，逐步为构建大工业形成资本积累奠定基础。当年毛泽东不仅刻意强调反对"民粹主义"或农民社会主义，而且特别指出，中国共产党必须在完成工业化、形成社会化大生产之后，才能跟全国人民商量，并在得到同意的条件下进入社会主义历史阶段。

这些在当年就完全符合一般后发国家发展主义经济规律的思想，及明确要发展私有化和市场化的民族资本主义的"方针政策"，至今仍为人们津津乐道。据此，很多年轻人想当然地以为，新民主主义发展战略的改变，在于领导人犯了所谓"左倾"错误。诚然，如果看过本书关于八次经济危机的分析而仍然坚持这种想当然的演绎，那，只能怨本书没有对客观情况予以更清楚地表述了。

本书在广泛收集、分析资料和数据的基础上认为，新中国成立以来，应该说遭遇了九次经济危机。但本书之所以确定为八次，乃基于以下的考虑：

其一，1949—1950年新中国成立初期的那一次高通胀危机，应该属于民国政府在遭遇西方1929—1933年大危机，不得不于1935

年全面实行纸币改革后所引发的长期通胀危机的延续,其与中华人民共和国在进入当代工业化这个历史阶段之后所发生的六次内生性周期危机及纳入全球化之后所发生的两次外生性危机,并无直接关系。

其二,1958年以后发生的八次周期性危机之峰谷交替,可归因于不同政治家先后四次引入"外资",造成外债和赤字压力。本书概述这种经济周期的现象和规律,其实也只不过归纳了后发国家工业化的一般进程。因此,对中华人民共和国当代史的周期性经济危机的描述,只不过是本书作者自1988年提出"危机论"以来长达20余年的研究成果的总结,并无新意。

事实上,所有国家在工业化时期的经济增长都不可能是连续的、平稳的,周期性经济波动本来就是符合工业化一般经验和经典理论规律的历史过程,即使在那些靠剥夺殖民地成功的发达工业化国家中也不例外。

本书所追求的,谨在于通过更多地证伪那些意识形态话语而逐步体现我们的理论创新——"成本转嫁论"之一般性——城市工业化的危机代价对乡村转移,是在城市实现"软着陆"的条件。

为了更为全面地阐释这个在"批判政策学"领域推出的理论创新,本书在借鉴美国学者沃勒斯坦的"世界系统论"和埃及学者阿明的"依附理论"的基础上,打破理论界的派别分野和门户之见,使用政治经济学构建分析框架和新制度经济学的交易费用理论作辅助分析工具,试图让"成本转嫁论"成为解构当代中国经济史和世界资本主义经济史的理论工具。

伊曼纽尔·沃勒斯坦的"世界系统论"的主要分析对象,是兴起于16世纪欧洲的现代资本主义世界体系(modern capitalist world system),其中包括资本主义世界经济(capitalist world economy)、国际体系（inter-states system）和地缘文化（Geo-culture）。他认为，自人类迈入马克思所说的"资本主义文明阶段"后，几乎所有民族都渐次被核心国家整合到同一个世界经济体系中来，形成了"核心—半边缘—边缘"的结构。通过不平等的交换，半边缘和边缘区域的剩余不均等地往核心区域输送，这一过程中核心国家地位不断强化，边缘国家地位不断弱化。[①]

虽然沃勒斯坦的理论不是建之于中国经验之上，但若以当今世界仍然存在的"核心—半边缘—边缘"的非均衡结构来作进一步深化的分析，可认识到**这种结构已经恶化为"双输"博弈：像中国这样的边缘国家和半边缘国家（亦称"新兴国家"和"发展中国家"）仍然不成比例地以各种方式向核心国家作双重输送——既输送实物产品，形成对西方的贸易顺差来推动其货币增发，又反过来以不断累积的贸易盈余购买西方政府增发的国债，输送其贸易盈余回到西方资本市场来促使金融资本愈益泡沫化。**

据此，2008 年资本主义核心区的金融海啸所引起的全球经济危机爆发，本质上符合资本主义发展到"金融资本主义"阶段的一般历史规律。

但是，如果对中国融入世界经济体系多打几个问号的话，就不禁要问：中国（或欠发达地区）"以什么身份"融入了"谁"主导的世界经济体系？以伦敦—纽约为轴心的"盎格鲁—美利坚"金融帝国也许会更加直截了当地指出：自 20 世纪 90 年代以来，他们成功地把刚刚解体的苏联、东欧和正在发展的中国纳入了西方货币体系。诚然，世界上任何实体经济（physical economy）的被纳入，都客观

[①] 参见 Wallerstein, Immanuel. *World-Systems Analysis: An Introduction*. Durham, NC: Duke University Press, 2004。

地给这个已经病入膏肓的体系注入了新鲜血液。

本书所引述的"依附理论"（dependence theory）中的"去依附"观点，则是萨米尔·阿明在提出第三世界依附理论的基础上，对中国 20 世纪 60 年代遭遇外部投资中辍后仍然自力更生、成功发展工业化的经验作出的观点提炼。虽然阿明对中国经验给予了相当高的评价，但那主要是在中国自主推进工业化的阶段。如果考虑到 90 年代后期，中国国内愈益严重的产能过剩压力本是一柄高悬于资本主义世界的"达摩克利斯剑"，则中国这种"融入"无论怎么被意识形态化地包装，其本质上仍然是在构建了"再依附"关系之后剩余向外输送的过程。

另一方面，对于中国融入世界经济体系之前的发展，不管是沃勒斯坦和"依附理论"的提出者萨米尔·阿明，还是任何愿意自觉地从发展中国家角度出发考虑问题的研究者都会认为，**资本主义世界体系的"中心—外围"结构是"统治—依附"结构**，外围国家在世界经济中仅仅是原材料和初级产品的供应者，本国的工业化严重依附于西方发达工业国家；外围国家实施进口替代战略又因发达国家的关税壁垒和国内保守势力的阻挠而难有成效，以致在政治上、经济上受制于人。

诚然，中国只是在完成了工业化原始积累、继而加入产业资本扩张竞争的游戏之后，顺势进入了全球资本化的大潮之中，整个过程虽然痛苦，但并不特殊。人们需要平和地理解：在全世界政治家都不得不以经济增长来表现权力合法性的庸俗政治压力下，当代中国 60 年的这一客观过程，也几乎是一种"不得不"的选择。

第一章
发展陷阱和中国经验

早在1996年，我们就发表文章指出了国际金融资本大量增加衍生品交易必然促使金融危机发生乃客观规律。那时的中国，还没有接受这样批判性观点的自觉性，只是在遭遇1997年东亚金融危机造成的输入型经济危机打击之后，人们才在相关经验教训的实际发生过程中接受了对这个规律的分析。

2008年华尔街金融海啸的破坏性远大于以往任何一次金融危机，并且随即因金融资本向实体经济转嫁代价而引发全球危机。我们在多次针对性讨论中一再指出，这是西方资本主义现代化的综合性危机，其代价仍然要对发展中国家转移。

结合对西方自进入资本主义以来的危机都向全球转嫁代价的历史归纳，我们形成了"成本转嫁论"的理性认识，认为这是解释人类在资本主义不同历史阶段中形成的贫富两极分化不断加剧的世界经济关系的一个基础理论。[1]

这个"成本转嫁论"，也是我们归纳中国当代史上四次引入外资

---

[1] 温铁军：《全球资本化与制度性致贫》，《中国农业大学学报》，2012(1)。

形成工业化进程中发生八次危机的分析工具。在据此开展的资料分析中，我们得出两个观点：第一，后发国家如果真要以发达国家作为"赶超"目标和样板，就不得不考虑是否具有以同样条件"复制"其发展历程的可能；如果没有复制条件，则发达国家的发展经验没有普遍意义。第二，核心国家应对全球危机仍将延续既往有效地向其他国家转嫁制度成本的制度路径。这是一般后发国家堕入发展陷阱的成因。在这个基本的国际制度环境下，中国作为经历了西方殖民主义历史阶段之后仍然原住民过亿的人口大国，且是发展中人口大国之中唯一未按照西方殖民化的对外侵略扩张就完成原始积累的工业化国家，对其内向型原始积累的工业化发展经验，如果只用服务于西方意识形态的一般理论框架和学术概念，恐怕也难以解释。因此，我们的理论创新空间很大。

一、从外资外债视角解析"中国经验"

我们将当代中国半个多世纪先后进行的四次"对外开放"——从国家负债大规模引进苏联的成套设备及其政府管理体制，到直接引入外商以合资、独资形式直接投资——的复杂背景及内在原因联系在一起进行分析，不难发现**对外开放对中国从来都是"双刃剑"：一方面，它被中国政府在资本短缺时期作为推动经济发展和政策调整的重要工具；另一方面，它又是加剧国家对外负债导致其后数年国内经济困境的始作俑者**。而且，正是这种内在矛盾迫使决策层不得不进行内外经济政治政策的调整和变革。

进一步分析，第一次对外开放使中国通过国家举债的方式得以大规模引进苏联的重型工业设备，以优先发展军事工业的方式完成了从农业国向初步工业化国家的跨越，同时也相应形成了中央政府高度集权、"全盘苏化"的上层建筑；尽管一直试图以继续革命的名义（包括"文化大革命"这种极端形式）对依照斯大林国家资本主义模式复制的政府体制及其相应的高等教育作调整，但最终未果。20 世纪 70 年代毛泽东、周恩来和华国锋先后主持的第二次对外开放延续了国家负债方式，使中国得以通过更大规模引进欧、美、日等国的设备，对先前形成的"重"偏斜的工业结构作出重大调整，进而形成产业门类齐全的工业体系，并必然发生对 20 世纪 50 年代第一次引进外资时奠基的上层建筑意识形态进行相应调整。但由于国家负债规模数倍于 20 世纪 50 年代引资规模而形成的累积外债和相关的外汇赤字，以及本币连续贬值所连带发生的通货膨胀，都一直延续着并且愈益严峻起来。因此，尽管第二次对外开放在意识形态领域试图与接续而至的邓小平主导的、差不多伴随了改革开放（对外开放促推对内改革）之全程的 80 年代的第三次和 90 年代中后期纳入全球化的第四次对外开放在形式上有所区别，但领导人对出口创汇重要性的强调和相关产业的发展惯性，仍然使得 60 年里的这四次对外开放在内涵上具有连贯性——直到 2008 年金融危机爆发。

（一）问题的提出：基于发展中国家工业化的国际比较

1. 战后发展中国家的工业化路径：对内剥夺+对外负债

大多数"二战"后形成的主体民族为主的独立国家，其实都是通过民族主义革命形成的。无论认同何种从宗主国舶来的"主义"，这些国家在殖民解放、获得独立之后做的第一件事，就是追求工业化。而工业化不仅是一个不断追加资本和技术投入的经济过程，更是一个首先需要完成资本原始积累的剥夺过程。因此，任何发展中国家只要不能像其西方宗主国那样搞殖民化掠夺、向外转嫁矛盾，就只能从"三农"领域或资源环境提取剩余。同理，其城市化也属于资本集聚的经济过程，一般也是从农业、农村、农民提取剩余，形成积累。

因此，只要发展中国家在单纯的市场经济体制下追求工业化和城市化加速，就都会促使农村资源要素大幅度净流出，导致本国的城乡二元结构矛盾和"三农"问题。

中国的发展经验，就符合资本原始积累的规律。孔祥智的研究指出，除了农业自身的贡献外，农民对国家建设的贡献尤其表现为通过工农产品价格"剪刀差"，为工业化建设提供资本积累，为非农产业提供充裕而廉价的劳动力，以及为城镇化提供土地资源。**新中国成立后，农民仅通过这三种方式为国家建设积累资金就至少达到17.3万亿元。**可见，新中国成立60年里，农民对于新中国的创立和建设，对于推动中国的工业化、城镇化作出了巨大贡献。①

专栏1 新中国成立60年来农民对国家建设的贡献分析

1. 农民通过工农产品价格"剪刀差"所作的贡献

新中国成立以来，特别是在1953—1986年，国家对农产品实行统购统销，通过工农产品价格"剪刀差"的暗税方式为工业发展汲取了大量农业剩余。

"剪刀差"概念产生于20世纪20年代的苏联，20世纪30

---

① 孔祥智，何安华：《新中国成立60年来农民对国家建设的贡献分析》，《教学与研究》，2009（9）。

年代被介绍到中国，并针对中国的国情被发展和广义化。国内学者普遍认为，"剪刀差"是指在工农产品交换过程中，工业品价格高于其价值，农产品价格低于其价值，由这种不等价交换形成剪刀状差距。从新中国成立到90年代，国家工业建设逐渐从依靠农业剩余转向依靠工业剩余，但是，工业化究竟从农民身上汲取了多少农业剩余呢？采用严瑞珍的比值"剪刀差"动态变化相对基期求值法，1952—1997年的46年间，农民以工农产品价格"剪刀差"的方式为国家工业化提供资金积累12641亿元，平均每年274.8亿元。自1993年起，工农产品价格"剪刀差"的相对量逐渐下降，到1997年已降到2.3%，但绝对额仍高达331亿元。

2. 农民对国家建设的廉价劳动力贡献

1978年以后，农村剩余劳动力向城市转移的速度不断加快。外出就业农民数量从1983年的约200万人增加到2008年年底的1.3亿人，25年增长了65倍，年均增长18%左右。

进城的农民工处于就业末端，大部分干的是最脏、最累的工作，工资水平普遍较低，且增长速度慢，而平均劳动时间却大大高于城镇职工。从农民工的工资及其增长情况来看，农民工的典型贡献在于其"廉价"性，在于多付出少索取。

以城镇职工的年平均工资为参照，假设农民工的劳动生产率与城市非农产业工人的劳动生产率之比是1：1.45，据国家统计局的年度统计结果，2007年全国城镇单位在岗职工年平均工资为24932元，那么当年农民工应得的年平均工资应为17194元。实际上，2007年农民工的实际年平均工资为11000元左右，即一个农民工一年只拿走了11000元，剩余的6194

元就都留给了城镇。如果农民外出务工人数取1.3亿,则2007年农民工仅工资差额一项就留给城镇8052亿元资金。若按改革开放后我国GDP的年均增长率9.6%计算,改革开放以来,农民工以工资差额的方式为城镇经济发展节省成本达85495亿元。

此外,2007年年末,农民工基本养老保险、医疗保险、失业保险、工伤保险的参保率分别为14.2%、24.1%、8.8%和30.6%,那么,仅节约社保成本这一项就为城镇经济发展节省成本达2880多亿元。简单地按每年9.6%的增长速度计算,改革开放以来,农民工为城镇经济节约社保成本至少30576亿元。综合来看,农民工通过工资差额和没有强制规定上社保的方式为城镇经济发展积累资金达11.6万亿元。

3. 农民对国家建设的土地贡献

农民的贡献还表现在为国家工业化和城镇化提供了大量的土地及其他自然资源。1949年以来,尽管进行了大规模垦荒和复垦,但工业化和城镇化占用了大量的耕地。全国耕地面积由1950年的10035万公顷减少至1995年的9497万公顷,减少5.36%。据国土资源部统计,1987—2001年,全国非农建设占用耕地3394.6万亩,2003—2006年,每年实际新增建设用地规模控制在600万亩左右,2007年全国新增建设用地568.4万亩,2008年降为548.2万亩。根据陈锡文等的资料,1961—2001年的40年里,国家共征地4530.19万亩,并且自1983年起每年的征地规模都在110万亩以上。

从我国的征地补偿标准来看,无论是根据目前依据农业产值来计算的征地补偿标准,还是考虑土地从农民手里到最后的资本化开发所获得的增值收益，农民出让土地所获得的补偿都非常低。2005 年全国共有偿出让土地 165584 公顷，取得土地出让收入 5883.8 亿元，每公顷土地出让金收入 355.3 万元；出让金纯收入 2184 亿元，每公顷 131.9 万元。据有关调查资料显示，在土地用途转变而发生的增值收益中，地方政府大约获得 60%—70%，村级集体组织获得 25%—30%，真正到农民手里的已经不足 10%。

据专家估算，1978—2001 年，中国城市化建设明显加快，国家通过地价"剪刀差"的形式，为城市建设积累了至少 2 万亿元的资金。也有学者大胆估计，改革开放以来，国家从农村征用了 1 亿多亩耕地，若按每亩 10 万元计算，高达 10 多万亿元，但征地补偿标准较低，地方各级层层扣留，真正到农民手中的不足 7000 亿元。我们在一项调研中注意到不少市县区的土地出让金收入已经占到财政收入的 35%，还发现某些经济发达省份部分地区征地补偿费仅占政府土地出让金收入的 2.5%，高的也仅为 26.7%。因此，我们不妨从各年的地方财政收入粗略估算农民失地为工业化作出的贡献，估算方法如下：根据 1987—2007 年各年的地方财政收入总额按 35% 的比例算出各年的土地出让金，然后取征地补偿费占土地出让金的比重为 10%，则土地出让金的 90% 就是农民失地的资本贡献，最终的估算结果为 44235 亿元。

上述三项合计约 17.3 万亿元。

资料来源：孔祥智，何安华：《新中国成立 60 年来农民对国家建设的贡献分析》，《教学与研究》，2009（9）。

除此之外,"二战"后的发展中国家在国际政治经济格局中处于"亚地缘"战略地位,其发展进程更易受到其经济上的"宗主国"所主导的国际地缘政治格局变化的影响。遂使**大多数发展中国家追求工业化,一般都会因国内资本和技术稀缺而陷入"外资依赖",其主权债务主要是在追求发展的过程中对发达国家形成的**。

对大多数发展中国家来说,这可能是大祸临头的开始——不仅无法如发达国家那样向外转嫁资本原始积累的制度成本,更严重的是,一旦国际地缘格局变化下其外部投资援助中断,国内不仅往往会爆发经济危机,更有可能蔓延成**政治危机和社会动乱,甚至发生大规模的人道灾难,亦即陷入各种"发展陷阱"**。

2. 中国经验的特殊性在于外资和外援中辍后国内的工业化进程没有中断

中国的近代工业化进程,从19世纪70年代的"洋务运动"至21世纪的融入全球经济一体化,都深受国际地缘政治格局的影响。

1949年之后当代中国发生的两轮工业化,都因处于"二战"后发达国家对发展中国家进行传统产业转移的国际大潮之中,而获得了空前机遇。其间的重大转折在于:**中国在20世纪50年代因朝鲜战争承接的是苏联的军重工业转移,而70年代以后向欧美日等西方国家开放,一定程度上是得益于美苏两大帝国主义集团争霸导致中国在亚太领域中的地缘战略地位上升的机会,完成了对以往"偏军重"的产业结构的调整**。[1]

而中国的对外开放与工业化的独特性在于,当20世纪50年代

---

[1] 温铁军:《新中国三次对外开放的"收益和成本"》。本文收入温铁军的宏观经济论文集《我们到底要什么》,华夏出版社,2004年第1版。

末第一次外国投资中辍，中国并没有如其他发展中国家一样出现工业化完全中断；虽然诱发人道主义灾难，但也历史性地实现了"去依附"——打破了第三世界国家中普遍存在的对宗主国/投资国的经济和政治依附——主要靠内向型积累，边推进工业化原始积累，边还债。这就是60年代的"艰苦创业"。

由此，本书对中国的发展经验的研究，就多了一个更为深刻的思考角度——既然中国也同样发生过多次严重的经济危机，何以能在危机发生时避免了各种政治或社会问题的集中或连锁爆发，而免于堕入"发展陷阱"？

尽管，在世界"大势"上西方与东方的判断异曲同工——像沃勒斯坦这样的西方学者关于"核心、半边缘、边缘国家"之间成本—收益分配的理论解释，和东方世界的毛泽东六七十年代所作的"三个世界"的判断，在本质上基本相同，都是对发达国家可以借由主导制度建构而向发展中国家转嫁制度成本这个规律的实事求是的描述和概括。不过，在一任又一任的东方政治家的政治实践中，有一个要点很少被西方主流学者纳入研究视野，那就是**中国如何依托国内的二元结构——因城乡差别而客观上形成的城乡二元结构——来为弱化经济周期性波动而向农村转移危机成本。**

因为，在中国城乡二元对立结构的基本体制矛盾约束下，城乡不同利益主体各有自己"难念的经"，都需要在政府中有自己的利益代表。只不过，**任何在资本极度稀缺条件下追求工业化的后发国家都不得不采行事实上的"亲资本"政策。长期以来，产业资本集中的城市利益代表在政府决策中的影响力，远大于乡村。**即使个别时候中央政府的乡村政策取向是积极的，也会在各种部门利用改革机遇已经公开、半公开地代表产业资本集团利益的制度变迁的客观约束下，很难落实。

如果人们以世界城市化率平均 50% 作为中国打破城乡二元结构的标志，那么，当中国城市化率实实在在地突破 50% 的时候，或许可以说：这就是不能再依靠城乡二元结构的基本体制条件，向乡土社会转嫁城市资本经济危机代价的标志——表明中国此后的城市危机只能爆发在城市，并且危机代价也集中在城市"硬着陆"……

诚然，人们——无论多么伟大的政治家、深邃的思想家——对于客观规律的认识和把握，只能是在实事求是的认识论原则下随着经验教训的不断增加而逐步深入。如果说，在工业化初期阶段（国家资本原始积累）的那几十年里，人们对于危机的发生规律及化解还属于被动应对、简单认识的话，那么最近的 2008—2009 年危机中，**中国政府已经开始在主动推行惠农政策的同时，加大投入财政资金，有可能将农村打造为危机"软着陆"的载体。**

有鉴于此，中国对经济危机从被动到主动的应对，以及"三农"的作用及其受到的影响，是本书所要重点分析的内容。

（二）中国周期性经济危机的政治经济学分析

本书试图归纳分析的是 1949—2009 年的 60 年中与国家工业化有关的八次周期性经济危机的经验过程。

对于中国进入产业资本阶段所遭遇的周期性经济危机，借用政治经济学就能进行分析，传统政治经济学理论曾将其简约地概括为：产业资本阶段的根本矛盾是社会化大生产与生产资料私人占有制之间的矛盾；社会主要矛盾是生产能力的相对过剩与民众购买能力相对下降之间的矛盾。这种传统理论在中国的经验依据是，**明显的生**

产能力相对过剩始现于 1998 年。① 亦即，此后中国发生的经济危机仍然应该是内生性的。

本书认为，这是因教条化搬用马克思主义政治经济学解释中国问题而形成的结论。因为，1997—1998 年和 2008—2009 年的两次经济危机，从发生机制来看，都属于**中国 20 世纪 90 年代中期转向外向型经济为主之后由外部因素诱发的"输入型危机"**。因此，本书将这两次外生性因素所导致的输入型经济危机单独列出来分析。

进一步提出的可能有争议的观点是：**1997—1998 年以前中国的工业化进程中发生的六次经济危机，其主因与一般后发工业化国家相同，都是内生性的资本短缺**，但中国处理危机的方式却与一般发展中国家大不相同。究其原因，一方面具有古典政治经济学所揭示的部门资本集团因追求收益最大化而以危机方式向全社会转嫁代价的特征；另一方面也**与中国所处的地缘政治环境和对外引资或全面开放所造成的国家负债密不可分**。为此，仍可视为经济全球化条件下发展中国家依靠引进外资进行工业化资本原始积累和产业结构调整通常都难以避免的代价支付——这两点，分别是依据经典马克思主义政治经济学和新马克思主义政治经济学所形成的判断。

同样可以用政治经济学和制度经济学来解释的是，经济危机发生时，无论主观偏好如何，**中国事实上可以依托其城乡二元结构的基本体制矛盾来分散转移各种经济和社会成本**。尽管其间也付出了巨大的代价，但依靠**国家内部的为了成规模提取农业剩余而人为形成的二元**

---

① 参见陆百甫，马洪：《中国宏观经济政策报告：1999 年版》，中国财政经济出版社 1999 年版。此外，1999 年林毅夫在一个内部论坛中指出，中国进入"双重过剩条件下的恶性循环"，其中"双重过剩"指的就是产能过剩和资本过剩。

对立体制结构，还是在总体上维持住了工业化进程的不中断。

因为——尽管中共向来强调农业的重要和农村的稳定，但诚如许多政治家所愿意承认的：传统的乡土社会是容易稳定的，而现代的城市社会则不容易稳定——在中国，自民国初年以来，内生于工业文明的经济危机总是率先爆发于资本积聚的同时带动风险集中的城市，**危机发生时对城市乃至工业化进程和社会发展的冲击有多大，取决于城市多大程度上能将危机成本向农村和农民转嫁**，因为中国无法像西方那样对外转嫁制度成本和危机代价。所以，很多时候不得不为城市而牺牲农村的利益。

纵观当代中国 60 年的国家工业化史，**凡是能向农村直接转嫁危机代价的，产业资本集中的城市工业就可以实现"软着陆"，原有体制也就得以维持；凡是不能向农村直接转嫁的危机，就在城市"硬着陆"，也就导致了国家的财税制度乃至经济体制的重大变革**。

从整体的社会稳定来看，乡土中国的"三农"对于城市中国的产业资本危机的"化危为机"（60 年来，特别是 30 年改革期间，已经发生过的周期性经济危机平均起来大约 10 年一次）起了重要的载体作用。

这应该是中国历经多次周期性经济危机而都"幸免于发展陷阱之难"的内因之一。

诚然，这并非本书的一家之言。比如，社科院李培林研究员对中苏社会结构的弹性进行了对比："中国与苏东国家相比，除了改革的步骤和目标的巨大差异，还有一个容易被人们忽视的巨大差异，就是社会结构的差异。苏东国家在改革之前，基本已经实现了工业化，农业也基本完成技术对劳动的大规模替代，社会结构产生了变动的瓶颈和整体的刚性，而中国在改革和发展中，社会结构的弹性很大，社会结构变动具有很大的空间，在基层动作中也存在很大的灵活性。"[1] 南开大学的景维民教授等从中央与地方关系的角度指出，虽然很多人将中国经济的高速增长归功于1978年以来提高地方财政权力的"分权化"改革，但分权本身并不能解释问题的全部；苏东国家的社会民众恰恰是在一次次的"分权—集权"循环之中丧失了对执政党和政府的信任，从而从根本上造成了对其国家能力的破坏，最终以东欧剧变、苏联解体的方式从改革走向了转型。实际上，中国的分权改革本身并没有从根本上改变中国"一放就乱、一收就死"的不利局面，之所以没有对中国造成像苏东那么大的破坏作用，一个重要原因就是乡镇企业的发展和对地方经济的支撑在一定程度上削弱了这种破坏作用。[2] 本书也注意到，在中央财政与地方财政分权之后，很多地区地方财政收支的一半以上是靠乡镇企业支撑的！

的确，中国因为先有2003年开始的"三农"新政和2006年开始的新农村建设——政府直接向农村大规模连续投资数万亿元，才使城乡二元结构体制下的中国农村成为投资和内需的重要领域，得以成功地抵御了2008年华尔街金融海啸诱发的2009年全球经济危机。而与之相对应的是：此前半个世纪里，因为农村承担了一次次引进外资导致的城市经济危机转嫁代价而使得"三农"问题愈发严重，集体经济也开始走向衰败。基于这种经验对比可知，简单化地加快工业化和城市化，直接挑战着中国经济社会发展的可持续性和抗风险能力。

进入新世纪之初，中央政府提出"三农问题重中之重"，接着出

---

[1] 李培林：《改革和发展的"中国经验"》，《新华文摘》，2010（20）；转引自《甘肃社会科学》，2010（4）。

[2] 南开大学课题组：《全球化条件下中国转型的总体性战略框架与现实取向》，《改革》，2009（7）。

台了一系列惠农政策,史无前例地增加了约4万亿元规模的"三农"投入。这些战略性调整,也许还能够使"三农"继续成为中国应对全球经济危机的深厚基础。

二、从危机化解视角思考中国发展的可持续性

2008年华尔街金融危机发生以来,作者对总体形势的判断是"危机正未有穷期",主要在于以金融资本为主要收益的在全球范围内攫取资源和剩余的美国,不可能主动改变现有的获利方式。本轮危机及以后的全球化中,核心国家仍会通过各种方式对外转嫁制度代价,从而最大化其制度收益。对于在国际上日益融入全球经济体系,而在国内却经济体系失衡的中国来说,不仅因过度倚重外需而导致类似1997年和2008年的输入型风险可能再次发生,而且在中国经济中已经占比高达30%的外资由于自身的流动性,其进入和撤出中国也会引发国内经济政治局势的连锁反应。这些,都对中国经济社会发展的可持续性提出了严峻挑战。

如果这个易于浮躁的社会还允许我们"去价值判断"地讨论问题,那么,城乡二元结构的基本体制矛盾对于中国可持续发展的作用,也许值得重新认识。

从中国历次应对危机的经验中,可以清楚看到"三农"对经济周期性波动导致的经济社会系统运行压力的承载和调节功能。从人类安全和可持续发展的角度,其意义重大自不待言。但值得重视的是,**进入工业化中期阶段后,这个作为中国应对历次经济波动的最基本的"稳定器"和"调节器",其内部社会经济结构和外部宏观环境都发生着根本性变化**:一方面,长期鼓励农村人力资源存量高

的青年优质劳动力近20年向非农领域大规模净流出，使劳动力资本化收益被内外资和发达地区政府占有，这种制度安排的代价甩给了中西部，致使农村人口老龄化和女性化的趋势严重。同期，维持农户理性——**人力资源的自我资本化以保留收益用于维持风险内部化机制的主要条件正在衰减趋零**。另一方面，尽管中央层面在资本过剩的条件下已经有条件向"亲民生"（pro-poor）的政策积极转变，而地方政府却由于仍然面临资本短缺压力，而不得不在"发展主义"导向下延续着"高负债推进高增长"的反科学发展模式。

这种二元格局的重大变化，对于中国未来的可持续发展会有什么影响？其实是很清楚的。当然，如果把如此直白的客观分析拉回到被包装得色彩斑斓的价值判断上，则不同利益取向的群体自会形成不同的政策意见。

（一）近年来宏观环境的新变化

1. 资本过剩条件下中央政府政策调整为"亲民生"

从前面的分析可知，一方面，为了应对1993年财政、金融和外汇三大赤字危机而于1994年紧急推出的"分税制"改革，几乎立即改变了中央与地方的收入分配格局。同时，因**中央、地方间财权和事权的更不对称而形成了中央财政盈余及地方的财政赤字同步年年攀升的局面**。另一方面，应对1997年东南亚金融危机带来的连锁反应而开始实施的到2002年最终完成的银行商业化改革，也使得中央政府进入了以经营垄断性金融收益为主的"白领政府"阶段。于是，银行改革之后很短时间内，中央层面便呈现出资本过剩。

2003年以来的财政盈余和资本过剩，客观上也是新世纪中央政府进入"白领政府"阶段后，下决心改变半个世纪以来的"亲资本"政策导向,开始实施"亲民生"政策的客观背景。

在此之前,实事求是地看,无论是中央还是地方政府都还在"蓝领政府"阶段。这个阶段的政府行为,其实都必然遵从世界上的发展中国家政府在"发展主义"导向下追求经济增长的一般规律,即:在资本要素极度稀缺的压力下,在仿照西方的在地化产业资本建构的现代上层建筑的高负债特征下,几乎都势所必然地、内在地具有"亲资本"的政策导向。**只有在资本不再属于稀缺要素和国家债务压力下降成为客观具备的外部条件时,发展中国家的政府才可能真正贯彻"亲民生"政策**。[①]

例如:1993年中央政府提出要在2000年基本解决8000万人口的贫困问题的"八七攻坚计划"时,正值中国遭遇宏观经济危机——1993年政府因面临严重财政赤字向银行透支、金融体系被财政提走全部资本金且贷差严重、外汇储备已经不足以支付外债还本付息等三大赤字并发的宏观风险;[②] 放权让利的改革则使政府财政占GDP的比重在分税制前夕下降到仅12.6%,[③] 连官员、军人和教师工资都难以支付,更何况增加直接瞄准贫困户的扶贫开支!

执行"八七攻坚计划"后,遂使这个计划得到的国家投资,主

[①] Wen Tiejun, Lau Kinchi, Liu Xiangbo, He Huili, Qiu Jiansheng, *Ecological Civilization, Indigenous Culture and Rural Reconstruction in China*, International Conference on Crossroads, Lingnan University, Hong Kong, June 17, 2010.

[②] 从1992年下半年到1993年,仅一年多时间中国就再次出现外贸逆差,仅1993年一年就出现了700亿元人民币的贸易逆差。陡然增加的贸易逆差再次挑战中国的外汇储备和支付体系。1993年年底中国外汇储备约为211.99亿美元,减去当时的对外短期债务余额135.46亿美元后还剩下76.53亿美元,连支付当年的净进口都不够(1993年贸易逆差为122.2亿美元)。数据来源:历年《中国统计年鉴》。——作者注

[③] 资料来源:根据《中国统计年鉴1993》及《中国统计年鉴1994》数据计算。

要投向了贫困地区的产业资本建设，配合了中西部如饥似渴的"招商引资+跑马圈地（圈水、圈矿）=资源资本化"的发展高潮。这比以往20世纪80年代提出的开发式扶贫主要投资于"创造增长极"更甚一筹。这个时期，有个别非官方的调查指出，国家扶贫资金到达贫困户的比例越来越低。

同期，由于农民现金开支的刚性不能随收入增长速度下降而减少，遂发生了在农民生存依赖的资源减少的压力下以追求现金收入为目标的、欠发达地区的农村劳动力为主体的外出打工潮。

可见，**中国在此之前一直延续的依赖从农村提取资源和剩余来支撑发展，同时又依赖向农村转嫁成本来应对经济危机的政策，内涵性地具有发展中国家高负债压力下的政府一般行为特征。**

而在国家层面进入工业化中期阶段，资本过剩也终于出现的时候，中央政府领导人也不失时机地推出以人为本的"民生新政"；胡锦涛总书记明确指出"工业化初期阶段农业支援工业、农村支援城市；进入工业化中期阶段则需要工业反哺农业、城市反哺农村……"。

2."发展主义"导向下的地方政府过于依赖资源环境，难以真正"以人为本"

20世纪90年代以来的一系列财税和金融改革使中央层面在新世纪进入资本过剩时代；同时，中央垄断控制的金融部门，在利益导向的市场化改革中异化于产业经济，也使地方政府失去对金融机构控制权而普遍陷入了严重的资本短缺。这恰在**本质上决定了欠发达地区的地方政府的实质政策导向，只会是愈发单一"亲资本"的"发展主义"**，恰与中央政府倡导的"亲民生"政策相对立。在宏观经济转入高涨后，以往危机发生时势必向"三农"领域转移成本的政策机制持续发生作用，其最明显的表现就是：**新世纪以来各地的**

2004年11月26日，煤炭用量大户鲁西化工集团股份有限公司硕大的烟囱呼呼地冒着灰烟。鲁西化工既是利税大户同时还是环境污染大户。能源消耗所引起的环境污染，对中国经济社会的健康发展构成了巨大压力。

地方政府在资本短缺的压力下，近乎疯狂地违规违法从农民手中征占土地以从银行套现，并不计破坏生态环境的代价去招商引资，以追求 GDP。资源的加速流出和生态环境的严重破坏，使得这些地区的农村在资本化的过程中只是成为外部产业资本和地方政府掠夺性地获取收益的来源，而没有成为真正能吸纳沿海过剩资本的"资产池"。

于是，在2004—2006年中央政府完全取消了本归地方政府占有的农业税之后的"后税费时代"，征地、环境污染引发的冲突，便取代农业税费征收中的官民矛盾成为农村社会冲突的主要根源。

新世纪以来的这一轮由地方政府和因内在的流动性获利动机而

必然具有投机性的金融资本二者联合推动的征地高潮，已经是改革以来的第三次"圈地"高潮，[①] 土地增值部分的收益分配，只有20%—30%留在乡以下，其中农民的补偿款占到5%—10%；地方政府拿走了土地增值的20%—30%；开发商拿走了土地增值收益的40%—50%（李军杰，2007）。而且往往由于暗箱操作、征地补偿分配混乱，乡（镇）、村、组、农民之间缺乏可操作的分配方法，导致了大量的上访、对抗性事件的发生（刘田，2002）。近几年来，全国1/3以上的群众上访事件是因为土地问题，其中由征用农民土地引起的事件高达60%以上。国土资源部数字也显示，仅2002年上半年群众反映征地纠纷、违法占地等问题的，占信访接待部门受理总量的73%，其中40%的上访是征地纠纷，这其中87%是征地补偿与被征地农民的安置问题（邹丽萍、杨克斯，2005）。

截至2005年，我国失地或部分失地农民的数量在4000万—5000万左右，且这一数字以每年200万—300万的速度递增（王鹤龄，2005）。照此速度，在未来20—30年的时间里，我国失地农民将会增至1亿人以上。

（二）农村社会经济条件的新变化

1. 后税费时代"草根"农村自我发展能力弱化

随着中央政府于2004—2006年间实行了最终免除农业税的改革，农村事实上已经进入"后税费时代"。此时，农村发生了重要的结构性变化：农业人口的老龄化和女性化极大弱化了"三农"作为

[①] 对于三次"圈地"的详细分析参见杨帅，温铁军：《经济波动、财税体制变迁与土地资源资本化》，《管理世界》，2010年第4期。

"人口池"和劳动力蓄水池的危机承载能力和社会调节功能。由于人力资源存量（潜在剩余价值存量）比较高的青壮年劳动力——乡土中国的"草尖"群体——长达20年地从农村大量流向城市，并且新生代农民工在"新增人口，禁止分地"的"土地规模经济猜想"被法制化的压力下趋向于城镇化定居，使得很多地区的农业劳动力都呈现女性化和老龄化的趋向。

专栏2　农村人口和劳动力的结构变化

据《中国经济周刊》2006年报道数据估算，当年留守妇女人数已经接近5000万；[①] 而根据第二次全国农业普查资料，2006年年末全国农业从业人员有3.49亿人，其中女性占53.2%，男性占46.8%，[②] 劳动力男女性别比例为87.97%，女性劳动力已占多数；而2006年年末，全国人口男女性别比例为106.27%，[③] 男女性别比例比农村劳动力性别比例高出18.3%。叶敬忠指出，由于农村青壮年劳动力外出务工，老年人口成为农业生产的主要维持者，目前80.6%的留守老人仍从事农业生产。[④] 中西部50岁以上的经营者从1996年的17%—18%上升到

[①] 张俊才等:《5000万留守村妇非正常生存调查》,《中国经济周刊》,2006年第10期。

[②] 国家统计局:《第二次全国农业普查主要数据公报（第二号）》,2008年2月。

[③] 国家统计局:《中国统计年鉴2009》,中国统计出版社2009年版。

[④] 叶敬忠,贺聪明:《静寞夕阳：中国农村留守老人》,社会科学文献出版社,2008年第1版。

> 现在的32%—33%，在劳动力外流比较多的省份，这个比例甚至达到了46%（张曙光，2010）。一些局部的实地调查显示农村50岁以上老年人占农村留守人口的60%多。[①]

无论是这些留守农村的老人和妇女，还是劳动力价值在遭受了"多阶剥夺"后回到乡村的"残值偏低"的第一代农民工，**他们的人力资源存量相对于追求资源资本化收益的外部产业资本而言，已经很难满足后者的获利需求，因此，农村剩余劳动力因"残值偏低"而必然难以"被资本化"**。从而，也就使女性化和老龄化的农村即使认同"发展主义"的资本化，也越来越缺乏基本的条件。这个道理，就相当于无论水库有多大，其"死库容"也不可能用于发电。

2."草尖"离农倾向使农村内部化处理外部风险的功能弱化

值得强调的另一个本质性问题是，"草尖"的离农倾向引致的社会结构变化。"草根"为主的留守群体如何成为农村可持续发展的主体，是后税费时代农村发展的一个重要问题，它关乎农村劳动力蓄水池功能的修复。

1989年以来农业占GDP的比重和占农民收入的比重同步下降。在1993—1994年危机爆发、政府应对之策的城市利益倾向使乡镇企业发展受阻、随波逐流地纳入私有化大潮之后，**小农家庭追求综合收益目标之下的劳动力组合投资特征愈发明显转向外部预期，派生出这种"小农家庭追求短期现金收入以防止简单再生产链条断裂"**

[①]《劳动力老龄化有碍新农村建设》，http://www.cnca.org.cn/info/8271.html, jsessionid=2A9EB8073CC806DB7436E8CFF4A4FB54。

的流动打工者。他们在基本属性上还是小有产者家庭剩余劳动力，而不是经典理论意义上的工人阶级。其所以在平时能够忍受无工资、无福利的待遇，并且自觉压低在打工地的消费，是为了在年底一次性得到一笔相对于农业劳动而言高得多的现金收入。这个因农村"土地集体所有、按家庭人口数量为基数承包到户"的特殊体制为"无风险"财产基础的农民流动打工者的群体特征，才是中国与其他同样劳动力过剩的发展中人口大国相比，能够在长达20年里维持低价劳动力的所谓"比较优势"的真实内因。

据此认为，一旦土地不再均分——2003年中国实施新修订的《农村集体土地承包法》宣布，新增人口不再分地——**农民不再有无偿获得村内土地财产及其无风险收益的预期，农村社区长期存在的"村社理性"中最主要的、能够靠内部化来降低外部风险的机制，就被极大削弱了，从而促使农民流动打工者行为取向发生实质性改变。**

对于"新生代"打工者群体来说，国家于2003年实施的新《农村集体土地承包法》确立了"新增人口永不分地"的政策思想，加上政府推行的"发展主义"的制式教育体系也在思想上**激进地驱使他们彻底离农**。客观上，这些新世纪中国农村发生的制度改变，远比日本农村的"长子继承制"的作用要大得多。他们自身已经不再满足于上一代进城那种仅仅为了获取现金来维持小农家庭简单再生产的最基本需求，更何况，其必须面对的教育、医疗等领域的现金需求已远超出了小农家庭"在地化"务农所能支付的范围。**这些情况林林总总，不一而足。促使中国农民打工者群体定居城市的意愿更加明确，这与政府大力推进城市化的政策高度一致！**

而且，在两代人打工之后，他们在基本属性上已经不再是农村那种风险厌恶型的小有产者家庭派生的剩余劳动力，而是历史性地演变为经典理论意义上的城市工人阶级，并从此开始形成了在中国社会结构性矛盾及其变迁中的主导地位。

在这种情况下，传统"三农"领域作为城乡二元结构体制下过剩劳动力的"蓄水池"的功能日渐衰败，即将不复存在。

于是，中国的所谓"比较优势"随之淡化——新世纪以来的劳动力成本、资源环境成本，乃至于整个社会成本，三者叠加，联动推高……

对此可以认为，在当前乃至今后一个时期，是坚持代表大多数中国人民根本利益推进新农村建设，还是代表产业资本利益坚持传统的不科学的"发展主义"，二者之间正在如拉锯战一样地争取战略主动权。如果中共在这个战略方向的争夺中作出错误选择，那么对中国这种人地关系过度紧张的国情矛盾压力下的基本安全的影响，就会是致命的。

（三）趋势性问题及建议

发生在2008—2009年的这次全球经济危机，是中国正式进入全球化的第一次"危机"，时代背景已经发生了巨大改变。任何愿意实事求是的人都可以理解：经济危机冲击、企业倒闭、大批新工人失业对全局稳定的严重影响，是不可能靠一般的反危机措施来解决的。何况，以往默许地方频繁依赖专政机器维持短期稳定已经适得其反。

之所以历次发生经济危机都是广大农村地区成为国家实现"软着陆"的载体，其中很重要的基本原因就是，农村之能够作为5亿劳动年龄人口的"蓄水池"，在于其池底——农村土地财产关系中的成员权"共有制"——还没有被完全打破。不仅中共的农村基本制度没有改变，2.4亿农民家庭大多数还有"一亩三分地"作为无风险资产，而且**300多万个村社也还有机动地、村办企业、多种经营等能够内部化处理严重负外部性成本的回旋余地**。失业返乡的农民工除了狭义的农业劳动，还可以参与很多力所能及的家庭和村社内部的工副业和多种经营（资源极度短缺或条件极为恶劣地区除外）。

但在当前，仍然带有传统经济基础特性的"三农"领域，一方面确实面临着因农业人口老龄化、女性化越来越严重而缺乏基本的发展能力的困境，在地方政府客观上"亲资本"的行为下也面临着资源流出严重、生态环境难以持续的困境；另一方面，则因中央政府已经进入资本过剩阶段而客观上具有了采取"亲民生"政策追求可持续发展的条件，能否写出"机大于危"的中国经验，政策作何取舍至关重要。

客观来看，"三农"对中国工业化发展的稳定器作用正在迅速减弱。一是劳动力资本的配置范围已发生重大变化，由家庭内部劳动力对农、工、副多业组合投资的投入方式转变为受"闲暇"的机会成本影响的城乡多元化配置，其受城市经济波动的影响更为显著；二是由于**既往改革收益被占有、制度成本积重难返**，导致如今"**不得不替美国金融危机买单**"的对外妥协+赎买之策，必然使国内经济社会关系已经高度绷紧的状态趋于恶化。

因此，面对危机的巨大压力，**最关键的仍然是在"和谐社会"的政治路线贯彻中，强调以"更加关注公平"的社会政策和扩大县域经济和城镇化带动非农就业的农村基建投资**，来缓解比1997—2001年周期严峻得多的国内问题，防止累积的人民内部矛盾被西方金融危机代价转嫁而触发为对抗性、社会性动乱。

面对2008年以来不断深化的此次全球危机，值得积极看待的近期经验是：中央政府早在经济危机之前的2003年就力排众议地强调了"三农问题重中之重",2004年夏开始提出宏观调控,2005年进一步把"新农村建设"作为贯彻科学发展观八项重大战略之首,以后每年新农村建设的投资增幅约15%。只要这些史无前例的、补偿性的规模投资持续增加,就会使失业返乡农民在家乡得到重新就业的机会。

长期来看,如果国家坚持城乡统筹和区域平衡的战略调整,利用中国幅员辽阔、区域差别显著、吸纳投资空间大的条件,不断增加中西部和新农村建设的资金,下决心全面改善农村和农民的生产生活条件,那么,县域经济发展中的乡村中小企业和城镇化,也必然能够创造比城市大企业更多的就业机会。**如此下去,中国人维护国家长期稳定、调整经济结构的空间仍在。**全球性危机即使不断深化,也会在中国被改写为"机大于危"。

同时,对于与1998年那次的大规模增加基本建设投资同样的社会问题,应给予比以往更高的关注。

其一,必须贯彻党的十七大报告提出的"生态文明"理念。近年来过度追求GDP导致环境透支遗留的矛盾也正在呈爆发态势,群体性事件更多扩大到生态环境领域。而且,这类事件易于形成国际舆论关注。

其二,必须体现"构建和谐社会"的政治路线,政府的国债投入和国家金融部门的投资都需要体现国家经济结构调整的政策性,体现扶助弱势群体的普惠制原则。**尽可能减少"部门和资本下乡"与农村精英结盟,导致政策性的普惠制的国家投资被"精英俘获"所隐含的社会冲突诱发因素。**

其三,只有依托传统村社内部化节约交易成本的机制,才能弱化增加基本建设投资带来的农村社会的资源和生态环境冲突。与既往经济危机都出现代价转嫁到农村的一般趋势相比，1997年之后农村群体性事件大幅度增加，应部分归因于加大基本建设投资、大量占用农村资源。

为此，我们建议将新世纪第二个10年的政策重点放在：

第一，主动放弃过去中国处于资本极度稀缺、数量型粗放增长时期的政策思路，注重中央政府已经进入资本过剩阶段的长期结构调整，特别是要**以中央政府掌握的垄断金融为基础，自上而下地组建能够统筹县以下新农村建设和城镇化（双轮驱动）的基本建设投资机构**，赋予其承担维护乡村稳定、更多地创造就业机会和拉动内需的政策职能。

第二，在**国家投资方向从"排斥性"向"包容性"的可持续发展调整**的大前提下，最关键的步骤是进一步深化以"组织创新、制度创新"为内涵的农村综合体制改革。在构建国家新农村和城镇化基本建设投资机构的同时，**把国家对"三农"的综合投资职能，主要对接到乡村综合性的合作组织载体上**。这既能发挥有效投资作用，又能通过农村组织化程度的提高来惠及大多数的农村民众。

第二章
1958—1976：工业化初期的三次危机及其外资外债背景

人们约定俗成地接受1978年为中国改革的起始之年，尽管这个年份的确不是当时的经济周期的起始年份，其实，比较合适的做法应当是以危机爆发之年来划分当代经济史的不同阶段，那才便于讨论中国经济的周期性。**如果按这一原则，这个年份应该是1980年。**

对于中国的经济波动，改革开放以来已有很多政府专家和各界学者进行了较为深入的研究。应该说，对于中国经济存在波动这个客观事实，所有研究者都是基本承认的，但对于其是否属于周期性经济危机则存在分歧。笔者于1988年提出的"危机论"[1]，是国内第一篇明确指出中国存在周期性经济危机的文章。在此之前论述经济危机的，则是1979年以"四签名"[2]著称的关于"社会主义中国存在结构性危机"的文章。该文在20世纪70年代末和80年代初关于"社会主义国家是否存在经济周期"的讨论中，意识形态化特点比较突出。本书鉴于研究需要，同时也为了避免陷入意识形态化的争论，

---

[1] 载于《经济学周报》1988年第5期，《新华文摘》1988年第7期。

[2] 1979年有一个手抄本文章，叫"四签名"，在北京高校很流行。四签名写的文章题目就叫《社会主义结构性经济危机》。

重点从实体经济运行及传导过程的角度去判断和分析危机的发生，进而分析城乡二元结构下的农村所受到的影响及其对弱化危机负面影响的作用，所用到的经济指标主要包括宏观经济增长速度、财政赤字、金融存贷差、固定资产投资增速和物价指数等。主要原因在于，若客观地考量中国以工业化为主的经济发展进程，则其在"改革"前后表现为两个不同的历史阶段。

改革开放前一般被认为是"工业化初期阶段"，若依据经典理论，则为国家工业化的内向型"资本原始积累阶段"，其突出特点是经济大起大落，具有明显的经济周期的特点。其间发生过三次城市经济危机，间隔7—8年。**客观地看，这三次危机都是直接向高度组织化的人民公社和国营、集体农场大规模转移城市过剩劳动力**（1960、1968、1975年三次"上山下乡"总计有约2000万以城市中学生为主的知青和几乎同样规模的以农村中学生为主的回乡青年），而政府同时通过加大提取农业剩余来"内向型"地转嫁因危机而暴露出来的工业化和城市化代价。亦即，中国的"三农"不仅承接了当代工业化原始积累的制度成本，而且成为此过程中承受经济危机代价的主要载体。

这三次危机与20世纪80年代改革开放以来的经济危机相比，最大不同在于代价转移的地区。改革开放之前的30年，集中于城市的国家产业资本可以借由高度组织化的农村集体向农村转嫁危机代价，因此使城市经济及其政府管理体制得以延续——20世纪60—70年代的三次"知识青年上山下乡运动"，是在国家资本原始积累的20年里总计约2000万在城市不能就业的青年劳动力，到约9万个人民公社所属的约80万个生产大队的400万个生产队去"插队"的过程。而除此之外，还有大致相等规模的农村中学生（属于不列入政府就业统计的"回乡青年"）回到2亿社员农户家里去"插户"。

第二章 1958—1976：工业化初期的三次危机及其外资外债背景 | 037

20世纪60年代，海南儋州石屋村农民在农田水利建设中挑灯夜战，利用休息时间集体学习。
来源：海南省儋州市那大镇石屋村村史展览馆。

1967年12月，北京"灭资兴无"学校（原北京归侨学生中等补习学校）100多名革命小将同北京数千名中学革命小将一起，自愿奔赴内蒙古、北大荒等边疆地区参加社会主义革命和社会主义建设。图为人山人海的北京车站，挤满了数千名即将奔赴北大荒安家落户的北京中学生和欢送他们的家长。

统计数据显示了周期性发生的城市危机对"上山下乡"运动的直接影响——每次危机发生都会很客观地造成"上山下乡"的知识青年大规模增加；而危机过后则显著减少。1960 年危机发生以后到 1980 年这 20 年间，约有 2000 万城市过剩劳动力到"**农村**"去的"知识青年插队运动"，和几乎相同规模的农村中学毕业生作为"**回乡青年**"回到"**农户**"的政治运动，与城乡分割对立的二元结构体制不断加强，相辅相成，具有相同的特点——都是政府面对城市爆发经济危机并同步发生大规模失业的时候，把危机代价向农村转嫁的基本手段，这一过程持续到国家工业化的资本原始积累完成为止。（图 2-1）

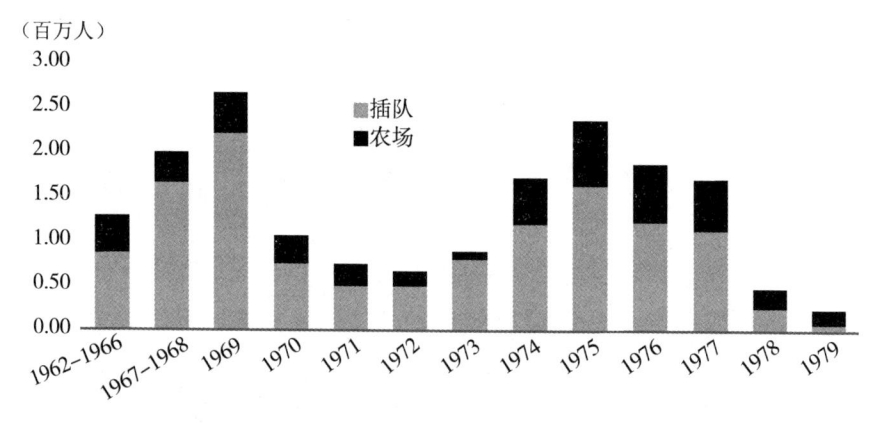

图 2-1　城市青年下乡（百万人）1962-1979

资料来源：《中国劳动工资统计资料》。

讨论这种国家工业化资本原始积累的社会代价（制度成本）的文字很少，当年也没有正式文件给出那个年代的真实失业率。如果以国家统计局网站公布的 **1960 年城市就业人数 6119 万**对比 **1962 年城镇就业人数下降到仅为 4537 万**，则可知危机爆发后两年萧条期间的"**失业**"总数应该是 **1582 万**。如果不说失业比重，则客观上

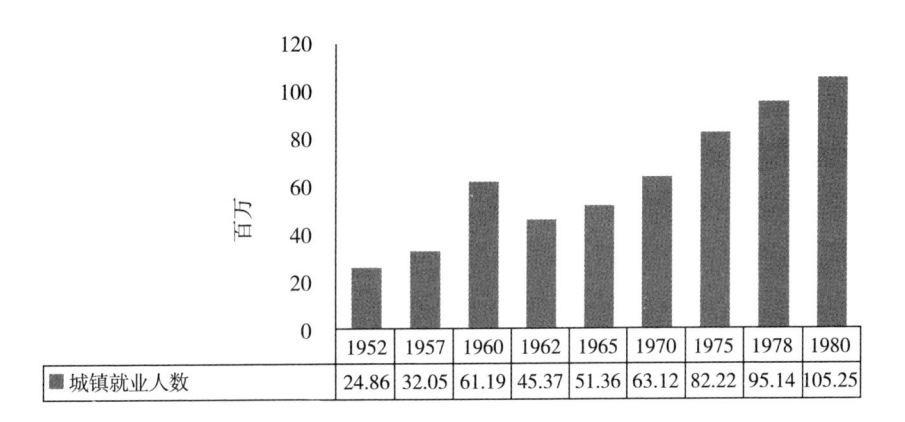

是城镇就业人数减少了26%（图2-2）。

	1952	1957	1960	1962	1965	1970	1975	1978	1980
城镇就业人数	24.86	32.05	61.19	45.37	51.36	63.12	82.22	95.14	105.25

图2-2 城镇就业人数

资料来源：国家统计局，见 https://data.stats.gov.cn/easyquery.htm?cn=C01，2022年10月9日。

在一般市场经济条件下，失业率只要在10%以上，任何国家都会发生严重的社会动乱。**当年中国虽然没有发生严重的社会动乱，但在资本集中的高风险的城市社会发生的却是以"阶级斗争"为名的各种政治运动，不断消纳社会紧张关系。**何况，那时的政府主要依靠农村人民公社化的、高度稳定的集体化组织，就几乎可以全额吸纳了城市危机排斥出来的潜在失业人群。

1959年7月2日—9月16日，中共在江西庐山先后召开政治局扩大会议和八届八中全会，总结1958年"大跃进"以来的教训。但由于当时的政治家们仍受本源于西方的左右对立的意识形态约束，因而庐山会议上虽留给后人无数或咋舌或嚼舌的纠结，却鲜有人认识到**那时初步暴露出来的赤字危机所诱发的复杂矛盾，是中国这个世界最大的主权国家在尴尬地被纳入战后两个超级大国地缘战略的条件下，不得已接受外资以用于工业化原始积累的**

规律性后果。

一般发展中国家资本原始积累的代价,都不可能像殖民主义宗主国那样对外转嫁,而只能依靠一定制度条件对内转嫁,此乃规律——本书归纳为"成本转嫁论"。后发国家,概莫能外。

不仅如此,中国人在那以后的整个20世纪60年代所承受的艰难困苦和社会矛盾,亦应主要归咎于20世纪50年代两个不同名义的工业化资本——民族资本和国家资本——的原始积累所造成的代价直接对城乡社会的转移。

一、第一次借助外资走出民国危机的背景及其逻辑演变:"二战"后地缘战略的重构及演变

新中国经济建设的起点本身,就是一场从民国延续下来的长期经济危机。

1949 年农业总产量只有 2100 亿斤,为战前年平均水平的 75%,粮食减产 150 亿斤以上,灾民达 4000 万人;现代化运输货物周转量只有 229.6 吨公里,仅及民国币制改革后 1936 年的 52.7%;**全国失业的工人和知识分子约为 150 万人**(除此之外,尚有相当数量的半失业人口)。何况 1949 年 10 月国内战争仍在进行,政府不得不动用国库,并多印发两倍以上的钞票来支付 450 万军队及 150 万国家机关和企业职工的费用。是年,财政赤字占财政总支出的比例高达 46.4%。[①]

[①] 沈志华:《新中国建立初期苏联对华经济援助的基本情况——来自中国和俄国的档案材料(上)》,《俄罗斯研究》,2001(1)。

由于国民党政府撤往台湾时带走了国库全部黄金储备,处于大陆的"解放区"政权大量发行纸币的结果是,新中国成立伊始物价即出现灾难性暴涨,涨幅高达 5—6 倍。尽管政府为稳定物价而向市场投放了大批粮食,但预计 1950 年的粮食价格至少还得上涨一倍[①]。

1950 年 6 月 30 日,土地改革法公布施行,翻身农民热烈欢呼。

诚然,这些与财政、金融相关的高物价、高失业等严重的经济危机都发生在城市,而那时候的中国农村却要稳定得多。这得益于中国共产党在全面推进土改的过程中较好地表达了中国农民几千年来"耕者有其田"的基本诉求。**政府以"土地革命战争"的名义给 4 亿农民以自然村为产权边界来政治性地均分土地,客观上既使中国的"三农"(农民、农村和农业)实现了对高风险城市经济的"去**

---

① 沈志华:《新中国建立初期苏联对华经济援助的基本情况——来自中国和俄国的档案材料(上)》,《俄罗斯研究》,2001(1)。

依附",也形成了农村基本制度的路径依赖——此后任何政治性分配土地,其产权边界都在自然村。

由此,一方面,使占全国人口88%的农民群众高度依赖和长期忠诚于中国共产党领导下的中华人民共和国。如同历史上任何朝代实现均田免赋都会造成农民忠于国家一样,这意味着**新中国政府凭借土地革命有效地完成了构建"政治国家"所必须的最广泛的国民动员**(同时也与世界上任何没有通过土地革命完成国民动员的其他发展中国家在基本制度上构成区别)。另一方面,也客观上构成了城乡之间本质上对立的矛盾:在城市发展民族资本主义工业,势必由于从高度分散且兼业化的小农经济提取农业剩余而产生极高的"交易费用"。**在高通胀导致的市场风险打击下的小农经济更加趋于"风险厌恶"而采取"去货币化"行为**——农民一般情况下都会既存粮惜售,又减少购买城市工业品!

专栏3 城市生产的支农工业品难以下乡

1949年,中国有个"铁犁"下不了乡的故事,可以说明城乡二元结构客观上存在对立性的矛盾:城市刚恢复的民族工业,参照苏联通过马拉步犁提高农业装备系数来提高劳动生产率的先进耕作方式,生产出了"双轮双铧犁"——相对于当时农民普遍使用的木犁,它被老百姓俗称为"铁犁"。其成本仅29元而销价为39元。这在城市,应该是自主性的民族工业开始有了支农产品的大事!很多报纸大力宣传,很多进城干部激动地给自己那年出世的孩子无论男女都起名叫"铁犁"。但在农村,却是无论政府怎样动员,也很少有农民购买。

> 因为，土改之后全面恢复的传统小农经济，仍然是一种资本潜化的经济类型：一是村里的木匠打个架子，铁匠打个犁铧，套个牲口就可以耕田了，并不需要再去购买一个"铁犁"。二是长期以来，村社内部包括工商业在内的多种经营并不走现金交易，因而村民没有购买的习惯。
>
> 资料来源：作者根据调研资料整理。

凡此种种。只要进入工业化、无论信奉何种主义都会遭遇到的交易费用难题，是为直接"制度成本"；在不能向农村转嫁的条件下，则势必向工商业资本集中的城市社会转嫁，直接表现就是营商环境劣化——中国在1949—1953年的民族资本原始积累（亦称国民经济恢复）期间，几乎大部分城市都大量发生了假冒伪劣、投机倒把、贪污贿赂和徇私舞弊的情况。遂有在城市立足未稳的各地政府挟"革命余威"而有针对性地开展"三反五反"等群众运动。那时中国还没有条件形成具有经典理论意义的、由具备无产阶级自觉性的工人阶级主导的"阶级政治"。于是，借助这些运动全面兴起的，大部分还是小资产阶级占多数的城市普通市民和企业职工，他们通过运动得以宣泄不满，但也难免将群体内部累积的恩恩怨怨演化为过激行为。

不过，这些多被后人诟病的群众运动之最大遗憾，却从未被那些诟病者所论及——当时的政治家和企业家们都**不可能先验地预见到的问题在于，单纯依靠国内的城市群众运动，根本就不可能消化掉发生在城市经济中的民族资本原始积累所带来的制度成本**——这才是大多数发展中国家虽然屡经动乱，却未能在城市中完成工业化原始积累的病根所在！

本来，中国政府在 1949 年第三次国内革命战争取得胜利之后，试图通过发展私有制工商业和促进城乡市场交换，带领在革命战争中形成的小有产者农民和在城市中保存下来的私人工商业经济，来逐步完成民族工业资本的原始积累，进入以城市工商业为主的工业化阶段。这不仅能从 1947—1950 年毛泽东关于"新民主主义就是共产党领导下的民族资本主义"的阐述中和 1950—1953 年各地国民经济自主发展的实绩中，而且从后来一直延续至今的人们对新民主主义经济政策的正面推论中，都可以得到印证。

但如果换个角度，从战后中国所处的国际地缘战略环境来看，却有一般后发国家在资本极度稀缺条件下都很尴尬的那种受制于外部的不可预见的制约性矛盾。1949 年新中国成立之初，尽管新成立的中国政府提出对苏联"一边倒"的外交策略，却在国内经济极端困难的情况下向苏联多次请求援助未果。随之中国**与其他后发国家之最大的不同，在于 1950 年 6 月发生朝鲜半岛战争，客观地导致"二战"之后形成的帝国主义地缘战略结构发生了重大改变**——1950 年 10 月中国人民志愿军跨过鸭绿江，在 3 年战争期间面对 17 个国家（包括美国、韩国、英国、法国、加拿大、荷兰、菲律宾、泰国、土耳其、新西兰、澳大利亚、比利时、哥伦比亚、埃塞俄比亚、卢森堡、希腊、南非，即为 17 国。另有五个派医疗队的国家，即丹麦、印度、意大利、挪威、瑞典）的 111 万军队（其中美军 54 万），中国出动了 134 万余人，付出了牺牲 14 万人、受伤被俘和失踪约 25 万人的巨大代价——**新中国才在远比这场局部战争更为复杂的历史背景下与苏联建立了战略同盟关系**，才有苏联在 1950—1959 年期间，合计达 54 亿美元的工业设备和技术投资[①]（包含 13 笔贷款合计

[①] 沈志华:《关于 20 世纪 50 年代苏联援华贷款的历史考察》,《中国经济史研究》, 2002 (3)。

约 66 亿卢布）的援助。

在伴随朝鲜战争而来的强大外来投资的拉动作用下，中国在 1950 年迅速走出了新中国成立之初的经济萧条，开始了工业化的高速原始积累阶段。

专栏 4　1950—1953 年苏联对中国经济建设的援助

"中国的经济恢复和朝鲜战争几乎是同步的。在整个战争期间，中苏不仅在军事和外交方面配合默契，协调一致，而且经济关系方面的相互合作和援助也迅速发展起来。"

1950 年 2 月中苏领导人会谈，苏联政府答应援建中国经济急需的煤炭、电力、钢铁、有色金属、化工、机械和军工部门的 50 个重点项目。这是人们常提到的 156 项引进工程中的第一批项目（在执行过程中，因情况变化撤销了 1 个项目，合并了 2 个项目，实际建设项目为 47 个）。按国家统计局 1953 年 3 月 11 日的统计报告，1950—1953 年中苏共签订技术成套设备进口合同 68394 万卢布，3 年累计实际进口 46974 万卢布，完成合同的 68.7%。援建工程主要集中在能源工业和基础工业的改扩建方面，这在 1950—1952 年恢复时期的中国现代工业基本建设中具有重要地位。

	项目总数	按建设性质分		按建设地区分	
		改建扩建	新建	东北	内地
一、能源工业					
1. 煤炭工业	10	5	5	8	2
2. 电力工业	11	5	6	6	5

(续表)

	项目总数	按建设性质分		按建设地区分	
		改建扩建	新建	东北	内地
二、原材料工业					
1. 钢铁工业	3	2	1	3	
2. 有色金属工业	3	1	2	3	
3. 化学工业	5		5	4	1
三、民用机械加工	7	2	5	7	
四、国防军工	7	7		4	3
五、造纸工业	1		1	1	
合计	47	22	25	36	11

苏联援建项目在新中国成立之初的工业建设中占有重要地位。1950—1952年中国固定资产实现新增金额合计为59亿元，全国能源和原材料主要产品生产能力实现新增：电力22.2万千瓦，煤炭开采1563.7万吨/年，生铁76.4万吨/年，钢锭55.8万吨/年，钢材33.6万吨/年。而下表所列的苏联援建重点项目完全建成后，将实现新增固定资产合计达41.39亿元，实现生产能力新增：电力87.55万千瓦，煤炭开采780万吨/年，生铁250万吨/年，钢锭320万吨/年，钢材250万吨/年。

建设项目名称	开始建设时间	建成投产时间	累计投资（万元）	新增生产能力		
				产品名称	单位	数量
一、煤炭工业						
辽源中央立井	1950	1955	5770	采煤	万吨	90
阜新平安立井	1952	1957	8334	采煤	万吨	150
阜新海州露天矿	1950	1957	19472	采煤	万吨	300
鹤岗东山1号立井	1950	1955	6512	采煤	万吨	90
鹤岗兴安台10号立井	1950	1956	7178	采煤	万吨	150

(续表)

建设项目名称	开始建设时间	建成投产时间	累计投资（万元）	新增生产能力 产品名称	单位	数量
二、电力工业						
阜新热电厂	1951	1958	7450	机组容量	万千瓦	15
抚顺电站	1952	1957	8734	机组容量	万千瓦	15
丰满水电站	1951	1959	9634	机组容量	万千瓦	42.25
富拉尔基热电站	1952	1955	6870	机组容量	万千瓦	5
郑州第二热电站	1952	1953	1971	机组容量	万千瓦	1.2
重庆电站	1952	1953	3561	机组容量	万千瓦	2.4
西安热电站	1952	1957	6449	机组容量	万千瓦	4.8
乌鲁木齐热电站	1952	1959	3275	机组容量	万千瓦	1.9
三、钢铁工业						
鞍山钢铁公司	1952	1960	268500	生铁	万吨	250
				钢	万吨	320
				钢材	万吨	250
四、有色金属工业						
抚顺铝厂（一、二期）	1952	1957	15619	铝锭	万吨	3.9
				镁	万吨	0.12
哈尔滨铝加工厂（一、二期）	1952	1958	32681	铝材	万吨	3
五、机械工业						
沈阳风动工具厂	1952	1954	1893	风动工具	万台/吨	2/554

156项工程的第二批项目是伴随中国经济发展"一五"计划的执行而开展的。

1952年8—9月，周恩来总理率政府代表团与苏联政府商谈。双方最终确定在1953—1959年内由苏联援助中国新建和改建91个企业。根据时任政务院财经委员会副主任李富春的报告，包括在建的 50 个项目在内的这 141 个企业的建成，到 1959 年将使中国的工业能力大大增长。在黑色冶金、有色金属、煤炭、电力、石油、机器制造、动力机械制造和化工方面都将超过现有生产能力一倍以上。**中国不仅将有自己的汽车工业和拖拉机工业，在钢铁、煤炭、电力和石油等主要工业产品方面也将达到苏联一五计划时的水平，接近或超过日本 1937 年（日本发动全面侵华战争之年）的水平。**

同"一五计划"直接有关的对苏成套设备的进口，则更多地要采取贸易形式。比如，**中国要在 1959 年以前供应苏联 16 万吨钨精矿、11 万吨锡、3 万吨锑、3.5 万吨钼精矿、9 万吨橡胶以及相当数量的农副产品。**而 1950—1952 年恢复时期引进的重点项目主要是通过贷款方式。对于必需的科学技术资料，苏联主要是通过图书资料交换，以及项目或设备进口合同两种低价甚至无偿的途径提供。这是两国维持战略合作关系时期中国得到的特殊优惠。但对于来华专家的待遇和报酬，双方则进行了多次协商。

因为，在两次确定援建重点项目之后，中国这种基本上**依靠引进外来设备短期推进国家工业化的方式，势必遭遇到所谓"人力资本"困境。**例如，20 世纪 50 年代初华北地区的干部受过正规教育的很少，70% 以上是文盲、半文盲，其他也主要是参加革命之后仅仅经过扫盲教育。不仅工业化建设必需的科学技术人员和政府部门管理人才极度短缺，确实来不及通过发展高等教育来培养人才；而且，连工业化急需的技术工人也严重不足，需要大规模从苏联引进。由此，涌现了两次数以万计的苏联专家伴随中国全面引进苏式工业化而来华的高潮。

但双方在对苏专家的待遇问题上几经波折。刘少奇访苏时，斯大林曾表示，派往中国的专家其待遇只需与中国的优秀专家相同即可，不足部分则由苏联政府补贴。根据这一原则，刘少奇曾指示陈云和薄一波："苏联专家临时薪资，暂订最高标准为月薪2500斤小米。"另须在食堂饭食价格和开设特别商店方面，对专家给予照顾。但在1949年冬天毛泽东和后到的周恩来访苏时，特别是毛泽东代表中方提出关于中长铁路等涉及维护国家主权的新条款后，情况就有了很大变化。

苏方提出相当于"双工资"的方案。即，在支付苏联专家工资之外，中国政府还应每月支付给每个专家2000—4000卢布的补偿费用，用作对专家以前工作的企业和单位的补偿，这笔钱要交给苏联政府。周恩来与苏方在协商专家费用时提出，**这笔补偿费用如果以美元结算，那么对中国政府来说，相当于每月10000至18000斤小米**，而中央人民政府主席和副主席们每月只有3400斤小米，部长们只有2800斤小米；中国政府希望用提供各种食品和商品的方式作为补偿金，这比支付美元要轻松得多。但由于苏方坚持以外汇（按照美元汇率计价的卢布）结算，最后形成的决议内容是：中国应向苏联专家支付相当于中国专家工资水平的工资，另外再支付专家出差的补偿金，按每人每月1500—3000卢布计。此外，关于在华苏联军士的工资和补偿金问题，双方也经过多次协商。

资料来源：沈志华：《新中国建立初期苏联对华经济援助的基本情况——来自中国和俄国的档案材料（上、下）》，《俄罗斯研究》，2001（1-2）。

因此，完全客观地看历史，受制于战后两个超级大国地缘战略调整的、**被战略性的外资投入客观地主导着的中国工业化，并不是从第一个五年计划确立后的 1952 年起步的。**

值得后人关注的是与之伴生的客观结果：来华苏联专家除了在工厂和企业成为实际上的主管之外，还在政府部门和高校、科研机构等领域协助中国完成整个上层建筑和意识形态的全面建设。唯其如此，**政府各个部门才能适应以投资城市为主的苏式工业化经济在管理上的需求。**

于是，这在客观上使 20 世纪 50 年代上半期中国在城市中实行的主要是"全盘苏化"体制。

但是，历经长期反抗殖民主义和帝国主义战争的中国领导人，对于中国在上层建筑领域（包括军队）的全盘苏化是有警觉的。早在 1955 年苏共二十大之前，中国就全盘苏化问题已经开始了内部讨

1957 年 10 月，勘测青藏铁路的工作人员和苏联专家一起工作在柴达木盆地。

论。这也为此后发生的中国共产党牵头的反对苏联以老子党自居和大国沙文主义的"反修斗争"埋下了伏笔。

曾经担任过国务院副总理的薄一波说过，中国领导人于 1955 年底在内部提出苏联体制不能全盘照搬。薄一波指出：**20 世纪 50 年代初期，在国际共运内部，实际上也存在着两个"凡是"：凡是斯大**

林讲的，就不容怀疑；凡是苏联经验，就得全盘照搬。而我们党当时并没有一切都听，全盘照搬。后来还明确向苏共领导人说明："我们不同意你们的一些事情，不赞成你们的一些做法。"对于苏联体制模式和经济发展战略方面的弊病，在我们党内，毛主席是察觉得最早的。在斯大林逝世后，苏联一系列深层次的问题陆续暴露出来，这使毛主席敏锐地察觉到：苏联经验并非十全十美，因此，在1955年年底，即在苏共二十大召开之前，他就在中央领导集体的小范围内，提出了"以苏为鉴"的思想。就在这个思想指导下，前后花了两个多月的时间，听取了34个部委的汇报，着手总结自己的经验，探索适合我国情况的社会主义建设道路。他所作的《论十大关系》的讲话，集全党智慧之大成，提出了"要把国内外一切积极因素调动起来，为社会主义事业服务"的基本方针，具有长远的指导意义。[①] 但在中国政府中，50年代初期"全盘苏化"照搬的苏式上层建筑及其形成的问题更为复杂尴尬——这种苏式科层等级制度中伴生的官僚主义、教条主义和形式主义，很快地嫁接了从井冈山"红色割据"时期一路延续下来的、在战争年代客观加强了的"山头主义"，再叠加了各地农民革命与生俱来的"土围子"习性，遂带来了在后来的政治体制中越改越重的"条块分割，尾大不掉"之沉疴——连如此大规模地全面发动群众冲击各级政府的"文化大革命"都没有打破"土围子"们的这一习性，更遑论后来者"温良恭俭让"地推进的政府体制改革！

与那些邯郸学步的学问家们讨论的中国体制问题相比，"条块分割，尾大不掉"恐怕是当代利益集团左右政治的弊病中已经深入膏

---

① 摘自《毛泽东百周年纪念》，为薄一波1993年12月26日在毛泽东生平和思想研讨会开幕式上的讲话。

育的痼疾，未必能被更换的外来程序化解掉。总之，**"城市中国"的国家资本主导的工业化经济，恰与"乡土中国"均分制土改之后全面恢复的传统小农经济互相对立，客观上构成了城乡二元结构体制，而随之形成的对后续制度演变的"路径依赖"，在此后的半个多世纪中都有充分表现。**

综上所述，是朝鲜半岛战争导致了新中国第一次对外引资——对苏东的设备引进和对上层建筑意识形态的全面借鉴——短期就相对有效地形成了国家全面掌控的军重工业基础，在加快中国工业化进程的同时也确实支付了很高的成本和代价。不过，这种在城市开展的工业建设的巨大代价，中国却不可能用城市工业产品支付，而是主要用稀缺的农产品和矿产品还债。

随着对苏联的全方位开放，大量引进重工业、军事装备工业，中国迅速形成了斯大林模式占据主导地位的、主要集中在大中城市的国家资本主义工业体系。并且，随即就按国家资本对于体制建设的要求，很快在1956年完成了对所有私人工商业和小农户经济的"社会主义改造"。① 根据财政部历史资料，1956年1月15日，北京市各界20多万人在天安门广场举行"社会主义改造胜利"联欢大会。到当月底，全国大城市及50多个中等城市的资本主义工商业全部公私合营——利用革命战争形成的单一政党的集中体制，**演变为国家资本主义条件下的基本生产力三要素——土地、劳动力、资金的"政府所有制"：**

土地——1954年2月，中央对地方"以土地换取建设资金"的做法批复："凡国营企业、机关、部队、学校等，占用市郊土地，不

---

① 参见1956年国务院政府工作报告。

必采取征收土地使用费或租金的办法。"**这意味着城市和工业占用的、能够产生高收益的土地的所有权,变性收归政府**(农村土地所有权1956年以后归村集体),政府得以直接占有土地资本化增值收益。与土地资源无偿取用相关的一个例子是**20世纪50年代中期的一轮"圈地热"**。一篇文章载:"据1956年对武汉、长沙、北京、杭州、成都和河北等地的不完全统计,几年间这些地区共征用了10.1万亩土地,浪费用地达4.1万多亩,占总数的40%以上。其中长沙市征用了2万多亩地,就有1.6万多亩浪费。武汉市33个建设单位征用9000多亩土地,长期闲置不用的就有2600多亩。"[①] 这与1978年改革以来出现的三次圈地高潮何其相似!

1956年,北京,庆祝社会主义改造胜利。

劳动力——政府几乎封闭了城乡劳动力就业市场,借此集中包括知识分子在内的所有劳动力资源用于国家基本建设,以占有全部劳动力创造的剩余价值。

资金——政府绝对垄断货币发行权和控制所有金融部门,以占有铸币税和经济货币化的增值收益。

就这样,生产力**基本要素的私有制在新中国只存在了不到7年**

---

① 引自周怀龙《乘风破浪正当时——新中国60年土地市场发展回眸》,载于2009年11月2日《中国国土资源报》。

的时间，就被国家工业化原始积累的客观需求改造为以政府所有制为财产基础，因而资本必然内化于政府的、具有中国特色的"政府公司主义"（government corporatism）的经济体制——这种在资本极度稀缺条件下的"政府公司主义"，被事实证明是一种既有利于缩短工业化原始积累的时间，又有利于城市产业资本高速度扩张的有效的制度类型。当然，也是一种直接地大规模对农民转嫁制度成本和危机代价的制度类型。

综上所述，中国只在1953年之前实行过发展私营经济的新民主主义（民族资本主义）工业化，此后则由于国家得到外部大工业投资，而很快完成了民族资本主义向国家资本主义的制度演变——这种被西方意识形态称为中央集权的"集中体制"，最初确立于提出"过渡时期总路线"的1953年，形成于"社会主义改造"的1956年，延续到债务/赤字危机全面爆发的1960年。它主要以国家负债的方式从苏联引进设备和技术，同时由中央政府通过以乡镇为单位的大规模集体化从"三农"提取剩余，以此完成国家工业化原始积累和对外还债。

二、危机一：1958—1960年苏联援华投资中断之后，中国发生了什么

1958—1960年的经济危机，是1950年新中国引进苏联外资，进而启动国内工业化进程中所发生的第一次周期性危机。其直接原因是，在中国坚持领土完整和主权独立，因而苏联不得不按照中苏条约规定于1952年交回中长铁路和1955年交回旅顺军港、撤走在中

《人民日报》刊载的中苏论战信件。

来源：《人民日报》。

国东北的军事基地的情况下，苏联以"五年计划"方式提供的援华投资于 1957 年突然中断，代之而来的是在 1958 年提出新的军事结盟，在中国构建联合海、空军指挥机构和通信电台系统等更加符合苏联远东军事战略的要求。对此，毛泽东当时一句比较有个性的回应，值得后人记住。他说：你把中国拿去吧，我上井冈山！

这种牵涉国家主权的谈判无果而终，使得原有的主要依靠大规模外部投资拉动的、以重工业为主的、中央层次主导的"政府公司主义"经济难以为继。

其直接表现，就是经由苏联专家协助制定的国家第二个"五年计划"胎死腹中。

一般发展中国家如果维护主权，大都会遭遇投资国中辍投资，与此同时也都会出现经济基础的崩溃。随之而来的，与投资国资本相适应的上层建筑在没有投资维持的条件下就会发生"反作用"，而政治动乱也由此发生。

对于苏联中辍对"二五计划"投资,中央政府一方面通过维护双方政治关系的谈判,争取到数十个后续的项目投资;另一方面只能在毫无预案的情况下出台应对政策,同时在体制上也得作出调整——但那时候人们还不知道这种调整就叫"改革"——在1958年年初提出"调动两个积极性"(试图发动地方政府参与原来被中央政府垄断的国家工业建设),依靠动员国内特别是地方的财政资金,勉为其难地维持对以重型工业为主的国民经济的拉动。根据国家统计局历年财政收支统计,1958年,地方财政支出占全国财政支出的比重由1957年的29.0%骤然上升到55.7%(历年财政收支情况见图2-3)。

就在苏联投资显著减少的1957—1958年,中央大规模下放了财权、计划管理权和企业管理权,号召地方大办"五小工业"。① 中国第一家社队工业——无锡春雷造船厂,就是在1958年成立的。

与此相对应,初尝财权、计划权和企业管理自主权的地方政府,在没有来得及建立工业化必需的"学习机制"的情况下,一般只会参照中央政府接受苏联投资形成的重工业模式,积极推进地方工业化,遂有被今人看得近乎荒唐的"大炼钢铁"和"大跃进"。

而财政占比在1958年陡然下降到仅约20%的中央政府,则以增发货币为手段加快积累。虽然在集市贸易上短缺的农产品价格波动明显;货币由于实际购买力受到票证的限制,对官方物价水平波动的影响不大,而且由于国家统购统销控制,市场可以自由买卖的商品上市量很小,难以据此作简单化的物价指数计算。于是,中央政府增发的货币一般会通过银行存款形成国民经济积累和再生产基金。因此,1958—1960年的财政收入和投资虽然增速递减,但从绝对值

---

① 胡鞍钢:《中国政治经济史论》,清华大学出版社2008年版,第247—251页。

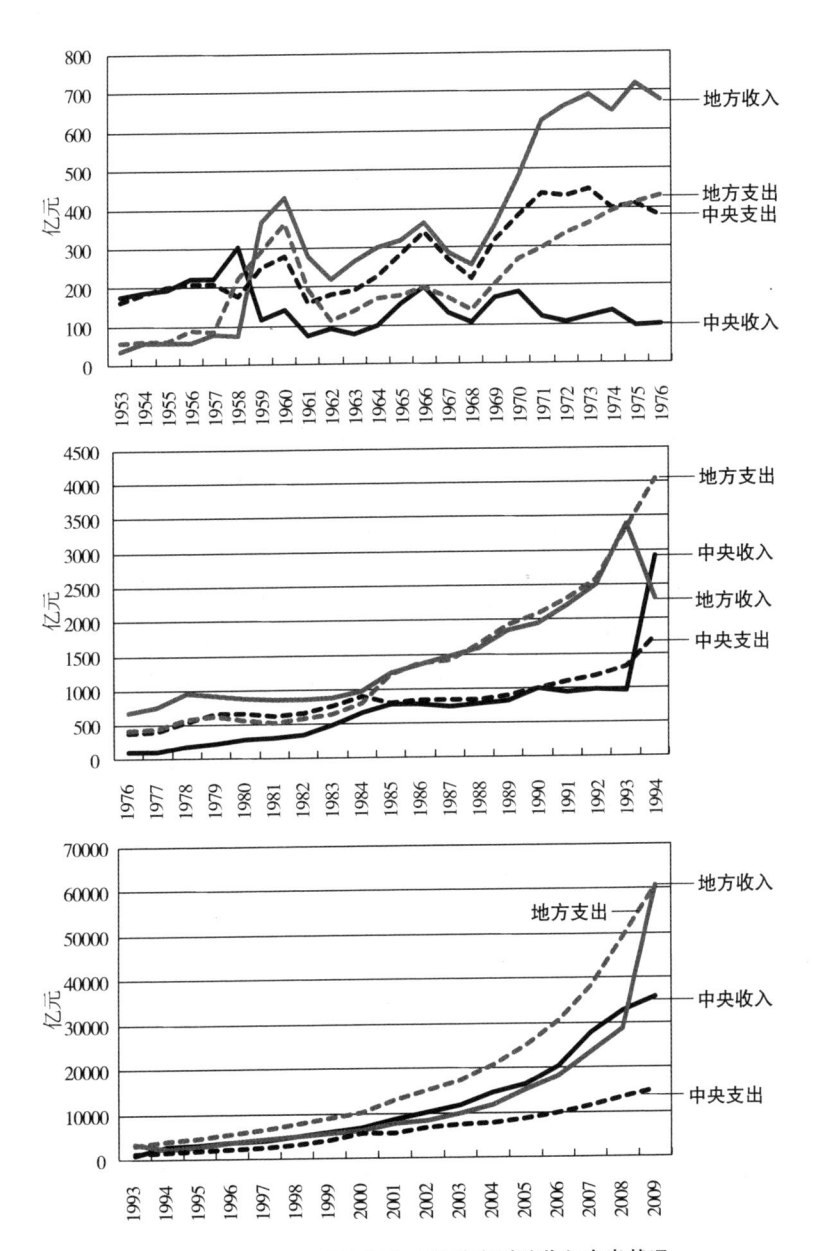

第二章 1958—1976：工业化初期的三次危机及其外资外债背景 | 057

图 2-3　1953—2009 年中央及地方财政收入支出状况

注：从 1994 年开始，财政收入中不再包含国内外借款的债务收入，财政支出中也不再包括国内外债务还本付息的支出和国外借款安排的支出。2000 年之后，财政支出再一次将国内外债务还本付息支出纳入其中。

看仍保持在较高水平上。与此同时，政府赤字显著增加，终于在 1960 年爆发了赤字危机。

20 世纪 60 年代的无锡春雷造船厂。
来源：http：//www.ylcunguan.com/sitepayes/page.aetion? picl=6224&Source Channelid=1331&did=8237。

图 2-3 代表着三个发展阶段，1953—1976 年，中央和地方的财政年度收入总和还不到 1000 亿元。1984 年实行"分灶吃饭"的财政体制改革以后，地方财政收入迅速增长，到 1992 年，地方财政收入已经达到了 2500 亿元。1993 年地方财政增收 35%，主要是因为受到了当年出台分税制政策的影响，不属于正常增长。到 21 世纪初，中央和地方财政收入相继进入万亿规模。到 2009 年财政收入已经达到 9.6 万亿元。[①]

[①] 1953—2000 年数据来自《中国统计年鉴 2001》，2001—2008 年数据来自《中国统计年鉴 2009》。

根据1958年政府财政决算报告，当年国家财政收入418.6亿元，相当于原预算数332亿元的126.1%，比1957年增加108.5亿元，实际增长35%。而此前的第一个五年计划（1952—1957年）期间，财政收入每年平均增长速度只有12%，即使在增长最快的1953年和1956年，也只有23%和16%。但在**1958年，财政支出409.6亿元**，相当于原预算332亿元的123.4%，比1957年增加105.4亿元，实际增长也是35%。支出超过预算的部分主要用来扩大基本建设的规模。全年经济、社会文教等各类支出中，**用于基本建设投资方面的总计为214亿元，比上年的126亿元增长70%**。各地方各部门在预算以外自筹的基本建设投资，还不在这个数目之内。[①]

尽管1958年中央发动地方政府开展的自主工业化建设维持了当年的高投资和高增长，但紧接着，就在苏联停止投资，撤走专家的同年陡然出现了国民经济的连续快速回落——1960年下滑超过21%！而就在同期，政府仍然竭尽全力维持这一财政收支连年高增长的势头，一直持续了3年，直到1961年才回落，这标志着国民经济进入以"休养生息"为名的"萧条阶段"。但，如果不计入债务平衡手段，则可知财政收支情况在1957年之后表现为急剧恶化的趋势，到1960年则滑落至谷底[②]。

图2-4中的数据清楚地表明了中国经济改革之前的三次赤字型危机的波动状况。但也就是在全社会承载了国家工业化巨大代价的这一时期，中国的第二产业在国民经济中占比首次超过40%，主要工业品产量跃上了新的台阶（表2-1）。

---

① 资料来源：《关于1958年财政收支决算和1959年财政收支预算草案的报告》。
② 根据"中经网统计数据库"的数据计算。

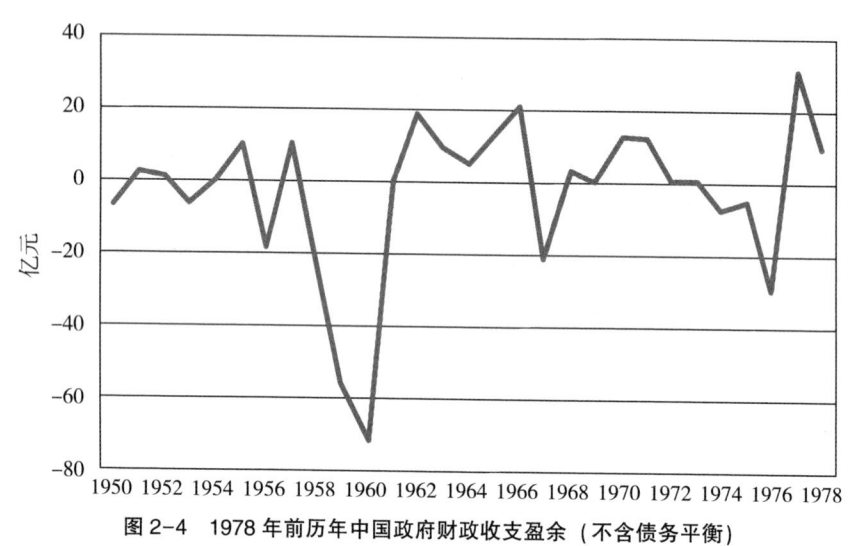

图 2-4 1978 年前历年中国政府财政收支盈余（不含债务平衡）

表 2-1 1957—1962 年中国主要经济指标

指　　标	1957	1958	1959	1960	1961	1962
国内生产总值（亿元）	1069.3	1308.2	1440.4	1457.5	1220.9	1151.2
第二产业占比（%）	29.6	37.0	42.7	44.5	31.9	31.2
财政收入（亿元）	303.2	379.62	487.12	572.29	356.06	313.55
比上年增长（%）	8.2	25.2	28.3	17.5	-37.8	-11.9
财政收入占 GDP 比重（%）	28.4	29.0	33.8	39.3	29.2	27.2
财政支出（亿元）	295.95	400.36	543.17	643.68	356.09	294.88
比上年增长（%）	-0.9	35.3	35.7	18.5	-44.7	-17.2
商品零售价格指数（上年＝100）	101.5	100.2	100.9	103.1	116.2	103.8
城乡居民人民币储蓄存款年底余额（亿元）	35.2	55.2	68.3	66.3	55.4	41.2
金融机构现金投放（亿元）	-4.5	15.0	7.3	20.8	29.8	-19.2
原煤产量（亿吨）	1.31	2.70	3.69	3.97	2.78	2.20

(续表)

指　标	1957	1958	1959	1960	1961	1962
发电量（亿千瓦时）	193	275	423	594	480	458
生铁（万吨）	594	1369	2191	2716	1281	805
粗钢（万吨）	535	800	1387	1866	870	667
水泥（万吨）	686	930	1227	1565	621	600

数据来源：《中国统计年鉴2001》、国家统计局《新中国60年》（中国统计出版社2009年版）。表中数据与年度政府工作报告中的数据略有不同。

据此可以认为，新中国进入国家工业化以来，1958—1960年可以看作是第一次强调向地方政府放权，目的是促其以国内资源的集中运用来替代突然中辍的国外资本投入，从而勉强使比例"偏重"的国家工业维持了高积累的局面。

这个阶段相对有效的经验就是，以工农大众能够接受的通俗化"阶级斗争"和工具化的"继续革命"理论为意识形态和国民动员手段，发动了几乎全体官员、知识分子和广大民众参与到国家工业化原始积累进程中来，**主要用劳动力的集中投入成功地替代了长期绝对稀缺（稀缺程度近于0）的资金要素**——大规模投入于政府作为所有者的国家工业化所必需的大型基本建设之中，再反过来形成对国有大型设备制造业的国家需求。

在这一"劳动力资本化"过程中形成的职工民主（如"鞍钢宪法"归纳的"二参一改三结合"），与20世纪70年代新中国第二次对外开放，从欧美日等国引进的西方资本主义模式下的生产线管理，是两种本质不同而严重对立的运作模式。两者龃龉并举，内生性地导致国有企业效率低、治理难，劳动者消极怠工等问题普遍发生，遂在1978—1979年因财政严重赤字造成了危机，并在危机导致的

"放权让利"①思想指导之下，催生了20世纪80年代中期起步的、实质性的国有企业改革：在微观方面以经理承包制、奖金制，在宏观方面以"拨改贷"②"利改税"③等方式，承认了资本的人格化代表——企业管理者对企业的主导地位。之后，则势所必然地出现20世纪90年代以来宏观方面的股份制改革。同期是资本化、货币化进程加速，也无可避免地出现了资本人格化的政府部门和企业管理者们因共同追求资本化收益最大化而造成的"下岗分流、减员增效"，以及几乎完全同步的贪腐泛滥。

20世纪60年代强调"自力更生"方针以后，替代稀缺程度几乎为零的资本要素、并在社会大生产中发挥龙头作用的，是在长期战争和均分制土地改革过程中奠定的**国民动员基础**，以及在传统村社的社会资源再资本化过程中形成的**社会资本**——而体现了西方后工业化需求的个体化意识形态对这两者最典型的舆论表述则是极权主义压抑个性的"人海战术"和毛泽东时代个人崇拜条件下的"大拨哄、大呼隆"。

此外，没有条件及时建立工业化"学习机制"，却忽然得到资源资本化权力的地方政府，唯一能参照的历史经验就是20世纪50年代苏联大规模投资期间的高增长和革命战争时期的国民动员！有分

---

① 放权让利，1979年国务院发布《关于国营企业实行利润留成的规定》，企业改革的重点是以经济责任制为主，在计划经济体制的框架内引入市场经济因素。企业在生产计划、产品销售、人事任免、职工奖惩、利润留成、资金支配等方面享有一定自主权。

② 拨改贷，是指国家将国家预算内基本建设投资由拨款改为贷款，是固定资产投资管理体制的一项重要改革。

③ 利改税，是改革国家与国营企业利润分配关系的一项重大措施，核心内容是将所得税引入国营企业利润分配领域，把国营企业向国家上交利润改为缴纳税金，税后利润全部留归企业。

1957年冬至1958年春，河南郑州市郊的引黄济卫工程。当时，全国各地农村都掀起了群众性的农田水利建设高潮。

析认为，作为"制度路径依赖"（path dependence）的结果，就出现了几乎没有任何技术与管理经验的地方工业化"大干快上"遍地开花的现象——这仍然是对"大跃进"造成的极大损失的一种过于单薄的解释。因为，本书并不认为可以轻描淡写地只是从经济角度将那些损失归为地方工业化支付的"学习成本"，而是应该在更多地把握不同领域资料的基础上，再作深入分析。

当时大量青壮年劳动力离开农业生产，被发动进行"大炼钢铁"的工业化劳动。曾任国家计划委员会副主任兼国家统计局局长的薛暮桥在他的回忆录中记载："1958年年底全国用于钢铁行业的劳动力达到了9000万人，加上直接间接支援的人，全国投入大炼钢铁的劳动力超过1亿。"而离开苏联专家的技术支援，地方政府的干部根本不可能懂得如何发展钢铁工业，这段时间进行的工业化只能是"高成本、高浪费"的，不只造成了资源的浪费，农业劳动力的大幅度减少客观上也对主要依靠劳动力，还得兼作套种和家庭多种经营的农村多元化生产造成很大破坏。

1958年"大跃进"时期全民大炼钢铁。

虽然付出了众所周知的极大代价,但毕竟维持了国家工业化进程不中断和新政权相对稳定的局面。

而这一轮国家工业化原始积累中之所以国民动员能够得以实施,与1956年完成的社会主义改造也不无关系。

随着重工业和军事装备工业的大量引进,中国迅速形成了斯大林模式占据主导地位的国家资本主义工业,并且主要按该体制的要求很快在1956年完成了对所有私营工商业和小农户经济的"社会主义改造"①。在此基础上构建的以城市单位和农村合作社为基本单元的社会组织体系,是此期间国民动员得以实施的组织载体。在农村,政府正是有了合作社这样的"腿",粮食征购、大兴农田水利、抚恤军烈属等客观上需要高强度提取农村剩余价值的工作才有了抓手,但也导致部分社员因合作社政策负担重,认为不如单干户合算而闹退社②。(表2-2)

---

① 参见1956年政府工作报告。
② 叶扬兵:《1956—1957年合作化高潮后的农民退社风潮》,《南京大学学报(哲学·人文科学·社会科学)》,2003(6)。

表 2-2　新中国成立以来各种成分比重变化表

单位:%

年份	公有经济			非公有经济	
	国有经济	集体经济		资本主义经济	个体经济
		合作经济	公私合营		
1952	19.1	1.5	0.7	6.9	71.8
1957	33.2	56.4	7.6	0.0	2.8
1978	56.2	42.9	0.9		
1997	41.9	33.9	24.2		
2005	31.0	8.0	61.0		

资料来源：国家统计局：《伟大的十年》，北京：人民出版社，1959年，第36页；中新社：《数字看变化：国有经济地位稳固非公经济比重上升》，2002年10月7日，http://www.jiaodong.net/news/system/2002/10/08/000532129.shtml；李成瑞：《关于我国目前公私经济比重的初步测算》，2006年5月23日，http://www.wyzxsx.com/Article/Class4/200605/6832.html。转引自王绍光：《坚守方向、探索道路：中国社会主义实践六十年》，《中国社会科学》，2009（5）。

1960年，一方面国家实现了572.29亿元的新中国建立以来最高的财政收入，但另一方面由于上述经济建设中的问题碍难再靠地方投入维持增长势头，第二年经济即出现负增长。并且由于片面强调扩大基本建设领域的政府投资而导致高额赤字，挤占了财政用于维持经济正常运行的开支。政府公司化体制下的财政赤字危机爆发之后，是城市经济的萧条阶段。这时，由于投资被迫中辍，城市就业随即从1960年的最高峰值6119万，陡然下降到1962年的4537万，减少1500多万，加之1958年大炼钢铁期间动员的几千万人此间也有需要解决去处的问题。从个体而言，要经受从城到乡、由工返农的"阶层回落"（那时候国营企业工人属于社会中层）和环境适应，宏观上看，则是经济危机爆发连带造成的社会代价①。

对此，1961年开始，政府不得不实行"休养生息"政策，动员上千万城市人口到农村去生产自救（关于1961—1962年下乡人数，使用不同部门的官方统计资料会得出不同结果），以弱化城市失业的巨大压力——这是集中在城市的国家产业资本得以通过"排斥劳动"来实现"软着陆"的基础性条件。

在1961—1962年经济萧条中，国家财政年收入进一步由1960年的572.3亿元回落到类似1957年水平的313.6亿元；同期，中国还得在农产品严重短缺的困境中，以农牧业产品和稀有矿产品来偿还苏联1950年以来投资形成的约合54亿美元的国家债务，这在客观上加剧了国内农产品供给不足的灾难性后果。

如果不作任何比对，单一引用1982年重新修订并公开发表的20世纪60年代的政府统计数据，则可以看出，1960—1962年这3年的人口增长曲线呈下降趋势，也有人据此计算出"未增加人口"约为2000万人。这其中很大部分是营养不良导致生育下降和新生儿死亡造成的。这一时期，新生儿的死亡率高达140‰，同期成人死亡率上升，其中有一部分直接死于饥饿。对此，人们沿用当年的政府文件语言，约定俗成地称1959—1961年的经济危机和随之而来的萧条为"三年困难时期"。

而1962—1963年期间之所以出现经济复苏，也并非一般人以为的城市工业增长、就业上升之原因，而恰在于"农民退出"——政府在危机压迫下于1961年作出农村集体化政策的实质性调整，允许

---

① 数据来源：国家统计局，见 https://data.stats.gov.cn/easyquery.htm?cn=C01，2022年10月9日；《中国共产党历史》第2卷，中共党史出版社2011年版，第490页。

乡土中国的小农村社制的传统经济，从服务于国家产业资本的高度集体化经济中部分地"退出"：其一，改"一大二公"的人民公社全面统治经济为"队为基础"的村落经济——意味着允许基本上以传统自然村落为基础建立的生产队作为核算单位，从以乡为单位的集体经济中部分退出。其二，农民可以在生产队（自然村）内搞"三自一包"——意味着允许家庭兼业化的农村户营经济从国家严格控制的集体经济中部分地退出。这就实际上放松了在20世纪50年代"全盘苏化"形成的具有国家资本主义性质的政府对农民的全面控制[①]。由此，农业生产逐渐恢复，农产品供给连年增长，农业税收占财政收入的比例也由50年代第一次国家工业化时期的8%上升到22%，财政形势随之有所好转[②]。

以上宏观政策的变动反映在财政收支上，是中央财政收入在总财政收入占比的上下波动，以及与之相对应的中央财政支出的占比变化。"1961年后，在刘少奇、陈云主持下，中国恢复了对国民经济的集中统一管理，收回了前几年下放的权力。"[③] 从更能反映财政能力的财政支出结构来看，**中央财政支出在全部财政支出中的比重除个别年份外，大多保持在50%以上，甚至超过60%**。直到1984年开始实行中央和地方"分灶吃饭"的财政包干制以后，中央财政支出的比重才降下来（图2-5）。

[①] 当时确实存在**"农民退出"**——从集体所有的土地中获得"自留地""拾边地""庭院地"等自由种植的土地约占农业用地总量的15%。这种以"放活"为特征的农村经济体制改革在15年后的1977年再次上演，提法上改名叫"大包干"或者叫"联产承包责任制"，但**其实质却演变为"政府退出"不经济的农业**。——作者注

[②] 温铁军：《周期性经济危机及对应政策分析》，http://www.macrochina.com.cn/zhtg/20010608007807.shtml。

[③] 王绍光：《坚守方向、探索道路：中国社会主义实践六十年》，《中国社会科学》，2009（5）。

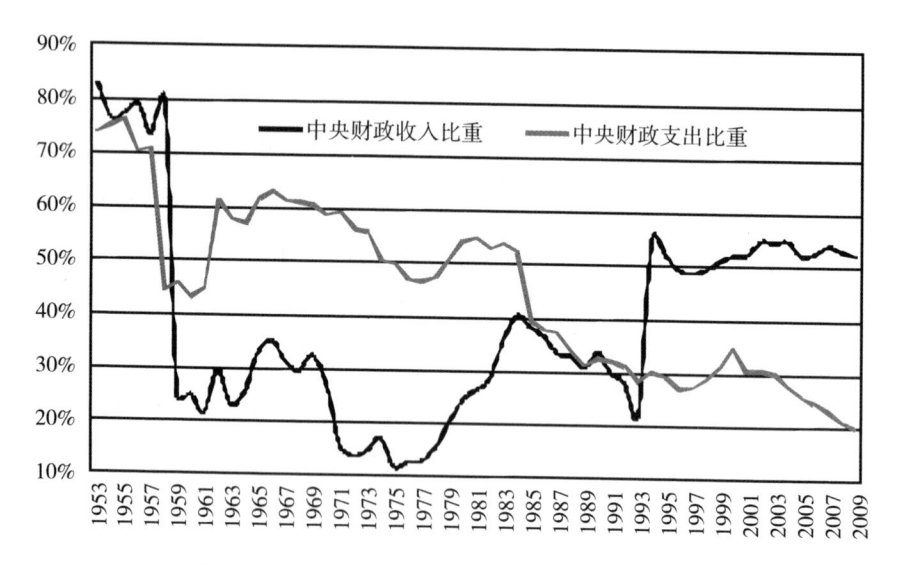

图 2-5　1953—2009 年中央收支占全部财政收支比重

三、危机二：1968—1970 年"三线建设"中的国家战略调整与经济危机

被今人看作极左革命年代的 20 世纪 60 年代后期，发生了进入工业化原始积累阶段以来的第二次周期性危机，除了一般经济因素之外，还具有典型的"上层建筑反作用于经济基础"的特点。

当时，一方面是中国处于外部全面封锁和周边地缘环境高度紧张的压力下；另一方面，中国 20 世纪 50 年代建设的符合苏联重工业管理模式的政府部门体制，一直就难以自觉地与主要依靠劳动群众"自力更生，艰苦创业"的经济方针一致起来，这些外部地缘政治和内部官僚化上层建筑都在中国接受苏联投资形成的以国家工业化为主体的经济基础必须作出调整的特殊阶段，具有直接的反作用。这个复杂的矛盾演化，使在支付了巨额对外债务之后的城市经济，第二次遭遇到"赤字+失业"形态的危机。

在此次危机爆发之前,则是关于中国第三个"五年计划"的不同指导思想的争论,和制定"三五"的国家计划委员会的"夭折"。具体情况如下:

就在第二个"五年计划"因苏联于 1957 年中辍战略投资而胎死腹中之后,60 年代初,在关于第三个"五年计划"的讨论中,当时在一线主持日常工作的国家经济工作领导人提出了"三五计划"的指导思想,旨在推进农、轻、重比例协调的经济发展模式,所针对的是 50 年代因苏联投资而偏军、偏重的斯大林模式的国家资本主义工业结构。

如果纯粹看当时中国经济结构调整的必要性,此议固然正确。但当年最紧迫的问题是中国周边"树欲静而风不止"——伴随着冷战时期区域性热战的,是中国 1960 年以后出现,"三五计划"讨论和制订的过程中周边地缘战略环境偏紧,相继发生了"反攻大陆"、中印边境战争、印度支那战争等,同期美国军舰飞机不断侵略中国

中国人民解放军战士在中国西藏边境反击作战。
来源:http://www.China.com.cn/abontchine/txt/2009-11/20/content_ 18923725.htm。

领海（据官方记载有 800 多次），更有美国和苏联先后多次策划"对中国进行核打击"，进行讹诈威胁。中国与苏联及西方国家事实上已经处于冷战时期的"热战"边缘。

因此，中国 20 世纪 60 年代在经济建设方针上的内部争论虽然很多，但最终形成了以毛泽东的意见为主的决策主张：一方面要克服困难，集中最好的科技力量上核武器，即如毛泽东所说，"要饭的也得有根打狗棍"。另一方面，宁可遭受损失也得把沿海容易遭受军事打击的基础工业转移到内地，形成国家工业"大三线"、地方工业"小三线"的战备经济模式。

同时，负责第三个"五年计划"制定的国家计划委员会被取代；不仅由留苏归来的中国高官专家按照"计划经济"体制要求搞的外来制度"移植"构想再度胎死腹中，而且苏联投资时期留下的政府经济部门在全面封锁、没有任何外部投资、几乎没有外部市场条件下，也愈益难以适应"自力更生，艰苦创业"的经济路线——苏式上层建筑的改革迫在眉睫。

后来学者如果不考虑那个时代中国周边地缘政治趋紧的影响，使用任何西方微观经济学方法都能对 20 世纪 60 年代的中国经济作出绝对负面的评价，且看起来越是负面的评价就越是具有高度正确的经济

1964 年 10 月 16 日，中国自行研制的第一颗原子弹爆炸成功。

理性！因为，如果按照成本收益分析，中国以巩固国防为目的、自主投资的"三线建设"，耗资巨大且很难有经济收益。1965—1975年（包括"第四个五年计划"时期），国家几乎拿出**全国基本建设资金的一半用于"三线"战略后方的建设**①。据估算，从1964年到20世纪80年代，中央向"三线建设"投入的资金为2052亿元。

诚然，这种"三线建设"客观上只能是国家产业资本的空间移动，并没有"纵向"地调整原来的工业结构，何况转移到内陆和山区的企业布局相对分散，尤其不易形成工业配套条件。因此，不仅20世纪60年代中国的国家工业发展投入的成本在基础建设上是显著增加的，而且国家在工业化空间布局调整上付出的这些巨大代价，都会造成更高的财政赤字，政府累积赤字爆发危机，其代价还是得向农村转嫁。

专栏5　20世纪60年代开始的"三线建设"

20世纪50年代，**苏联高级经济专家和政府首脑曾经提出，中国的经济建设要想快速发展，必须集中在沿海和东北地区搞建设**。中国最初基本接受了苏联方面的意见，但在最终确定之前，考虑到把156项工程全部集中在正在打仗的、与朝鲜相邻的东北地区和易受飞机袭击的沿海大城市，对中国工业的均衡布局尤其是国防工业安全不利。因此，以毛泽东为首的领导人提出要安排一批项目到西部去搞，国防建设项目要有近一半安

---

① 李彩华，姜大云：《我国大"三线建设"的历史经验和教训》，《东北师大学报（哲学社会科学版）》，2005年第4期，第89页。

排在西部。在与苏联方面进行反复协商后，最后决定106项民用工业企业的21项和44项国防工业企业中的21项建在西部地区。

"一五"和"二五"期间，中国的飞机、坦克、火炮、舰艇等重型武器生产基地都部署在西部地区。西部地区初步建立了钢铁、电力、煤炭、石油、有色金属、兵器、航空、建材、电子电气等工业底子，为后来的"三线建设"打下了基础。

1. "三线建设"的国际背景

20世纪60年代初，国际环境对中国提出了严峻的挑战。最主要的威胁来自手中握有核武器的美、苏两个超级大国。

1964年苏联在中苏边界陈兵百万，并派兵进驻蒙古人民共和国，一部分战略导弹指向了我国几个大城市和重要军事设施，试图对我国正在搞的核设施实行"外科手术"。

美国对中国实行紧缩包围圈政策，从1960—1964年和中国周边不少国家及地区结成反华同盟，在这些国家和地区建立了数十个军事基地，对中国形成了"半月形"包围圈。1964年8月，美国开始轰炸越南北方。

此外，60年代初蒋介石在美国的支持下要"反攻大陆"，加紧派遣武装特务对东南和其他沿海地区进行袭击，妄图在中国东南地区建立大规模进攻大陆的"游击战走廊"。

毛泽东认为，中国东北重工业和军事工业基地，全部在苏联可携带核弹头的中短程导弹和战略轰炸机的打击范围之内，沿海工业城市和北京这样的大城市也处在美蒋航空兵力打击范围之内，一旦战争爆发，即使敌方不使用核武器，我国大部分工业基础也将毁于一旦；而西部地区则在苏联和美蒋军事火力打击范围之外（当时，无论是苏联还是美蒋的武器装备，都还打不到西部地区，特别是打不到西南地区）。

因此，当时的中央政府从战争的角度，作出了两个决策：一是要搞原子弹，二是要搞"三线建设"——就是把中国工业建设的布局全面铺开，使沿海的一线、中部的二线、西部和西北部的三线并存，而把三线作为建设重点。

毛泽东强调要把"三线建设"作为重点，原子弹也放在三线去搞。

1964年5月15日到6月17日，中共中央召开的工作会议作出了"三线建设"的重大战略决策。当年8月中央书记处会议决定集中人力、物力、财力建设三线。**从1965年起，中国开始把沿海一些工业企业向西部和西北地区搬迁**，当年新建项目则大多集中投放在西部地区。

1969年珍宝岛冲突发生后，为了对付来自苏联的军事威胁，毛泽东又提出了"小三线"建设的思路，要各省特别是进行"三线建设"的各省，需要再建设本省自成体系的"三线"，使"大三线"与"小三线"两个体系环环相扣，形成一个大系统。从1970年起，中央开始对"三线建设"项目实行"优先安排、重点保证、抓紧抢修"的原则。

毛泽东还确定了"大分散、小集中""依山傍水扎大营"的"三线建设"的方针，就是要根据当地的地形、地貌条件确定建设项目，使"三线建设"的企业适应现代战争的需要；要远离大中城市，分散布点，做到即使在打核战争的情况下，这些工厂和科研单位也打不烂、炸不垮，能继续坚持生产和科研，支援前线。

2. 为"三线建设"提供的人财物支持

"三线建设"是个涉及从宏观上的国家财政安排到微观上的产业配套布局等多个方面的系统性工程。

在产业配套方面,毛泽东特别强调,必须把三线的重工业特别是钢铁工业搞起来,这样,军事工业才有原材料基础。他甚至说,"不把攀枝花的钢铁厂搞起来,我睡不着觉"。

用人方面,毛泽东曾选派彭德怀、聂荣臻及多位将军和一批国内最优秀的科学家如钱三强、邓稼先等到三线地区搞建设。围绕原子弹这一重点军事工程,毛泽东调派了很多军队和科技骨干到西部地区,加强核研制基地建设。"文化大革命"期间毛泽东还决定对一些重点"三线建设"基地和工程实行军管,甚至直接派军队去施工。

"三线建设"的日常工作在中央是由中央书记处和国务院主要负责人主持;在地方,先后成立了西南、西北、中南等三个"三线建设"委员会,主任均由该地方中央局第一书记担任。"三线建设"的大项目,均设领导小组,其他"三线建设"项目,也设立了指挥部。

中国以国防为目的的"三线建设",耗资巨大。1965—1975年,国家几乎拿出全国基本建设资金的一半用于三线战略后方的建设。[①] 1965—1971年,中国"三线建设"的投资总额达到了340.8亿元,这还不包括各省自筹资金搞"小三线"建设的投资。

[①] 李彩华,姜大云:《我国大"三线建设"的历史经验和教训》,《东北师大学报(哲学社会科学版)》,2005年第4期,第89页。

按照"四五"计划，1970—1972年中国国防工业投资达91.23亿元，占同期工业基本建设投资总额的16%左右[①]，成为1949年至1985年中国国防工业完成基本建设投资比重最高的3年。据估算，从1964年到20世纪80年代，中央向"三线建设"投入的资金为2052亿元。

3. "三线建设"强化了西部地区的军重工业体系

通过"三线建设"，建成了1100多个大中型工业交通企业、国防科技工业企业、科研院所和大专院校，基本形成了交通、电力、煤炭、化工、石油、建材、钢铁等生产部门相互配套但地域上比较分散的工业体系。

在铁路建设方面，从1964年8月中央决定修建成昆铁路、川黔铁路、贵昆铁路等6条铁路线算起，到20世纪80年代，"三线建设"共建成了成昆铁路、湘黔铁路、焦柳铁路、襄渝铁路、川黔铁路、贵昆铁路等多条铁路，同时还建成许多公路网络，为西部地区的矿产开发、产品流转、工业建设、国防建设创造了交通条件。

在国防工业建设方面，通过"三线建设"，在重庆地区建成了常规兵器工业生产基地；在四川和贵州建成了电子工业生产基地；在四川和陕西建成了战略武器科研、生产基地；在贵州和陕西、鄂西地区建成了航空和航天工业生产基地；在长江上、中游地区建成了船舶工业科研、生产基地；在西昌建成了卫星试验、发射中心。通过将东北、华北地区老军事工业企业的一

[①] 当代中国丛书编辑委员会编著：《当代中国的基本建设（上）》，北京：中国社会科学出版社1989年版，第161页。

部分搬迁到西部地区建新厂，基本上达到了将重要军工企业"一分为二"的目的。

在原材料工业、能源工业、机械工业方面，建成了攀枝花钢铁基地、重庆钢铁基地、成都地区钢铁工厂、贵州水城钢铁厂等大型企业；新建了西北铜加工厂、兰州连城铝厂、兰州铝厂、冥河铝镁冶炼加工厂、西北铝加工厂和重庆西南铝加工厂；建成了西南炼焦煤基地，西北煤炭基地，平顶山、焦作、鹤壁等矿区；新建10万千瓦以上电站68座；新建了第二汽车制造厂、陕西汽车制造厂、四川汽车制造厂；新建了一批配套工厂，使西部地区形成了军民结合的轻、重型汽车批量生产的能力；新建了12个重型机械工业制造厂，使西部地区形成了很强的重型机械制造能力；电机电器工业发展起来了，建成了四川东方电机厂、东方汽轮机厂、东方锅炉厂、东风电机厂，形成了年产80万千瓦成套发电机组的能力；为了与国防工业配套，还建设了重水、炸药、树脂、橡胶、医药企业。

在轻纺工业方面，通过"三线建设"，造纸、制糖、制盐、自行车、缝纫机、手表、合成洗涤剂、塑料制品、皮革制品、棉纺织、毛纺织、丝绸、印染、针织、化纤、纺织机械等生产企业在西部地区全面铺开。其中，新建了5万锭以上的棉纺织厂7个，大中型维尼纶厂5个。

此外，还在西部地区建成了100多个部属储备性仓库、15个大型广播电视项目和一些高等院校。241个机械工业工厂、研究所、设计院搬迁到西部地区后，又新建、扩建了大中型项目124个，累计投资94.72亿元，占全国机械工业同期投资的53%。

4."三线建设"的战略意义

"三线建设",使中国有了一个相对安全的战略后方,同时也形成了中国的威慑力。中国的"三线建设"在世界经济史和军事史上,都是史无前例的。

到1973年中美在新的国际局势下"战略接近"时,中国的"三线建设"已经初具规模,从当时世界军事格局和技术水平来看,中国已经建成了打不垮、炸不烂、能长期支持战争的牢固后方基地,使工业片面集中于沿海城市的状况得到了改变。

江泽民总书记在20世纪90年代初多次视察西部地区。他指出,从国际形势来看,我们对"三线建设"的重要性,应当有进一步的认识。1993年4月,江泽民在为一部书的题词中写道:"让'三线建设'者的历史功绩和艰苦创业精神在新时期发扬光大。"对"三线建设"的壮举给予了高度肯定。

中央政府1999年西部大开发的战略决策,正是在总结历史经验特别是我国"三线建设"历史经验的基础上,同时结合中国当前经济建设的实际需要而作出的。

资料来源:辽宁党史研究室,《毛泽东在1964年的一个重大决策:建设大三线》,《决策探索(下半月)》,2009年02期;彭成刚,《斯大林模式在中国的历史考察》,武汉理工大学硕士学位论文,2006年,40—41页。

这种依靠国内自力更生和追加政府投资所延续的国家工业化建设,再加上1966年彻底偿还苏东投资形成的外债带来的压力,转而造成内生性财政赤字,导致危机发生,连带增长率下降,使形势更趋严峻。而其延续城市经济的政府应对机制,也和1958—1960年危机情况大抵相同——1968—1970年全国又有上千万知青下乡,除兵工厂和三线建设有少量招工之外,沿海城市工业经济处于维持简单再生产状态。

总之,这第二次财政赤字增加造成的城市危机还是靠向农村转嫁危机代价而得以实现"软着陆"的。

"三线建设"需要大规模的投资,却几乎不产生经济效益,而且还迫使"三五计划"中辍,于是对这一国家战略调整的必要性众说纷纭,国内外的学问家单纯从经济效益角度来批评,当然认为是瞎指挥、缺乏效率,而类似说法已经形成话语权。

图为连接四川省会成都和云南省会昆明的成昆铁路。成昆铁路自成都经彭山、眉山、夹江、峨眉、峨边、甘洛、喜德、西昌、德昌、米易、攀枝花、元谋、禄丰、安宁抵达昆明,全长1083.3公里。成昆铁路1958年北段开始施工,以后几上几下,至1964年,仅建成成都至青龙场61.5公里。1964年第四季度西南铁路建设大会战,重新开始建设,1970年7月1日建成通车。
来源:http://news.qq.com/a/20090828/002460_2.htm。

我们历来无意参与任何预设价值判断的争议,但认为需要提示的是以往被派系之争掩盖的事实。中国 20 世纪 60—70 年代国内工业被动应对西方地缘战略,其空间调整的代价很大,事实上根本不能用本源于西方意识形态的"左""右"概念来归纳。

我们提出了一个需要站在客观立场上才能思考、当时乃至后来都没有认真思考的问题:既然 20 世纪 60—70 年代经过中国人民艰苦创业、连续追加投资、付出巨大代价才得以延续的,仍然是 50 年代全盘苏化时期遗留下来的国家资本主义工业结构,那么随之相应地得以维护和加强的,难道不是原来的适应这种经济基础的官僚化上层建筑吗?

四、第二次更大规模借助外资调整结构的背景及其符合逻辑的危机演变——20 世纪 70 年代来自西方的外债:从"四三方案"到"八二方案"

我们曾经分析过 1978—1981 年的改革与当时的经济危机之间的关系:在中国进入 21 世纪以前,由于经济危机爆发会导致或加剧直接依赖实体经济基本面的财政和金融体系的赤字压力,而财政和金融又是以政府为载体的上层建筑的核心,因此,几乎每次政府重大决策的出台都有财政金融压力的背景。

这里需进一步指出的是,不论是近代以来中国的历次经济危机,还是 20 世纪百年巨变中的改朝换代,其实都和对外开放密不可分。比如清末洋务运动,因其大量引进海外设备和原材料,而与当时国内的财政危机、外汇危机和货币危机相互掣肘,在清王朝正式覆亡前就已经式微，最终只形成了地方强势集团的点状工业布局。而这个"外"并不是一成不变的，正如本书第一部分所分析的，它是将中国深深裹挟其中的由核心国家主导的为获取制度收益、转嫁制度成本而不断推进制度变迁的国际环境。

如果从时间上划分，21世纪之前的对外开放，大抵属于中国在资本短缺压力下改善外部资本进入条件以获取国家工业化利益的应变之策；新世纪以后的对外开放，则属于三大差别加大，内需严重不足，产业资本凸现过剩背景下的主动选择。因为国内产能过剩压力正可以借开放之机积极寻求向国际市场释放，而国际资本在金融泡沫压力下也可以向中国要素低谷扩张。

20世纪60年代，随着科学技术的发展、发达国家劳动力成本的不断提升，以及产业资本阶段必然发生的国内劳资矛盾的不断增加，全球发生了一次由发达国家主导的产业结构调整，其特点是发达国家将劳动密集型产业转移到发展中国家，自己则致力于发展所谓的"技术密集型"和"资本、技术双密集型"产业，以实现产业结构的优化升级。

1968年，河南杨庄人民公社的知识青年在实验田中进行评比，总结科学实验。

于是，完全没有制度障碍的国家、地区首先承接了本轮产业转移。亚洲的韩国、中国台湾、新加坡及中国香港这些同属于儒家文明、没有制度障碍的国家和地区，先接受了日本的产业转移，然后得以推行所谓的"出口导向型"战略，重点发展劳动密集型的加工产业，在短时间内实现了经济腾飞，并因此被称为"亚洲四小龙"。

只不过，因为"四小龙"地域狭小，因此，国际产业转移的结果是接受地的资源要素迅速被重新定价。为了保证利润空间，追求短期收益的资本势必要求进一步向土地、资源、劳动力要素价格更低的国家和地区流动。

1972年是个对世界和中国都很重要的年份。

一是美国单方面放弃布雷顿森林体系后，随之而来的是产业资本流出、经济结构高度现代化、美元大幅度增发派生"金融创新"，于是依靠衍生品投机吸纳过剩流动性的金融资本全球化时代应运而生，与布雷顿森林体系的瓦解似乎相互呼应；二是中国借尼克松访华和美国解除长达20年的对华经济封锁之际，转向用西方的投资改造工业结构——毛泽东在接受了中国军事将领关于"世界大战在20年内打不起来"的判断之后，在1969年中苏边境冲突使双方军事敌对情绪可能蔓延的压力下，主导了恢复与西方的外交关系的一系列活动。同期，周恩来提出"四三方案"（引进43亿美元的西方成套设备来调整中国工业结构），从率先引进西方资本投于国家工业化布局相对集中的沿海主要工业城市开始，调整国内"缺重少轻"的工业结构。由此开始了新中国的第二轮仍然维持自主性的对外开放。

不过，20世纪70年代初期大规模引进西方项目和更为昂贵的服务来调整国内工业结构的代价，随即转化为与过去引资相类似的经济危机。

统计表明了周恩来总理提出的"四三方案"的实施情况：中国从 60 年代中后期到 70 年代用延期付款和利用中国银行外汇存款等方式，大规模引进的机械设备价值高达 42.4 亿美元。[①] 同期，中国马上就出现了与 20 世纪 50 年代初期第一次面向苏东"对外开放"的"一五计划"完成后类似的问题：国家进行扩大再生产的投资能力严重不足。特别是 1974 年以后，财政赤字突破 100 亿元，而当时的财政总规模才 800 亿元左右。

面对严重的财政危机，1974 年政府不得不再次动员城市过剩劳动力到农村去，也就是向农村转嫁危机的"第三次知识青年上山下乡"运动——1974—1976 年发生的当代中国第三次大规模城市过剩的适龄劳动力被分配到农村集体经济组织中去务农的官方运动，以直接向"三农"转嫁城市危机的巨大代价。这个时候，一方面是"文化大革命"已经结束，城市青年人的热情不再容易被鼓动起来。另一方面，1972 年以后的高投资客观上也带动了部分城市就业，使很多城市青年不愿意下乡，致使第三次"上山下乡"运动难以顺畅贯彻，社会不满情绪逐渐酝酿。

接着，是周恩来、朱德、毛泽东等老一辈具有战争所赋予权威的领导人相继去世。并且，在财政赤字还没有来得及扭转并且不得不继续增加的严峻情况下，由于新接任的领导集体客观上缺乏宏观经济调整的政策经验，遂出现了 1977—1978 年中国政府在华国锋等领导人的主持下尝试推行的，比毛泽东、周恩来主持的"四三方案"更大胆的对外开放政策——更大规模地从日本和欧美引进外资，仅

---

① 石林：《当代中国的对外经济合作》，中国社会科学出版社 1989 年版，第 320 页。转引自崔新健：《中国利用外资三十年》，中国财政经济出版社 2008 年版，第 6 页。

1978 年一年，就同外国签订了 22 个大型项目的合同，其金额高达 78 亿美元，并且还达成了 50 亿美元的意向。而 1978 年我国的财政收入才不过 1132 亿元人民币。

这次由毛泽东的继任者继续大规模引进外资对国内产业资本作结构性调整，造成在财政收入仅有千亿元左右的条件下，仅 1979 年、1980 年两年就累计出现超过 300 亿元的财政赤字。

是年，爆发了典型的"滞胀"形态的严重经济危机，应对危机的"改革"政策也应运而生。

考虑到 20 世纪 70 年代毛泽东和周恩来提出的"四三方案"与华国锋等提出的"八二方案"（引进 82 亿美元的西方设备）只有数量不同，内容上具有清楚的一致性。因此，我们将整个 20 世纪 70 年代美国解除对华封锁之后，中国成规模地引进以欧美日为主的西方设备的经济过程统称为中国的"第二次外资"。

与苏东国家"第一次外资"只能带来中国的"国家工业化"雷同，这次，仍然是中央层次上的"政府公司化"行为。并且，如同 50 年代引进苏联生产线形成的国家工业势必同时构建苏式上层建筑才能有效管理一样，70 年代后期以来发生的也主要是由中央政府推进的"改革"——按照西方模式重构的、以城市工业为主体的经济基础对原上层建筑的改造，也具有客观必然性。

历史的经验过程内涵的深刻性在于，虽然"改革"之前 30 年当中的这两次大规模引进外资在 20 世纪 80 年代初期实现了领导权更替后被明确批判，第一次被批为"极左"和冒进，第二次被批为"洋跃进"，但 20 世纪 80 年代以后的政府仍旧内生性地延续了"政府公司化"体制下直接引资而产生"制度路径依赖"的惯性。

但愿后人能够把握住这个历史过程内涵的深刻性,据此全面理解西方中心主义话语对中国改革的逻辑解释。

五、危机三:1974—1976年最后一次"上山下乡"

如果上一节的问题解释得到认可,那么进一步值得了解的,则是1971年以毛泽东认可的、周恩来亲自主持制定的"四三方案"(引进43亿美元的西方设备)为内容的第二次对外引资——引进欧美日等发达国家的设备和资金,把过分偏于军重工业的经济结构转向偏重民生经济。当20世纪60年代末期到70年代初期中苏发生边界军事冲突①,再次根本改变了国际地缘战略格局之后,毛泽东终于得以利用日益尖锐的美苏两个霸权国家之间的矛盾,于1972年开始恢复了与西方国家的外交关系。中国在作出调整周边传统地缘关系的政治让步的条件下,才有了通过参与国际分工和交换、改变长期过重的经济结构的条件——当时中国通过大规模引进欧、美、日设备,开始了对重工业偏斜的工业结构的大调整,试图努力形成产业门类齐全的国家工业体系。

至此,人们可能会隐约意识到:**始于1972年的以第二次引进国外设备、技术和管理为主要内容的国家经济结构调整,竟然与1963年不得不让位于"三线建设"而不幸胎死腹中的第三个五年计划殊途同归。**

当年的人们不可能有今人的问题意识。最让他们感同身受的是

---

① 19世纪末期沙皇俄国与清朝政府在蒙古和中国东北地区的军事政治冲突,及其所形成的俄国"独占利益",就曾经引起过英美势力的干预,清朝政府也曾经作过以英美势力制衡俄国的外交努力。

"农轻重比例协调"带来的好处（如同人们后来感受到改革开放的好处一样）：大规模引进西方化肥设备和化纤技术，使中国农业产量由于 1972—1974 年化肥产量翻番而增加。城市人口也第一次有了"的确良"服装、尼龙丝袜和洗衣粉，然后就是电视、洗衣机和冰箱这新"三大件"消费品的问世。

70 年代的这第二次对外引资，与 50 年代的最大不同还在于，不再有当年的战略合作条件下的特殊优惠——与苏联结盟时期，苏东国家派来大批专家和技工从图纸到工具的"手把手、传帮带"，在很大程度上节省了技术和管理成本。而中国人自 20 世纪 70 年代中期开始转向西方之后，除了必须支付昂贵的"服务"（后来被称为"第三产业"）成本之外，还得**在上层建筑领域让官员们倍感痛苦地洗心革面，以转变过去照搬苏联政府体制（乃至整个相关制度体系）的思路，否则就不可能自觉地适应现在照搬西方生产线的情况及其内生性的制度需求**——经济体制和政治体制的改革随之被主管经济的高官们渐次提出并且"被演进着"。

不过，这是后话了。

由于主要依靠引进更为昂贵的项目和服务来调整国内工业结构，中国几乎马上就出现了与"一五计划"完成后类似的问题：在 1974 年开始投产引进的成套设备以后，财政赤字突破 100 亿元，而当时的财政总规模才 800 亿元左右，导致国家进行扩大再生产的投资能力再次严重不足——国家工业化的第三次经济危机爆发。

随之，还是政府应对危机的"路径依赖"——1974—1976 年政府不得不再次以晚年毛泽东的威望动员数百万城市过剩劳动力到农村，由农村集体所有制条件下的"大锅饭"来承担他们的基本生存保障。

这就是城市产业资本向农村转嫁危机的第三次,也是最后一次"知识青年上山下乡"运动。借此,城乡二元结构体制矛盾下的中国城市经济引进西方设备技术,推进产业资本结构调整所引发的经济危机,得以实现第三次"软着陆"。

20 世纪 70 年代,育英中学学生响应号召,大批学生上山下乡。图为学生们坐车前往农村体验生活。

毛泽东主政时期国家利用农村土地产权残缺而得以强势介入促成的农村"集体经济",虽然不是当时生产力水平之下的农业发展的客观要求,也未必能够维护农民利益,但客观上在国家工业化原始积累时期起到了意想不到的作用——以按人口数量优先分配且不可能产生"激励"机制的"大锅饭"分配方式为主要特点、带有**小农村社制传统、以"内部化"特性来化解外部性风险的所谓"中国特色的农民社会主义"**,接受并且容纳了 20 年内三次总计约 4000 万"知识青年上山下乡"——中国的"三农"在这种重复发作的社运动之中，至少 3 次默默无闻地承载了集中于城市的国家资本主义体制的周期性经济危机造成的巨大代价。

1976 年毛泽东去世，后任者无论谁遭遇到城市经济危机，都不可能再像他那样三次向农村送去成千上万的城市失业群体。所以，如果以毛泽东去世为时点来看，此后的城市经济危机一般都在城里"硬着陆"，除了 1979—1980 年和 2008—2009 年这两次危机以外。

第三章
1978—1997：改革以来三次内源性经济危机及其化解

按照胡锦涛提出的代表官方的最具权威性的阶段划分，进入新世纪的中国已经处在"工业化中期阶段"。若依据一般工业化国家之发展经验，中国工业化的中期阶段应进一步区别为完成工业化原始积累之后必然会经历的"产业资本结构调整"阶段，和随之而来的"产业资本全球布局调整和产业扩张阶段"。这个阶段中，生产力诸要素的流动整合与制度变迁代价转移的范围都显著扩大。

在这个工业化中期阶段，也就是1978年改革开放之后到1997年东亚金融危机产业资本结构调整时段内，中国曾再历三次经济危机，按照顺序应为当代中国60年中的第四五六次危机。并且，如同"工业化初期阶段"发生的周期性危机一样，这三次危机的发生基本上也都主要缘于国内经济因素。

一方面，在城乡二元结构这个基本体制矛盾制约下，由于农村改革的"去组织化"和农产品的市场化，而不可能再借由农村集体化的组织载体直接转移城市劳动力就业压力和更多地提取"三农"剩余。因此，除了20世纪80年代初的新中国第四次危机因推行农村改革，反过来有力地促进了城市经济复苏之外，1988—1989年的第五次和1993—1994年的第六次危机都不得不在城里"硬着陆",并且也都对"三农"造成较大负面影响。

另一方面,如同在已经形成完整产业资本结构的国家和地区的一般经验那样,中国在中期阶段发生的这三次经济波动的幅度也明显收窄,并在中国特色的制度变迁中仍保持增长(新中国成立以来历年的经济波动见图3-1)。

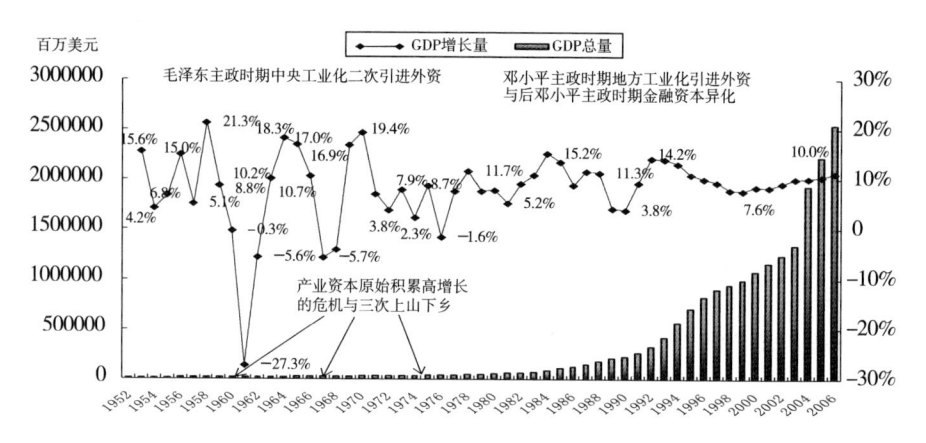

图3-1 1952—2006年中国宏观经济增长与波动状况

资料来源:历年《中国统计年鉴》。

在这种官方称之为"工业化中期阶段"的时期里,发生了1978—1980年、1988—1989年和1993—1994年的三次以国内因素为主的周期性经济危机。

20世纪90年代中期以后中国融入了国际经济体系,宏观经济波动也越来越与全球的宏观经济波动同步,一定程度上使得在1997年以后中国的周期性经济危机中,政府方面需要应对的是"输入型危机"——1998年危机为上年之东南亚金融危机引发,2009年危机则是上年华尔街金融海啸蔓延全球所致——这两次都造成外需大幅度下降,遂使政府针对这种外部因素起主要作用的危机采取的"救市"行为,也与此前五次危机政府采取紧缩为主的对策有所不同。对于这两次诱发因素由国内转变为国外的经济危机,本书将在第四章论述。

图3-2中的曲线显示出"工业化中期阶段"的危机中,第四次与第五次的爆发约间隔7—8年,依次为1980年和1988年;当时还是以国有(国营)经济和政府投资为主,两次危机中政府采取的针对性宏观调控措施也类似,都是压低投资规模,遂有投资增长速度大幅度下降——1981年为-10.51%,1989年为-8.23%,进而使宏观经济增速下降。

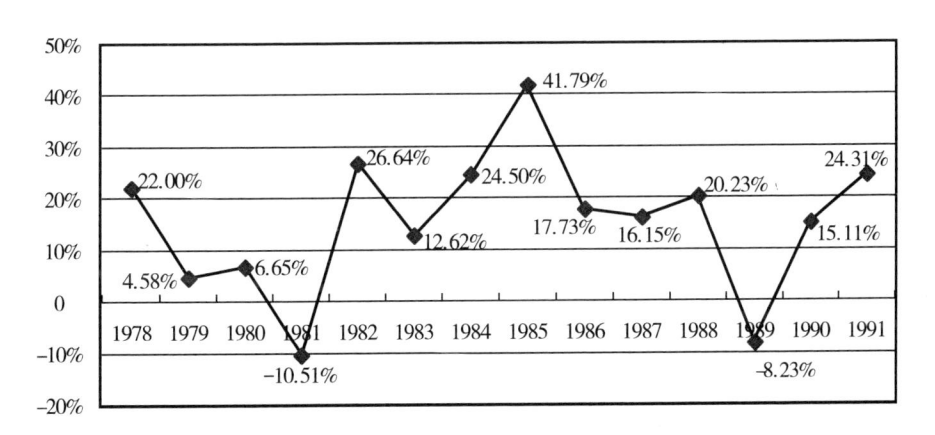

图3-2 1978—1991年国有单位固定资产投资总额增长率
资料来源:历年《中国统计年鉴》。

但是,1989年政治风波发生后,随之而来的是西方继1971年放弃对华封锁以来的第二次封锁,和伴随封锁制裁甚嚣尘上的"中国崩溃论"。之后,中国在90年代初期出现的是速度骤然加快的以市场深化和金融深化为主的经济改革,以及与传统有效的紧缩政策客观上南辕北辙的南方谈话。两者的主要政策内涵,在于陡然放开了各地自主增大引资和自主占有资源资本化收益的权力。这可以客观地看作是一种获取各地政治支持,最终形成第二代中央领导集体的经验过程。**相对第一代中央领导集体核心的形成而言,这场改革加强了中国集中体制的权威,其直接制度成本应该是下降的**,间接成本则没有被人提出过。但从现象上看,其间接成本也许在于使得1988年危机与1993—1994年及以后危机的间隔从7—8年发生一次缩短到仅5年就发生一次。

在1992年中共中央十四大推出以"市场经济"改革为名的经济活动中,最为实质性与最主要的表现,在于地方借南方谈话得以放手推进政府公司化进程,最后促成经济过热而把债务负担推给中央。由于中央政府财政占比过低承担不起这个代价,只能加快货币化——印钞机"三班倒",大量增发货币。与此同时,地产、证券、期货这三大具有投机性的高风险市场借机开放,顿时吸引了全社会的投机性资金,短期投资迅猛增长,通货膨胀陡然严重——**世界上任何投机资本与生俱来的风险被如此短期地大规模集中,都会带来这样的规律性后果,中国没理由例外**——迅即造成以中央政府直接控制的财政、金融和外汇三大领域赤字同时爆发为内容的1993—1994年经济危机。

就在1993年中国在经济病态过热的同时遭遇财政、金融、外汇三大赤字危机爆发的形势下,十四届三中全会确立了"全面改革"的路线,中国政府在1994年壮士断腕般地采取了远比后来欧盟应对欧债危机更大刀阔斧的紧缩行为,排除"地雷阵"和冲出"万丈深渊"般地力推三大宏观领域改革:**人民币大幅度贬值、汇率"一步并轨",实现了外汇市场化;中央与地方政府"分税制"改革**;辅

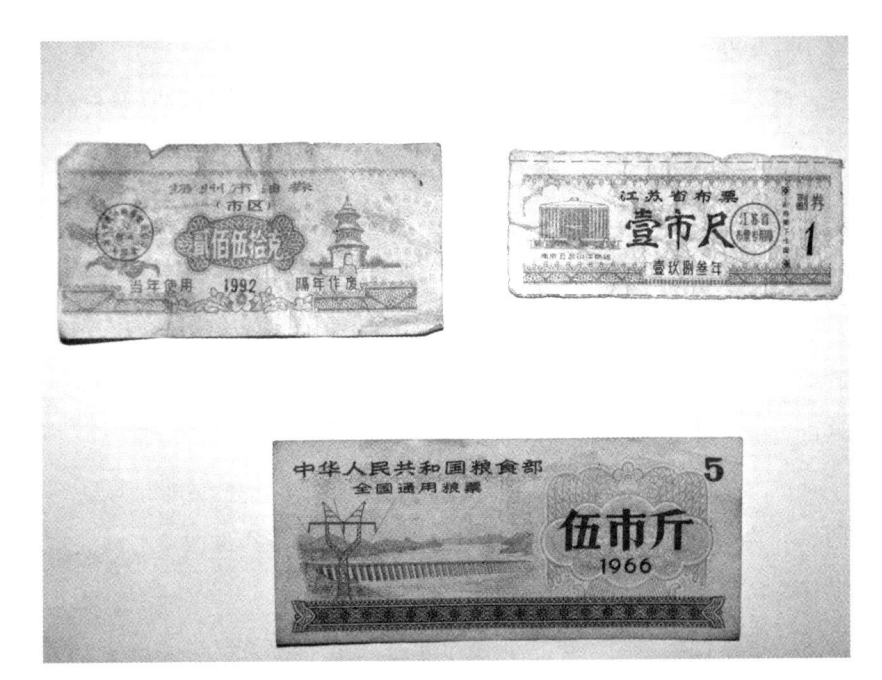

20世纪50年代至90年代,中国在特定经济时期发放了各种商品票证。那时候,人们必须凭票证才能购买到相应的商品。改革开放后,这些见证了时代变迁的票证逐渐退出了人们的生活。

之以强行紧缩银根和地根的宏观调控措施。

如果说这三大措施还属于流量调节;那么更为史无前例的与存量出售相关的关键措施则是**两大"政府退出":政府退出国企,直接推行"下岗分流减员增效"的国有资产市场化改革**(政府从不经济的中小型、非垄断的国企退出);以及政府"退出"公共福利,直接推进职工住房(相当于近年作为民生新政强调的"公租房")市场化,教育、医疗产业化等。

终于,通过多种方式的存量公共资产的低价处置,大批呆坏账在银行挂账并留给后任者。中国人在付出数千万国企职工下岗待业、数万起群体事件、大众收入下降带动内需下降等一系列巨大代价后,终于在 1996 年成功实现了所谓的"软着陆"。

但恰好就在这次"成功实现软着陆"被媒体公之于世的同时，中国却迎头遭遇了 1997—1998 年东南亚金融危机造成的外需下降的打击！旋即，内外需都下降的中国，落入长达 3—4 年的通货紧缩陷阱。

20 世纪 90 年代下半期，从结构上看，由于中国经济增长已经客观地变为以外需和投资拉动为主，因此在外部因素的作用下，中国经济还没来得及进入复苏阶段就随之步入工业化以来的第七次经济危机，这也是本书所指的以外部因素为主的"第一次输入型经济危机"。

从改革开放到 1997 年，其间发生的三次危机（时间排序为第四、五、六次），有一个共同特点，就是都不可能再像改革开放之前那样直接向"三农"转嫁代价——通过政府动员，甚至强制性地把数千万城市过剩劳动力分送到高度集体化的农村来缓解城市失业压力。因为，在城市工业多年来过量提取农业资源和农产品剩余导致"三农"衰败之后，**在城市经济已成为政府财政收入的主要来源之后，农村集体化就已经完成了服务于国家资本原始积累的历史任务**。于是，政府即通过全面推行以"大包干"为名的家庭联产承包责任制，从已经几乎没有剩余的"三农"领域退出，农村集体经济也随之解体，维持数千年乡土社会的传统小农村社制度遂自然得以恢复。于是，2 亿多的分散小农户不再可能成为接纳城市过剩劳动力"下乡插队"的载体。

我们尝试指出不同政策后果的重大差别：**此类以"政府退出不经济的农业领域"为实质的农村改革，其带来微观经济领域的制度收益是农户经济的活跃和农产品生产全面增加。但在宏观经济领域的制度成本之一，就表现为此后的多次危机都只能在城里"硬着陆"**。

相比较而言，在国家从 2005 年开始通过新农村建设战略不断加强对弱势的"三农"的投入,重新在农业领域实现高调"政府进入"的情况下,2008—2009年的输入型通货膨胀危机才再次借助"三农"的发展得以"软着陆"。

需要进一步指出的是,1997年及此前的三次危机,使其在城市"硬着陆"的应对措施,因宏观背景和制度取向不同,而对"三农"的影响有显著的甚至正反两个方向的差别。

1980年第四次危机爆发在城里之后,很多企业"关停并转",大批待业青年引发社会治安问题,为应对严峻的形势,中央开展了"两个严打"运动。

但第四次危机恰为农村改革之因,且恰与农村改革同步,并得以借重"三农"而发展,特别是那个时期被领导人称为"异军突起"的以"乡村工业化+城镇化"为主的县域经济的发展,极大地增加了以农民为消费主体的内需,拉动全国经济复苏并且旋即进入高涨。遗憾的是,这一体现"科学发展观"的、自主发展的、以农村内需拉动全国经济增长的、具有中国特色的制度经验,却被过度意识形态化地作了庸俗经济学的解读,因而失去了作为后期问题之鉴的对比分析作用。

1988年第五次危机虽然仍然是典型地在城市"硬着陆",但在城乡二元结构体制下的政府宏观调控中,乡镇企业却首当其冲。危机代价部分地向"三农"转嫁,导致农村企业大面积关门歇业,农民的非农就业和现金收入连续3年增长速度下降。连带发生的必然是内需下降,国民经济增长部分地转向由外需拉动。

1993—1994年的第六次危机,若不单从其周期现象看,而且从其本质上作分析的话,也应该算是当时的政策部门对1988—1989年爆发的滞胀型危机没有经验、处置失措,造成代价过大的危机延续。

如果可以去意识形态化地作历史对比，则这一次危机类似于席卷西方的1929—1933年大危机。

客观分析第六次危机的主要动因，一方面表现为向地方赋权的南方谈话所带动的各地投资、引资过热，而**中央政府在不得不承担地方投资过热的全额债务责任却没有制度收益**的情况下，紧急启动了制度收益完全归中央占有的"货币化"改革，其伴生的地产、股市、期货这三大高风险市场风云乍起，遂使1993年年末在通货膨胀上升的同时，财政、金融、外汇三个领域都出现了严重赤字。继而1994年年初政府有针对性地推出了分税制改革，在大幅度增发国债、增发货币的同时，直接使本币一次性大幅度贬值约52%。这些维护中央政府利益的宏观改革，客观地导致1994年的年度物价指数CPI上升至24.1%，为改革以来的最高点。

遗憾的是，这些具有中国特色的、政府公司化的、与"中央—地方"关系直接相关的经验教训，还是由于被意识形态化地赋予了高度的政治正确性，因而基本上没有条件被认真讨论。

此时，政府为减轻财政压力而推行"政府甩包袱"——这是当年政策圈里的行话。做纯学术研究的人则可十分雅致地称之为"政府退出"——国有企业大面积改制，本应促进就业的政府却直接提出"下岗分流，减员增效"，导致数千万还没有来得及享有"由政府建立"的、企业职工必须要有的社保、医保等基本社会保障的国企职工强制性地被"裸体下岗"，其中很多被迫低价买断工龄，成为无工作、无保障、无住房的"三无"群体。

这种"通过深化改革"渡过严重危机的实际经验，别说欧债危机下的欧洲国家学不起，世界上任何国家都不敢学！

不过，对当年的"三农"来说，中央政府的政策相对积极。为了控制通胀对农民的影响,中央在 1993—1996 年 3 年间超过 100% 地连续提高官方粮价,客观上使同期农民来自农业的收入稳定增加。并且,中央政府 1992 年在库存粮食加剧财政赤字的压力下全面取消粮票的改革,也大致消除了农村劳动力流动的主要障碍,"农民工"的打工潮自此发生。

对于工业化中期阶段的周期性危机,下文将予以具体分析。

一、危机四:1979—1980 年[①]改革以来的第一次经济危机及借助"三农"的复苏

迄今为止,人们谈论的中国经济市场化改革,都约定俗成地以 1978 年"中共中央十一届三中全会"为起始,鲜见有人认真地查阅过距今还不算远的被作为历史里程碑的会议文件,其中可曾有任何中共明确启动市场化改革的提法?若没有找到,则还得平心静气地看看当年的中国遇到了什么问题,政府是怎样处置的。

我们已经有研究指出:中国的经济体制改革本来就源于政府在经济危机发生时作出的应对调整政策。[②] 只不过人们受意识形态的约束而没有从这个角度讨论问题。

人们应该知道,**早在 1979 年中央政府就开始了价格双轨制改革**——对同值的标的物实行按计划的垄断性定价和按市场定价两种不同的定价机制。同年,也作出了促使对外贸易体制进一步转变的

[①] 关于危机四的两个阶段,1979—1980 年侧重于强调危机开始爆发,1979—1981 年则侧重于强调危机爆发的全过程。

[②] 温铁军:《中国经验与比较优势》,《开放时代》,2008(2)。

决定——凡有利于减轻对外还贷压力的项目都可以上。

需要进一步指出的是：在 20 世纪 70 年代后期的国家负债和赤字压力下仍然过度投资城市工业，势必导致 1979—1981 年经济危机及萧条相继发生。毛泽东 1976 年去世之后，当时客观上处于过渡期的政府出于历史原因而不可能再直接向"三农"转嫁代价。因而，危机"硬着陆"在城里，并引发了全国范围的以"大包干"为名、"政府退出不经济的农业"为实的农村改革。

由于农村经济中以集体组织为载体的一些重要领域（如水利、农村信用社、粮站、农技推广、农资供销等政府下设的涉农部门）主要承受了"政府退出"这一制度变迁造成的制度成本，使得主要的制度收益也留在了农村——几乎与农户恢复兼业化家庭经营这种

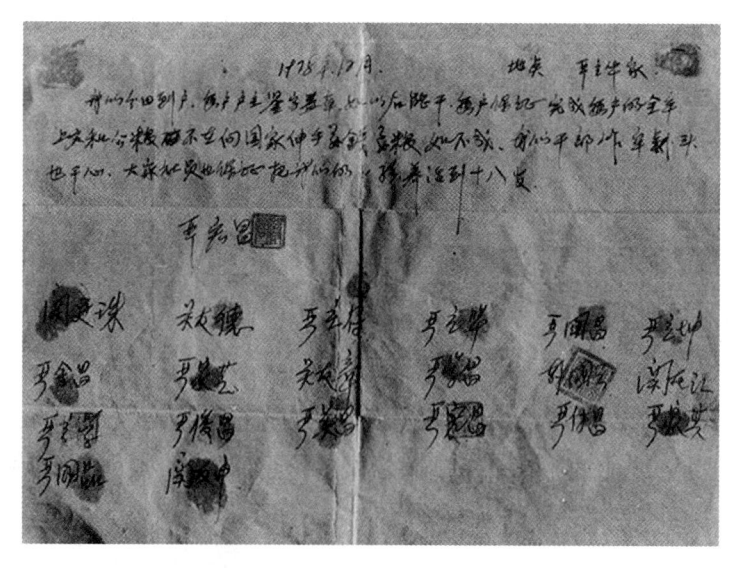

1978 年 12 月小岗村 18 位农民按下红手印的"包产到户"契约①。

---

① 根据对当时任职地委书记（农村改革得到中央首肯之后升任安徽省省长）的王郁昭在访谈中的披露，这个放在博物馆里的农民按手印的契约不是原件，而是后来新华社记者去小岗村做的。

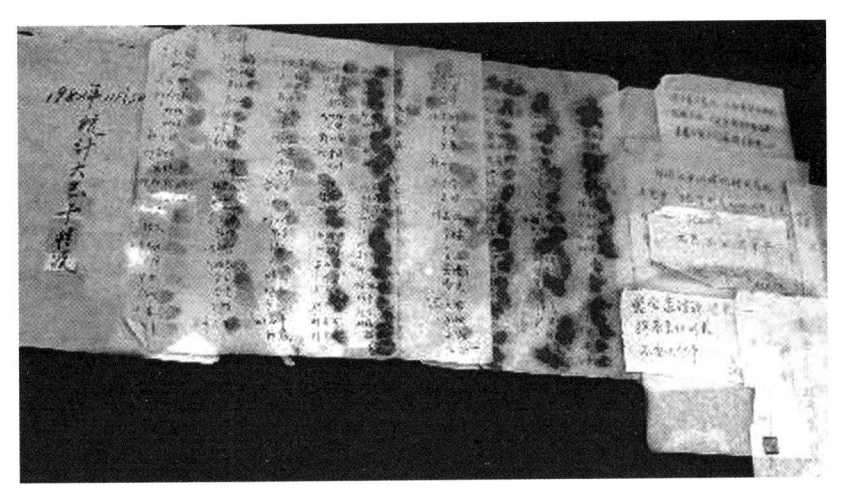

1982年11月，周家庄社员为保留人民公社制度按下红手印。
来源：晋州市周家庄人民公社展览馆。

微观改革同期，农村有了自主进入工业、商业和金融业的空前绝后的发展机遇，并由此推动中国经济迅速进入复苏和再度高涨的阶段。

（一）"第一次"经济危机的发生和表现特点

如果把主流意识形态给定的1978年作为改革的起点，那么，就在改革起步的1979—1981年，中国爆发了第一次经济危机。

在1978—1979年的投资高潮之后，随着政府采取严厉的紧缩措施，中国进入严重的经济萧条阶段。考虑到市场经济体制下人们往往将宏观经济增长速度作为衡量经济是否出现危机的指标，那么据此来看当时的情况，不仅经济增长速度从1978年的11.7%下降到1981年的5.2%，而且，以国有单位固定资产投资总额为主要代表的固定资产投资增长速度，发生了更为严重的持续性下降，从1978年的22%下降到1979年的4.58%，1980年为6.65%，到1981年则出现负增长，为-10.51%。

此次经济危机，主要缘于中国政府在20世纪70年代末形成的巨大的财政赤字压力。巨额财政赤字形成的原因主要有二：一是20世纪70年代以来的投资过度累积下来的财政赤字；二是1978年以后处于过渡期的政府采取"休养生息"政策，福利和补贴支出增长过快。具体过程是：70年代初由周恩来亲自主持确立的引进价值43亿美元的西方设备的"四三方案"，目的在于通过大规模地引进发达国家的设备、技术、管理和服务，来调整国内"军重偏斜"的工业结构。统计表明，我国从60年代中后期到70年代用延期付款和利用中国银行外汇存款等方式，大规模引进的机械设备价值高达42.4亿美元。但这也直接成为1974年以后财政赤字连续突破100亿元的主要原因。

就在与引进外资的"四三方案"相结合的第四个五年计划留下的累积财政赤字还没有来得及扭转的情况下，1976—1978年中国的新任领导人华国锋及其领导班子试图进一步加大从西方引进外资的规模。在缺乏项目可行性论证和国内配套能力研究的条件下，提出引进82亿美元的方案（若与"四三方案"接续则可称之为"八二方案"）。执行中，仅1978年一年，就同外国签订了22个大型项目，金额高达78亿美元，并且还有50亿美元的意向没有签订完成，而1978年我国的财政收入才不过1132亿元。

跟市场化体制下的经济运行不同的是，改革刚刚开始时，中国仍然是政府集中投资在资源配置中占据主导地位的体制，政府是最大的投资主体和行为人。因此，政府投资过度最直接的后果就是对财政支出形成巨大的压力。而且，在各地方、各部门发展张力的驱动下，这种投资过热往往具有惯性。

尽管中央政府主管经济工作的领导人在1979年提出"调整、整顿、改革、提高"的口号，具体方案中很重要的一条是压缩投资，但投资规模在1979—1980年并没有真正压下来。

专栏6　1978—1981年工业化建设的"过度投资"

　　1977年11月召开的全国计划会议提出，到20世纪末工业主要产品产量分别接近、赶上和超过最发达的资本主义国家，工业生产的主要部分实现自动化，交通运输大量高速化，主要产品生产工艺现代化，各项经济技术指标分别接近、赶上和超过世界先进水平。华国锋在1978年2月召开的五届人大一次会议所作的政府工作报告中提出，1978—1985年，在燃料、动力、钢铁、有色金属、化工和铁路、港口等方面，新建和续建120个左右大型项目，其中包括30个大电站，8大煤炭基地，10大油气田，10大钢铁基地和9大有色金属基地。1978年7月，国务院务虚会进一步提出"大跃进"，要放手利用外资，大量引进先进技术设备。

　　仅1978年，就和国外签订了22个大型的引进项目，加上有签订意向的引进项目，共需外汇130亿美元，折合人民币390亿元，加上国内配套工程投资200多亿元，共需600多亿元。

　　在22个成套引进项目中，约成交额的一半是在1978年12月20日到年底的10天抢签的。不少项目属于计划外工程。

　　从实际执行情况看，1978年，全国国有单位固定资产投资为668.72亿元，比上年增长21.9%。其中，基本建设投资总额为500.99亿元，比上年增长31.1%。这一年用于工业的基本建设投资达 273.16 亿元，比上年增长 55.8%。1978 年年底，以工业为主的全民所有制在建项目为 65000 个，总投资需 3700 亿元。1978 年国家从境外进口钢材 830.5 万吨，比 1977 年钢材进口增长 65%，进口钢材已相当于当年国内产量的 37.6%，但是仍然供不应求。

由于轻重工业比例失调，市场商品可供量与购买力的差额，1978 年高达 100 多亿元。

1979 年开始对国民经济进行调整，国家计委对原定的 1979 年计划作了重大修改，工业总产值的增长速度从原计划增长 10%—12% 调整为 8%。实际上，1979 年工业总产值达到 4681 亿元，比上年增长 8.8%，1980 年为 5154 亿元，比上年增长 9.3%。1979 年停建、缓建大中型项目 295 个；1980 年又减少大中型项目 283 个。

1979—1980 年调整是有成效的，但并没有解决这次调整所要解决的重要问题，即基本建设投资规模还没有切实地压下来。1979 年国家预算内直接安排的基本建设投资，调整后的计划为 360 亿元，比上年减少了 36 亿元；执行结果，达到 395 亿元，实际上比 1978 年只减少 1 亿元。1980 年国家预算内的投资计划安排 241 亿元，实际完成 281 亿元，比上年压缩了 28.9%，但是，预算外地方、部门、企业各类自筹投资比上年增长 56.2%。这样，全年预算内外实际完成的投资总额达 539 亿元，比 1979 年又增加了 7.8%，成为新中国成立后到 1980 年的 30 年中投资规模最大的一年。其中用于工业基本建设的投资（包括预算外的）仍然高达 292.04 亿元，相当于 1978 年的工业投资水平，比 1979 年还增长了 10.28 亿元。

> 资料来源：汪海波著，《中华人民共和国工业经济史》，山西经济出版社，1998 年 12 月第 1 版，第 498—500 页、506—507 页、510—511 页。

本来，在内向型原始积累之国家工业化过程中，高投资意味着社会财富高强度的集中和积累，但从实际情况看，1979—1982 年中国社会积累率却是大幅下降的。这个时期各种补贴和福利开支增长过快，也是导致财政困难的原因之一，这在当时的政策界也是有共识的。其背景是：20 世纪 50 年代初至 1978 年的工业化原始积累，主要靠长期过度提取全社会剩余来进行，致使社会全体劳动者——不论城乡——生活长期维持在基本生存水平线上下。在 1978 年 12 月中共十一届三中全会召开之前，新一任政府就提出了建设小康社会的新的政策导向：在城市，对国营企业增加补贴、给职工发放奖金、改善职工住房条件、增加职工就业等；在农村，则有农产品提价、贫困地区免税、支农投资提高等"休养生息"措施。结合当时的政治背景还可以认为，这些政策也都有第一二代领导权交接的过渡期中为维持基本稳定，通过降低全社会积累率来换取全社会最大多数支持的政治考虑。国务院 1978 年 5 月决定，经过整顿，领导班子强、供产销正常、各种管理制度健全、定额和统计工作搞得比较好的企业，可以试行奖励制度和有限制的计件工资制，奖金总额的提取比例，一般不超过该企业职工标准工资总额的 10%[①]。

---

① 资料来源：《中华人民共和国工业经济史（1949 年 10 月—1998 年）》，第 497 页。

> **专栏 7　政府工作报告中关于各种补贴和福利开支的表述**
>
> 　　根据 1980 年政府工作报告，1979 年通过发展农业生产和提高主要农产品收购价格，农民增加收入 108 亿元；由于减免农业和社队企业税收，减轻农民负担 20 亿元。1979 年农民从集体分得的收入，每人平均达到 83.4 元，比 1978 年增加了 9.4 元，而 1965 年到 1976 年 11 年中，农民每人平均从集体分得的收入总共只增加了 10.5 元。1979 年全国在城镇安置了 903 万人就业，开始提升 40% 职工的工资级别，调整了部分地区的工资类别，发给了职工副食品价格补贴，企业普遍实行了奖励制度。1979 年全民所有制职工全年工资总额（包括奖金在内）比上年增加 60 亿元；职工的年平均工资达到 705 元，比上年增加 61 元。1979 年新建职工住宅 6256 万平方米，比上年增长 66%，是新中国成立以来新建职工住宅最多的一年。1980 年上半年职工住宅施工面积 7371 万平方米，比去年同期又有所增长①。
>
> 　　根据 1981 年政府工作报告，1979—1981 年，国家由于提高农副产品收购价格、减轻部分地区的农村税收负担，共计减少财政收入 520 亿元；因城镇安排 2000 多万人就业，加上提高职工工资和实行奖励制度，增加财政开支和减少财政收入共 405 亿元。这两部分共计减收增支 925 亿元，比原来设想的 600 亿元多出 54%。此外，国家用于农用柴油、农业用电、农机、化肥、

---

① 数据源于国务院副总理兼国家计划委员会主任姚依林 1980 年 8 月 30 日在第五届全国人民代表大会第三次会议上作的 1980 年政府工作报告：《关于 1980 年、1981 年国民经济计划安排的报告》。

民用煤以及外贸进口的粮食、棉花、糖等的价格补贴共 234 亿元。消费在国民收入中的比重,由 1978 年的 63.5% 上升到 1981 年的 70% 左右;积累所占的比重,相应地由 36.5% 降到 30% 左右[①]。

1982 年政府工作报告作了更详细的说明:从 1979 年到 1981 年,国家用于提高农副产品收购价格的支出 442 亿元,用于提高职工工资和实行奖金制度的支出 300 亿元,用于安排城镇 2600 万人就业的支出 105 亿元,用于增加城镇职工住宅的支出 152 亿元,加上减免农村税收、增加进口商品价格补贴等方面的支出,共达 1400 多亿元[②]。

1983 年的政府工作报告对于 1978—1982 年 5 年间的人民生活水平改善情况作出了如下总结:1982 年全国农民平均每人的纯收入达到 270 元,比 1978 年增加一倍。5 年中,农村新建住宅 22 亿平方米,有几千万农户搬进了新居。在城镇,5 年安排 3800 多万人就业,加上提高职工工资和实行奖励制度,职工生活也得到明显的改善。1982 年城市职工家庭平均每人全年可用于生活费的收入为 500 元,扣除物价上涨因素,比 1978 年增长 38.3%。5 年中国家用于城市职工住宅的投资共计 480 亿元,新建住宅 3.5 亿平方米,相当于 1977 年前 19 年新建住宅面积的总和[③]。

[①] 数据源于时任国务院总理赵紫阳 1981 年 11 月 30 日和 12 月 1 日在第五届全国人民代表大会第四次会议上作的 1981 年政府工作报告:《当前的经济形势和今后经济建设的方针》。

[②] 数据源于时任国务院总理赵紫阳 1982 年 11 月 30 日在第五届全国人民代表大会第五次会议上作的 1982 年政府工作报告:《关于第六个五年计划的报告》。

[③] 数据源于时任国务院总理赵紫阳 1983 年 6 月 6 日在第六届全国人民代表大会第一次会议上作的 1983 年政府工作报告。

> 资料来源：1980 年政府工作报告《关于 1980 年、1981 年国民经济计划安排的报告》；1981 年政府工作报告《当前的经济形势和今后经济建设的方针》；1982 年政府工作报告《关于第六个五年计划的报告》；1983 年政府工作报告。

综合以上两方面来看，1979—1981 年的财政危机原因可总结为：在财政收入有限的条件下，当时的政府一方面要通过加大投资来强化工业化建设，另一方面又强调要提高人民生活水平，这两者都利于构建新政权的合法性（前者诉诸民族自强，后者则带有"赎买"的政策色彩）。**而这两条战线的同时大手笔出击，恰恰又是互相矛盾的：一个社会在没有外部资源输入的情况下，根本不可能既是高积累的，又是高消费的。**任何体制下依靠财政赤字透支政府信用，都会最终造成财政严重地入不敷出。

如实来看，积累与消费的矛盾，在新中国前 30 年中一直与工业化的资本原始积累如影随形。到了 1979—1981 年这个特殊时期，领导集体对于化解危机办法的选择，也暗合当时的政坛变化——表面看是出于福利支出的刚性，**内在的原因则是将社会资源转化为社会资本往往需要特殊的条件和历史背景。**

据 1981 年的政府工作报告称，"1979 年以来，国家用于改善人民生活的各种支出大大增加，尽管步子走得快了一点，但总的说是做得对的。与此同时，国家预算内安排的基本建设投资减得很不够，行政费用还继续增加，这就使各项开支的总和超过了财政收入。1979、1980 年两年，连续出现很大的财政赤字，货币投放量过多，物价上涨"。根据这份报告，1979 年财政赤字为 170 亿元，1980 年为 127 亿元①。

但在随后的政策文件表述中,"投资过度"却承担了财政危机乃至经济危机的"主要责任"。

客观来看,新的政府无论强调投资还是消费,新中国在 20 世纪 70 年代末到 80 年代初完成的政权更迭,总归是以一场经济上的危机为代价的。并且,这场危机与经济改革也是构成因果关系的。

专栏8　政府工作报告中关于财政赤字引发危机的认识及措施

对于巨额财政赤字可能导致的后果,当时的政府显然是清楚的。"如果不采取有力措施加以解决,1981 年还会有一百几十亿元的赤字,那么,几年来人民生活所得到的改善必将丧失,比例失调的状况将进一步加剧,国家经济生活将发生严重混乱,安定团结的政治局面就难以巩固和发展。"②

而政府从 1980 年冬季以来为了降低赤字而加大整顿力度的行动也是坚决的。1981 年财政赤字降到 25 亿元,比上年减少了 100 多亿元;1979—1981 年财政收入连续 3 年下降,1981 年比 1978 年减少 100 多亿元,而 1981 年财政支出水平约比 1979 年

---

① 资料来源:《中华人民共和国工业经济史(1949 年 10 月—1998 年)》,第 497 页。

② 数据源于第五届全国人民代表大会第四次会议上政府工作报告《当前的经济形势和今后经济建设的方针》。

> 减少 250 亿元，其中绝大部分是靠压缩国有单位和部门的基建项目实现的。
>
> 资料来源：1981、1982、1983 年政府工作报告。

历次经济危机都与社会高失业率相伴，何况此次还伴随着 1978 年开始的大量知青返城导致的城市就业压力猛增。1978 年 10 月 31 日至 12 月 10 日，第二次全国知识青年上山下乡工作会议在北京召开。会议产生了两个重要文件，即《全国知识青年上山下乡工作会议纪要》和《国务院关于知识青年上山下乡若干问题的试行规定》。其主要精神是：虽然还要坚持上山下乡，但这是为了条件成熟时不再搞上山下乡；要逐步缩小上山下乡范围，有安置条件的城市可以不再动员下乡；城镇要积极开辟新领域、新行业，扩大就业门路等。这次知青工作会议及其形成的文件，标志着中国知识青年上山下乡的历史转折。1977 年尚有 171.6 万知青下乡，到 1978 年锐减到 48.09 万人，1979 年再减少至 24.77 万人，且主要是到城镇郊区的知青农场和知青工厂。进入 20 世纪 80 年代，绝大多数地区已经不再动员城镇知青上山下乡。以云南省知青问题的解决为契机，各地留在农村、农场的知青，绝大部分也通过招工、调动、顶替、病退等多种途径回到所在城市。据统计，1978 年调离农村的知青达到 255 万人，1979 年调离农村的有 395 万人。大批知青回城，随即转化为城镇就业问题，加上原有待业的劳动力和新成长的劳动力，1979 年城镇积累的待业人员总数达到 1500 万人的高峰。但这只是统计部门公布的数字，当时有不同资料表明 1980—1982 年的城市无业人口总数高达数千万，其中最极端的数字是 4000 万。不过，即使确有 4000 万城市无业人员，若与 1960—1962 年城镇就业人数减少 8000 多万相比，还不算最严重。诚然，由于不可能再如以往那样向农村输送劳动力，1980 年年底随经济危机爆发而产生的大规模无业或失业人口滞留城市，一个直接后果就是城市社会治安状况恶化，社会犯罪率直逼 1950 年中华人民共和国刚成立时的水平。

1983 年北京严打刑事犯罪公判大会。
来源：新华社记者顾德华摄。

为应对恶化的城市社会治安状况，继 1979 年冬天召开全国城市治安会议后，中共中央政法委于 1981 年 5 月在北京召开京、津、沪、穗、汉五大城市治安座谈会，中国开始了改革开放之后的第一次"两个严打"运动。

（二）1980 年经济危机"硬着陆"在城市及借助"三农"的复苏

由于此次经济危机主要由 20 世纪 70 年代末财政赤字危机演变

而来，因此，只要能够有助于减少国家财政压力的，都可以纳入国家政策考虑的范围。

从实际的经验过程看，**第四次危机"硬着陆"在城市里，而"三农"却成为促进国家经济复苏和增长的重要的领域。**

1. 政府在实际的农村政策操作上，主要作了两个方面的改革

（1）全面推行农村基本经营制度改革

通过推行以按户内人口把土地生产经营权分配到户的"大包干"为主的家庭承包制，同时大幅度地减少政府支农投入，政府客观上实现了从最不经济的集体化农业领域退出以缓解财政赤字压力的目的。

具体决策过程是：为了恢复经济、促进就业，1980年，负责中央长期规划工作的领导同志就提出，"工业、农业都要甩掉一些包袱"，"甘肃、内蒙古、贵州、云南等省份，中央调给他们粮食很多，是国家很大的负担"，可不可以考虑在"地广人稀、经济落后、生活穷困的地区，索性实行包产到户之类的办法。让他们自己多想办法，减少国家的负担"。根据杜润生先生的自述，1980年4月中央在长期规划编制前召开的意见征求会上，杜润生跟时任副总理兼国家计委主任的姚依林建议"在贫困地区搞包产到户，让农民自己包生产、包肚子，两头有利"，姚依林到邓小平那里汇报时提到让**工、农业甩包袱**"。① 而1982年1月1日，中共中央批转的《全国农村工作会议纪要》所全面开启的农村改革恰好处于与城市经济危机相伴而来的萧条阶段。可见，农村"大包干"有利于急于摆脱财政危机的政府。

---

① 参见杜润生：《杜润生自述：中国农村体制变革重大决策纪实》，人民出版社，2005年8月，第114—115页。

1979年,新疆维吾尔自治区拜城县委、县政府隆重召开表彰会,对当年的劳动模范进行表彰。1979年年初,拜城县在克孜尔公社七大队和老虎台公社五大队三小队实行了定劳力、定土地、定成本、定产量、定工分、超产奖励的"五定一奖",包干到作业组,根据产量计算报酬的生产责任制。1980年拜城县开始将"五定一奖"为主要内容的生产责任制在全县90%以上的生产队实行。1983年在全县范围内普遍采取了取消工分分配形式的包干制,也就是群众习惯上所说的"大包干到户"的生产责任制,当年农牧民群众人均收入为227元。

此外,在农业相对于城市工业而言本来就属于"不经济"的条件下,农业生产之所以更加相对不经济,也是外部环境作用的产物——中国从1972年起逐步恢复了与欧美日的外交关系,开始从这些国家引进并上马了以轻工、石油化工和一些支农工业为主的新项目。在政府垄断条件下,化肥和农机等支农工业品产量增加并且"统销"到农业,导致农业生产成本大幅度增加,但同时"统购"

的农产品价格却保持不变。因此，尽管粮食单产增加了，人民公社却是在高负债和低效益中运行，以至到了70年代末期，农村公社由于长期被提取剩余而严重亏损，成了国家财政的"包袱"。

总之，农村承包制改革在理论上可归类为"政府退出"，或者可以理解为政府通过在土地和其他农业生产资料的所有权上向村社集体和农民作出让步，来甩出农村公共管理和农民福利保障，并最终形成制度的一项"交易"。

从农村政策制定的当事人在政府从1982年起连续发出的5个"一号文件"上三十几个"允许允许又允许"和"可以可以也可以"的用词中可以看到，政府对农民表达出前所未有的让步。

但由于传统体制和意识形态的约束，各地仍然不能在短期内形成全国一风吹地甩掉财政包袱的局面，某些机械化作业面积较大的省和地区（如黑龙江和山东的烟台地区）的地方领导干部甚至拒不执行大包干政策。这使得1984年中央直接出面在全国以政治形式彻底推进大包干。随之，农村财产关系全面调整，使农村利益主体由过去的约70万个生产大队、480万个生产队变成了2亿多个农户。

一方面，家庭承包经营制度的推行，从根本上打破了以人民公社为名的、为服务于城市工业化原始积累而构建的集体化体制，在1961—1962年政策调整以后农业经营方式上集中统一的"三级所有，队为基础"的农业规模经营模式，被改变为以农户家庭承包分散的兼业化经营为主、保留某些乡村集体的服务和管理的"统分结合"的双层经营机制，农村集体所有制普遍落实到以生产队（自然村）为单位，也有部分地方以大队（行政村）为单位，个别维持以公社（乡镇）为单位的模式。这使亿万农民在承认村集体土地，并依据所有权而有土地调整权和收租权（承包费）的前提下，获得了土地家庭承包权、生产自主权和经营收益权。

另一方面，1979年以来政府对农村实行"休养生息"的政策，大幅度提高粮价。1979年全国6种粮食收购价格提高幅度高达20.8%。此后统购价格进一步提高且相应减少统购数量，通过价格双轨制的办法，逐步解除对农村地区产品和要素价格以及流通的控制，扩大市场调节范围。**这些趋向于市场经济的价格政策调整给农业主产品造成的价格上涨幅度约达49%。** 遂使农民为获得更多的收益，会积极追求更高的产量，突破了**集体化时期被称之为"大锅饭"，但实际上主要是在国家提取大部分农业剩余之后，本村农产品只能按照户内人口占有的福利性分配制度**，也终于实现了农村劳动者以往因农业剩余大部分被国家长期低价甚至无偿占有而难以实现的"多劳多得"的分配制度。

此前连续10多年的集体化大规模投入劳动力，促进了农田水利基础设施的建设，也成为促进农业生产大幅增长的基础因素。

当时人们对农业超常规增产原因的归纳是：**以上三种因素——承包制、价格调整、农田水利基本建设——"各占三分之一"。**

（2）以农村工业化和城镇化为主要形式的"农村资源自我资本化"

了解农村政策沿革史的人们都知道，其实从1958年人民公社化时期开始，政府就鼓励乡村两级集体经济发展在地化的"五小工业"，后在1960年恶性经济危机打击下，对乡村工业加以限制。但20世纪70年代末，政府就又开始允许农民雇工或自雇，从事以往国家垄断控制的工商业，那时已经开启了通过农村自主工业化和城镇化以增加农民非农就业和提高非农收入的中国特色的"三农"发展道路。① 这一在农村承包制改革同期形成的鼓励农村工业化的政策，与农村工商业"面广量大"的小额资本原始积累的制度需求相适应，一方面使得20世纪80年代农村改革带动的"乡镇企业+城镇化"成为有效地拉动中国内需型经济增长的动因，另一方面又因其大量占用原材料和工业产品而促推了1988年由"价格闯关"引发的通货膨胀——改革以来的第二次经济危机（60年工业化中的第五次经济危机）爆发。

在1979—1984年的农村改革中，政府一方面是从其承担财政支出职责的领域退出，另一方面除了向农民归还了农业剩余收益权以外，还连带归还了农村土地和劳动力等要素在农村内部"资本化"并获取收益的权利。此时，社队工业从70年代末期便被作为"以工补农"的重要手段而得到一定的政策条件。1979年7月3日发布的《国务院关于发展社队企业若干问题的规定（试行草案）》在阐述发展社队企业的意义时认为，"社队企业发展了，首先可以更好地为发展农业生产服务，可以壮大公社和大队两级集体经济，为农业机械化筹集必要的资金；同时也能够为机械化所腾出来的劳动力广开生产门路，充分利用当地资源，发展多种经营，增加集体收入，提高社员生活水平"；同时还指出"公社工业的大发展，既可以为社会提供大量的原材料和工业品，加速我国工业的发展进程，又可以避免工业过分集中在大中城市的弊病，是逐步缩小工农差别和城乡差别的重要途径"；对于社队企业利润的利用，则明确规定，"除用于企业扩大再生产和新建企业外，主要应当用于农田基本建设、农业机械化和支援穷队"。从80年代开始，以工补农又有了进一步的发展。

---

① 据《中国统计年鉴2008》，乡镇企业职工人数1980年为3000万，1985年为7000万，2007年为15000万。

尤其是乡镇工业发达的地方，根据自己不同的经济实力，普遍将利润参加社员分配，即将部分利润按亩或人头直接分配给社员，以增加他们的收入。在农村实行联产承包责任制后，为保证完成和超额完成国家的征购、派购任务，又实行对粮棉的补贴，有些乡村还发展到对畜牧业和副业的补贴，以调动农民发展农副业生产的积极性，乡镇企业成为农村土地和劳动力资源资本化的最主要途径。

随着土地、劳动力和其他农村资源迅速被乡村工商业自发占用，大批农民劳动力离开农业，进入乡镇企业和县及县以下城镇，使乡村经济得以借助自主工业化和城镇化实现综合发展。

尽管存在着制度上的不利因素——任何体制条件下的政府应对通货膨胀式的经济危机，都会在紧缩中首当其冲地抑制中小企业——随着1979—1981年经济危机的爆发，尚处于工业原始积累阶段的社队企业也并不例外，首当其冲地受到抑制。城市中的一些大工业陷入因缺少原料开工不足的困境，要求政府调整政策导向，遂掀起一股针对社队企业是否"以小挤大""以落后挤先进"的争论。

相关研究表明，所谓"以小挤大"之类的说法并不主要是社队企业大发展导致的（张毅、黄光曙，1981；阎晓安，1981；王振民，1981），国家机械委组织的以机械工业为重点的调查也得出"社队机械工业产品对国家大厂有挤有补，当前补大于挤"的结论，随后以国家机械委（1981）第26号文上报中共中央、国务院，结束了这场争论[①]。但1981年5月出台的《国务院关于社队企业贯彻国民经济调整方针的若干规定》还是认定社队企业确实挤占了城市大企业的原料，对其进行相应调整，并进一步重申，只允许社队工业在不影

[①] 参见《中国乡镇企业年鉴（1978—1987）》，中国农业出版社1989年版。

响城市大工业运作的前提下，主要以加工本地农副产品为主，同时在条件允许的情况下为城市大工业的发展提供配套的零部件加工。

随后，**针对社队企业的加重税收、紧缩信贷等国家政策也相继出台**。例如，国办发〔1983〕73号文——国务院办公厅转发财政部《关于调整农村社队企业和基层供销社缴纳工商所得税税率的规定》的通知中规定，"对同大工业争原料的社队企业和其他企业单位，一律不予减免工商所得税"；其后，同年11月18日财政部〔83〕财税字332号文《财政部关于贯彻调整农村社队企业和基层供销社工商所得税税率的几个问题的通知》使社队企业改为按照20%的比例税率和起征点为3000元的八级超额累进税率交纳工商所得税，使社队企业的纳税负担加重。

但由于20世纪80年代初农村工商业的原始积累主要依靠农村社区或家庭内部化机制，用大规模、不计代价的劳动力替代资本投入，是一种农村劳动力自我剥夺的高强度积累，并不像国有工业部门那样依靠国家的财政和贷款来支撑投资。而80年代中期中国消费品市场的整体紧缺给了乡镇企业足够的发展空间，农村经济的综合发展不仅拉动农民收入迅速增长，而且带动国民经济整体迅速回升。

综上，在1981年全面爆发的经济危机中，一方面，政府不仅不可能再有条件像20世纪60—70年代那样把城市过剩劳动力以"知识青年上山下乡"运动的方式直接向农村转移，还要使城市容纳数以千万计的回城知青，这也客观上导致这次经济危机只能"硬着陆"在城市；另一方面，此阶段中共内部有历史特点的农村政策部门连续出台了符合实际、解放农村生产力、促进农村经济制度发生积极意义的变革的涉农政策。因此，1982年以后农村经济加速增长，尤其是乡镇企业实际上不仅没有被城市利益部门主张的不利的政策环境抑制住，反而在 1984 年以后异军突起，成为促进中国经济复苏和再度高涨的主力。

2. 农村工业化促进国家经济复苏的三个因素

农村得以自主地加快工业化，大致可归结于三个具有典型的中国特色的因素。

第一是农民因素。20 世纪 80 年代农村人口占总人口的 80%，作为生产力第一要素的农民积极性得到短期释放，形成一块机会收益——改革初期的"休养生息"政策使广大农民留住了过去被政府大量无偿占用的劳动力和低价提取的农业剩余，也得到了政府提价促进增产带来的现金增量；对于整个国民经济来说，农民因货币收入提高而有了购买力，填补了城市工业因过度紧缩而导致的需求萎缩；并且，农民因分享乡村工业化和城镇化的巨大机会收益的预期而自觉追加投入，同样形成对工业品的需求，并向社会提供了大批低档低价消费品，而使市场上实物商品的流通量增加，吸纳了政府财政赤字和货币增发可能导致的通货膨胀的风险。

第二是农村因素。20 世纪 80 年代全国有 78 万个大队一级的行政村和 380 万个生产队一级的自然村仍然实行共有制财产关系，大约 2/3 的村社仍留有集体资产并有收益分配，**遂在农村进入工业化过程中体现出传统的村社理性机制作用**——乡村集体依托刚刚放开控制的生产力要素（集体资金、高纪律素质劳动力和土地资源），凭借内部化处理外部性风险而低成本进入工业原始积累。

第三是市场因素。改革的市场经济取向和产品市场初步放开，使得低档次的一般消费品需求爆发性增加——那个时期位于城市的国家工业在结构上仍偏于军事工业和重化工业，还没有来得及向满足一般消费品需求的民生经济全面转型，而农村工业化与生俱来地

华西村集体企业的精毛纺厂具有万锭规模。

就是面向市场的消费品生产,所面对的又是史无前例地爆发性增长的消费需求,因此几乎没有竞争对手地占有了空间很大的一般低档消费品的市场。

从统计数据中也可看出,**被中央政府文件多次称为"异军突起"的社队工业,在政府宏观调控偏向城市工业的压力下,仍旧彰显出这种中国特色的农村自主发展的体制优势**。农村工业化起步之后一直到1988年,乡镇企业产出年均增长率都在30%以上,高于同期国营工业增长速度十个百分点以上,高于社会总产值增长也近十个百分点,以其**内向型短期完成资本原始积累的自主工业化**进程,成为农村和整个国民经济增长的主要力量。

3. 1979—1981年危机的应对经验及其启示

为了应对改革初期的这一次危机,政府在宏观调控步履维艰之际，从亏损严重的集体化农业"退出"，一方面以"大包干"形式向农民还回了几乎全部土地和劳动力；另一方面放松对农村产品市场和要素市场的控制，以刺激农民自主发展农业和非农生产的积极性。这些在初始财产关系和一次分配上回归到"公平公正"，在农村政策上体现"实事求是，统筹协调"的措施是80年代中央5个一号文件的内容。这些内容不仅从实质上使土地、劳动力和集体所有的资金等生产力基本要素都有效地回归了"三农"，而且推动国民经济在1982年开始复苏。

随之，在1983年之后出现持续5—6年的高增长。其中，农村中小企业的发展带动城镇化发展，使得农民收入在1988年再度发生通货膨胀之前，连续4年增长速度快于城市居民收入，同期城乡居民收入差距迅速缩小，农村消费水平大幅度增加，农村消费额曾一度占全社会商品零售总额的60%以上，中国也因此在80年代出现了"内需拉动型的黄金增长"。

而这种黄金增长，本来应该是新世纪"科学发展观"的重要的内涵性依据。亦即，中央政府在2003年才提出的"科学发展观"，早在20世纪80年代就曾经在农村发展领域有过足以支撑其理论的客观经验。只不过，这一对科学发展观理论构成支撑的经验，却在20世纪90年代主流舆论的瓦釜雷鸣中被后来的利益集团刻意忽略了。

虽然政府试图通过压抑社队工业来化解城市经济危机条件下投资不足的困境，虽然这一过程也完全符合经济危机发生之后，只要政府采取宏观紧缩政策，中小企业都会首当其冲受到压抑的一般经验，但两个原因使得此时无法再向"三农"转嫁代价：一是人民公社解体，导致政府不再有可能把城市过剩劳动力以"知识青年上山下乡"为名直接向"三农"转嫁代价,二是当时的农村政策部门还暂时性地具有保护"三农"利益和参与决策的作用。[①] 因而在此阶段向"三农"转嫁危机代价的政策并未产生实质效果。

据此可知:中国在20世纪80年代曾经出现过长达10年的科学发展的事实,反过来也为中央政府新世纪的战略调整决策提供了重要的历史经验——加大投入力度,促进"三农"自主发展,是能够为中国特色的化解经济危机之路奠定必要基础的。

4. "财政甩包袱"改革带来的制度成本影响深远

关于20世纪80年代以来的改革开放,理论界普遍认为,与苏联激进的"休克疗法"的改革方式不同,中国的改革采取了渐进式的方式。林毅夫等(1994)将中国改革的特征归结为"做大蛋糕"、"增量改革"、"试验推广"和"非激进改革"四个方面,并给出相应的理论解释。学者们认为80年代上半期的改革属于增量调整的说法,值得进一步讨论。因为从实际过程看,无论是土地制度这一基本财产关系的调整,还是国民分配结构的调整,本质上都是存量财产的巨大结构性变化。因此,**80年代上半期的改革,其实质是危机压力下的存量调整**。如果说这个过程中确实产生了什么增量,只是因为与城市工业部门相比,农村工业的边际投资收益率要高得多,当农村被给予一定的自主投资机会和资金支持,所带动的农村其他投资和产生的收益,和同样的财政支出用于城市工业相比,无疑要高得多。

只不过,理论家的改革解读很有应用价值,在进一步引资开放

[①] 在20世纪80年代作出以5个一号文件为主的一系列有利于"三农"发展政策的决策部门,是中共中央农村政策研究室和国务院农村发展研究中心。后来,这两个政策研究单位在1989年和1990年被相继撤销。——作者注

压力下，被迫切需要与西方对话的中国政治家接受而成为主流话语。且随着中国经济持续的高速增长，西方话语体系培养的中国经济学家责无旁贷地不断作出的符合西方话语的类似经验归纳，也渐次融入西方学者的分析体系中。在新世纪之初，国际主流社会对中国改革及未来发展的关注和判断也逐渐从"中国崩溃论"转向"中国经验"（更多的还是"中国威胁论"）。作为一个尝试，美国的中国问题专家乔舒亚·库珀·雷默（2004）将中国改革之后所走过的发展道路归纳为"艰苦努力、主动创新和大胆试验""坚决捍卫国家主权和利益""循序渐进、积聚能量"三个方面，并按照西方习惯冠之以"北京共识"。在始于2008年夏季，由美国次贷危机引发的全球"金融海啸"中，中国"一枝独秀"的表现再次引起国际主流社会的关注。这时，作为一个早就被西方思想解读因而得以接受的概念，"中国模式"已成为西方社会热炒的对象。

国内外主流作出的这些有关中国改革与发展的探讨，不论是经验的梳理，还是理论的思考，对于我们今天重新认识改革开放之后所走过的道路，对于维持内生于意识形态的动员机制，都有兼收并蓄之需求。但是，当我们今天再次走进改革开放初期和中期的那些具体事件中，已很难有上述经验或理论探讨中所呈现的那种清晰思路，更多读到的是一种意识形态化的理论见之于客观事物的牵强附会和得益于利益集团的理论家们在进退维谷之际作出的左右逢源的论断。这并不是否认国内外研究人员在"中国经验"或"中国模式"探讨中所作出的努力。其实，并不是所有人都认同有一个所谓的"中国经验"或"中国模式"，否则就难以解释为什么只有在看似成功的时候才有"经验"或"模式"的论述，而在改革过程中数度面临危机的时刻，却几乎无一例外的全是诸如"崩溃""失败"的言辞。

客观地看，中央政府在改革开放和高速增长过程中所制定和出台的很多政策，确实不可能"先验"地创新，而只能作出符合认识论基本规律的应对性抉择，其在当时想要达到的调控目标大都很实际，并不像今天的经验研究所归纳的那样，事先就具有清楚的预见性以及科学理论的明确性和条理性。相反，很多与上层建筑、意识形态相关的提法只要阻碍了调整政策的出台，一般情况下也只能是按照"不争论"的指示搁置起来，任其模糊。对于伴随"沿海经济发展战略"而大力倡导的外向型经济，如今的思想理论界的讨论仍然难免因国家宏观政策讨论背景的复杂性而不甚了了，因而在应用研究上充满了隔靴搔痒的困窘。

其实，只要人们愿意对1978年前后的经济政治局势进行哪怕简单的还原，就不难梳理出这一轮对外开放与中国宏观经济形势及制度之间的逻辑关系。

经验归纳表明，**在毛泽东时期的财政危机中，通过中央政府发起知识青年"上山下乡"的方式向农村转嫁危机，对于集中在城市的产业资本得以"软着陆"是相对有效的**（一般政府都难以做到向社会转嫁危机），这三次转嫁都曾让农民和城市居民付出了巨大代价。

然而，20世纪70年代末期毛泽东去世之后的政府在应对因所谓"洋跃进"而恶化的财政危机时，执政者却很难再沿用因毛泽东的影响力才有效的手段应对内政（于是有了80年代著名的财政分级承包、拨改贷，及其派生的利改税等宏观领域的"三大改革"，以及企业改制中开始借鉴农村承包制提出的厂长承包制和奖励制度改革）。

而在外贸体制上，也不得不进行前30年不曾有的、重大的突破性改革。面对财政赤字攀升、已开展的国家工业结构大幅度调整所需的建设资金严重短缺的局面,在 1978 年 9 月国务院召开的务虚会上,李先念提出,"为了减少有关项目的国内配套投资的负担,**尽量多搞些补偿贸易,以减少这些项目的国内投资**"。邓小平《高举毛泽东思想旗帜,坚持实事求是的原则》的讲话则**直接突破了对外借款和合资经营两个利用外资的传统禁区**。同年 12 月 15 日,中国外贸部部长代表中国政府宣布,中国可以接受外国政府贷款和允许外商在中国投资,基本上国际贸易惯用的做法都可以干。

但这一大幅度对外开放政策的出台,当然也有其制度成本——突破这两个禁区,意味着中央政府以财政来承担的国家债务,会因地方政府和企业更多利用外资而显著增加!那时虽然是"财政一本账统收统支"的体制,却没有及时总结教训并且在责权利上予以明确,到底哪级政府、哪个部门、哪个领导人应该对国家承担的债务大幅度增加负责(这个当年没有讨论清楚的遗留问题至今贻害匪浅)。

由于内在的中央与地方之间责权利不清晰造成了"责任中央承担、收益地方占有"这一最为实质性的体制问题,才势所必然地掀起了全国要求中央放权让利和沿海地区争办开发区的热潮。

以上这些情况,都为 1979—1980 年中央批准开办深圳、珠海、汕头、厦门 4 个经济特区,随之扩展为开放 14 个沿海城市,作了不容忽视的背景铺垫。

单就中国对外开放的内容和发展历程看,在集中的统收统支财政体制下,发生在没有明确责权利的"基本上国际贸易惯用的做法都可以干"的外经外贸领域的两个"突破",其本身造成的代价不得不在体制内寻求转嫁方式,必然形成国家过高负债的代价因难以再向"三农"转嫁而不得不在城市体制上"硬着陆",随之催发内生性的改革。

因此，在纳入这个客观经验过程的意义上，我们同意舆论界和理论界关于"开放先于改革，开放推进改革"的说法。

二、危机五：1988—1990年改革以来的第二次经济危机及"三农"应对

中国1988年发生了以年度CPI高达18.6%（"物价改革"提出之后月度最高上涨率为26.7%）为标志的恶性通货膨胀。接着，1989年发生的是以企业"连锁负债"为表象的生产停滞。此二者结合，是为典型的滞胀危机。随后的1990年则属于典型的萧条阶段。同期，高增长时期趋紧的经济关系和累积的社会矛盾爆发为危机压力下的1989年"政治风波"，带来了西方封锁的后果和"中国崩溃论"的国际舆论。

（一）1988—1990年经济危机的特点和内在机制

改革以来的第二次经济危机，也是国家工业化60年的第五次危机，于1988—1989年爆发，从其基本特征看，属于以产业资本的扩张带动投资大幅度增加为基础的（因而具有经典政治经济学理论意义）滞胀形态的经济危机。

在此次经济危机中，**经济增长速度从1987年的11.6%下降到1989年的4.1%，1990年则进一步下降到3.8%**。同上次经济危机一样，在经济增速大幅下落的同时，以国有单位固定资产投资为主要代表的**固定资产投资增长速度也呈现出持续下降的态势，从1985年的41.79%下降到1989年的-8.23%**。

第三章 1978—1997：改革以来三次内源性经济危机及其化解

我们此前曾发表文章对这场危机的发生过程和传导机制进行分析①，这里只从比较的视角，对这次危机的特点再进行阐述。

从物价水平看，高通货膨胀是此次经济危机的又一个重要特点。1987年下半年物价上涨已趋明显，而进入1988年，1月份物价上涨幅度为9.5%，以后逐月加大，上半年物价上涨幅度平均每月加大1.4个百分点。随着当时领导人采纳了"物价闯关"的改革建议，并且由中央媒体公布准备推行，引发官倒公司带动的全社会大抢购，遂使7、8月份物价涨幅分别比上月加大3个百分点，几呈直线上升趋势（图3-3）。中央政府于9月召开的十三届三中全会决定进行治理整顿，以计划手段实行"双紧"，随着物价调控、投资抑制、信贷紧缩、银行利率调整等一系列治理通胀措施的实施，9月以后物价涨幅趋缓，但仍处于26.7%的恶性通货膨胀状态（图3-3）。全年零售物价指数达到18.5%，工业原材料、燃料、动力等基础产品购进价

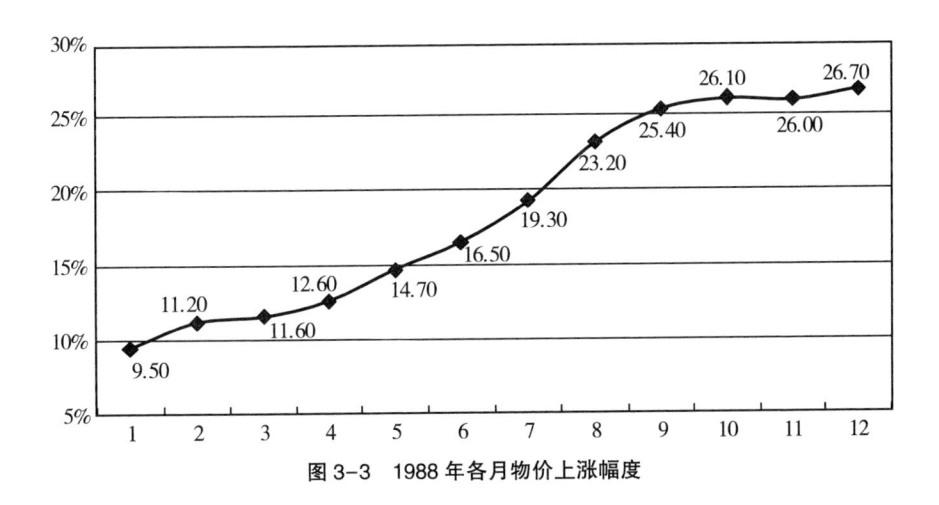

图3-3 1988年各月物价上涨幅度

---

① 董筱丹，温铁军：《宏观经济波动与农村治理危机——关于改革以来"三农"与"三治"问题相关性的实证分析》，载《管理世界》，2008年第9期。

约上升19%，工业品出厂价总水平也上升15%，城镇居民生活费用价格总指数上升20.7%。就在物价飞涨的1988年，国家银行现金投放达到679.5亿元，而1987年的货币投放不过236.1亿元，而在改革之初的1978年，货币投放才不过16.6亿元。

伴随通货膨胀，应运而生的另外一个具有经典理论意义的特征是"生产停滞"。究其原因，应该说主要在于强硬的紧缩政策造成了"连锁负债"——1988年年末政府为整治高通货膨胀而开始的紧缩性调控中，随着存款、贷款利率的相继提高，国民经济出现了被称为"三角债"的严重的债务链问题。

形成三角债的老原因有三：一是由于建设项目超概算严重、当年投资计划安排不足和自筹资金不落实，造成严重的固定资产投资缺口，形成生产部门货款和施工企业工程款大量拖欠的局面；二是企业亏损严重，挤占了企业自有资金和银行贷款，加剧了相互拖欠的状况；三是企业产品不适销对路或根本无销路，产成品资金上升，

物价闯关失败，引发抢购风暴，图为排队抢购的人们。
来源：http://www.21ccom.net/artides/lsjd/tsls/articks_2001052636245.html。

形成投入—产出—积压—拖欠—再投入—再产出—再积压的恶性循环。

形成三角债的新原因则主要在于"资金极度短缺条件下企业行为扭曲":占有流动资金最多的商业零售企业突然遭遇政府大幅度提高银行利率、资金成本急速增加的压力,遂凭借垄断地位保护三级批发和零售的商业利润,却对生产企业代销以直接占压生产资金;而商品生产企业依样画瓢占压上游零部件企业生产资金。最终,使得原体制下国有经济各部门之间长期潜在的利益冲突在市场化改革中迅速凸显出来,导致连锁负债成为全国普遍现象。

不过,那时候有关部门的经验不足、认识水平有限,官方文件一般认为是商品交易秩序紊乱、结算纪律松弛和信用观念淡薄加剧了"三角债"。

综合来看,此次危机与上次危机虽然也有很多相似之处,但根本性的差别在于出现了以大规模增发货币为基础、以年率18.5%的高物价指数为代表的过高通货膨胀及随之而来的生产停滞,这也是中国经济体制改革之前发生的危机所没有的特征。

从货币投放结构来看,从20世纪80年代初期危机压力下政府以"拨改贷"等方式实行财政与金融分家的改革之后,1986—1989年,由于经济过热、投资消费需求旺盛,尽管M2层次的货币供应量突飞猛进,每年平均新增货币1500多亿元,1989年货币存量达到12000亿元;但M0层次的货币供应量增加得非常集中,主要是在1988年,当年该层次的货币供应增长率高达46.72%;而同期M1和M2层次的货币增长率却明显滞后,仅为13.13%和22.38%(图3-4、图3-5)。这意味着,1988年新增货币的大部分以现金形式存在,实际进入生产流通领域的数量则相对较少,加剧了通货膨胀压力,一旦需求过旺必致物价飞涨。是年，总需求增长的结构则可进一步对此加以佐证——1988年投资需求增长16.1%，而消费需求增长26.5%。

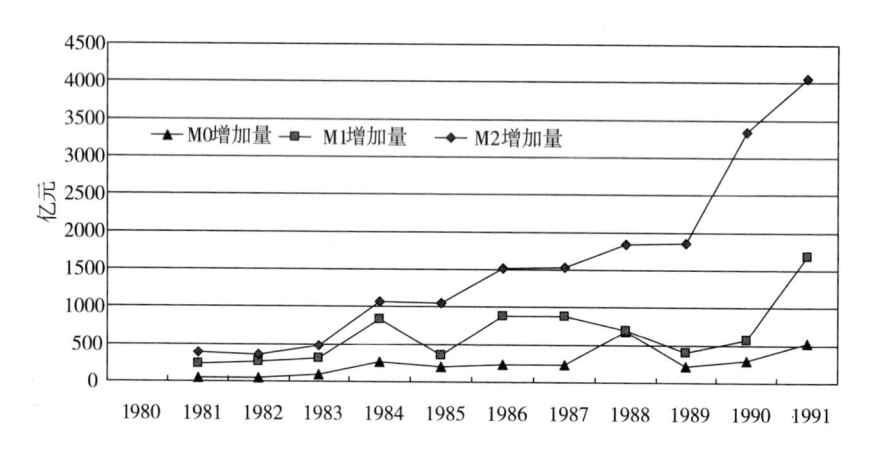

图3-4 1981—1991年不同层次货币供应增加量
资料来源：《中国金融年鉴1992》《中国统计年鉴1992》《中国统计摘要1993》。

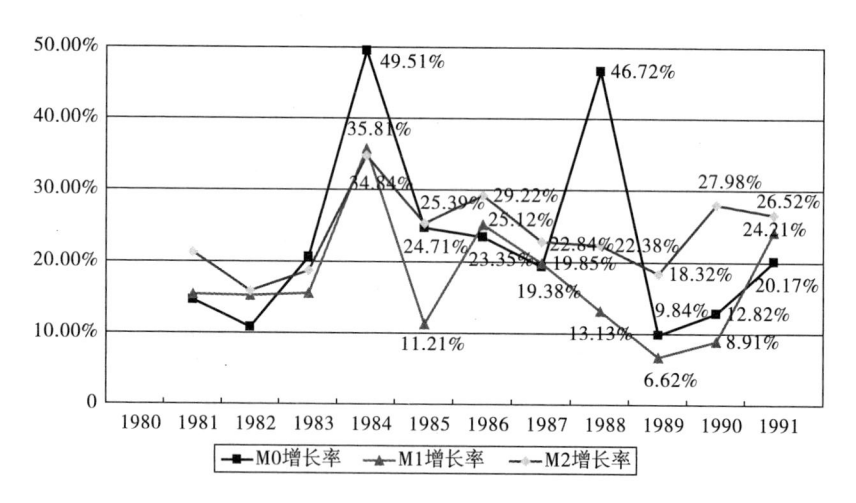

图3-5 1981—1991年不同层次货币供应增长率
资料来源：同上。

1988年经济危机爆发前，不仅货币投放的增速高于整体经济增长速度，财政资金的投放也表现出很强的扩张态势。1986年尽管政府账面上的赤字规模不足百亿，但以全口径核算的话，即将财政系统自身收不足支的部分（包括国内借款、国外借款和财政账面赤字）都算上，赤字已达到200多亿元，相当于财政收入的9.8%。**进入1988年，财政全口径赤字已达到300多亿元，相当于财政收入的14.8%，财政调控能力远远不足。到1989年，全口径财政赤字相对财政自身收入的比例已经达到了25.1%，全部财政支出有1/5没有实际收入与之相对应！**

如果人们愿意对中国的周期性经济危机作去意识形态化的分析解读，那么，不论从危机周期过程还是从财政赤字的比重看，1988—1989年的危机与改革前并没有实质性差别。（图3-6）

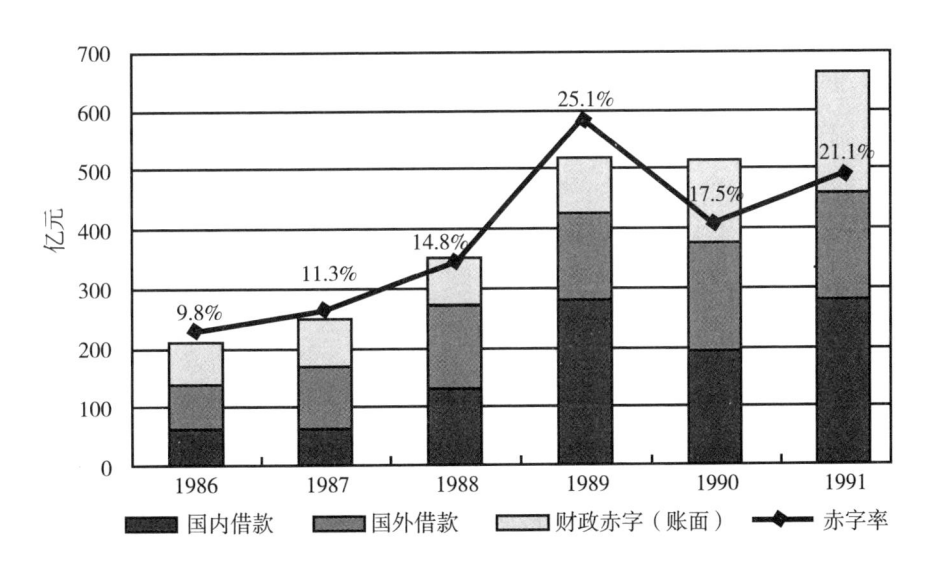

图3-6　1986—1991年中国政府财政赤字情况

注：图中赤字率为全口径核算，计算公式为：（账面赤字+国内借款+国外借款）/借款外财政决算收入×100%。

数据来源：历年政府工作报告。

综上所述，此次危机爆发的最主要原因有两个方面。

其一，"短缺经济"条件下因乡村工业化和经济快速增长带来的消费和投资需求两旺，进而促使货币发行量过多，势必引发严重的通货膨胀。

其二，这又跟当时政府所激进推行的相关改革措施使大量隐含的制度成本被引爆密切相关。而其中的价格双轨制改革和1988年所采取的一系列市场化价格改革措施，则是其中至为关键的原因。

专栏9　1988年价格改革决策过程

进入1988年以后，同时暴露出来的几个方面的尖锐矛盾进一步揭示了改革不合理的价格体系和价格管理体制的必要性和紧迫性。经国务院批准，国家物价局、商业部决定从4月1日起，调整部分粮、油的收购价格；4月5日，国务院发出《关于试行主要副食品零售价格变动给职工适当补贴的通知》，主要副食品（肉、蛋、菜、糖）暗补改为明补；从5月以后，彩色电视机实行浮动价格，国产的一般机型上浮20%—30%；经国务院批准，从7月28日起放开名烟名酒的价格，同时提高部分高中档卷烟和粮食酿酒的价格。与此同时，制定价格改革的系统方案也提到了日程上。5月30日至6月1日，中共中央政治局在北京召开第九次全体会议，讨论全国经济体制改革和经济形势问题。会议提出，价格和工资制度改革需要有通盘的考虑和系统的方案，价格和工资制度改革，既要理顺关系、促进生产，又要使大多数群众生活水平逐步有所提高。会议决定要制定价格、工资改革的系统方案。8月15日至17日，中共中央政

> 治局在北戴河召开第十次全体会议,讨论并通过了《关于价格、工资改革的初步方案》。会议认为,价格改革的总的方向是:少数重点商品和劳务价格由国家管理,绝大多数商品价格放开,由市场调节,以转换价格形成机制,逐步实现"国家调控市场,市场引导企业"的要求。工资改革总的要求是:在价格改革过程中,通过提高和调整工资、适当增加补贴,保证大多数职工实际生活水平不降低,并随着生产的发展而有所改善,同时进一步贯彻按劳分配原则,解决工资分配中一些突出不合理的问题。这次会议还特别强调,目前我国经济正处于充满活力、蓬勃发展的时期。进行价格改革、工资改革,时机是有利的,尽管面临的问题不少,但克服困难的潜力和回旋余地很大。然而现实情况却与此次会议的政策结论有着极大的差距。

在人们终于有条件摆脱当年深陷于"改革派"和"保守派"意识形态化争论之羁绊,得以实事求是地讨论在那个年代还认识不到的问题的时候,我们如下的分析,也就具有"超越左右翼"的创新性了——政府为甩掉价格双轨制的隐形制度成本而推出激进的**价格闯关,所引爆的,其实主要是两个被双轨制的内部化机制所掩盖的制度成本**:一是部门与官倒公司结合而产生的设租、寻租成本;二是在暂时的商品短缺条件下获取投机暴利的市场化成本。二者都必然造成高水平通货膨胀(对此,过来人应该有勇气承认,大家当年都不可能有先见之明)。

于是,政府在不得不参照以往紧缩信贷的政策经验进行宏观经济政策的调整之时,实际上也在市场化进程中促使利益集团分化和矛盾显化，这进一步导致企业连锁负债。

尽管此一时期的政府经济的市场化改革在通过刺激增长以表现改革合法性方面确实取得了一定成效，但国家金融仍处于各级政府高度垄断控制之中，中央政府除了直接减少货币发行量、提高利率之外，还不具备其他调控地方政府经济的金融手段（1994年分税制改革之后则更不具备对地方政府起有效调控作用的手段）。因此，同上次应对危机所采取的主要方法一样，此次危机期间中央政府也只能是通过减少财政对国有单位工业企业的投资加以调控。不过，投资的减少直接导致了以经济增长速度降低为特征的萧条。

（二）经济危机与成本向"三农"的转嫁

产业资本扩张促推政府信用扩张造成的以通货膨胀为基础的经济危机，理所当然地发生在产业资本集中的城市。并且，政府在应对危机时采取的措施，本质上仍旧有向"三农"转嫁制度成本的路径依赖特征，且与1979—1980年危机发生时转嫁代价的方式相同。

一方面此次转嫁的对象也是乡镇企业，具体则表现为以"沿海经济发展战略"为名，要求乡镇企业"两头在外"，让出国内的原材料和产品市场；**另一方面是减少对地方政府和党政组织、教育和医疗等公共品的维持费用和乡村公共投入**。这两个方面都使农民在收入和消费连续下降的同时，因地方政府和基层组织开支刚性而转嫁给农民的负担大幅度增加，遂促使乡村的社会矛盾越发突出、群体性事件也有较大幅度增加。

最为历史性的后果是：这次城市利益取向的调控，由于很大程度上人为地压抑了处于上升势头的农村经济和占人口绝对多数的农民消费，遂导致内需不足，带来的经济结构内在矛盾愈益显著，**甚**

至使整个国民经济都不得不由此前的主要靠内需拉动增长，转而对外向型经济的依赖程度越来越高。

这个变化，也可以作为一个脚注，用以配合解释中国进入20世纪90年代后，为何要迫不及待地纳入由国际金融资本主导的全球化进程中。

需要指出的是，这次向"三农"转嫁危机相对以前而言，消极效果更为明显。

早在1987年11月，时任总理提出沿海经济发展战略时，便要求沿海地区要充分发挥劳动力资源丰富和乡镇企业机制灵活的优势，大力发展"两头在外"的劳动密集型产业。他认为乡镇企业是"有能力参加国际竞争的，乡镇企业无疑应当再上新台阶，跻身外向型经济的行列"。同年12月的中共中央工作会议进一步指出，将来中国沿海以乡镇企业为主要形式，依靠低工资的廉价劳动力，生产劳动密集型产品出口，占领国际市场，是完全可能的。1988年1月，中共中央就上述意见正式发文[1]。

现在看来，这些文件如果带有具体的配套政策的话，还是能表达积极的政策取向的。

然而，那个时候的政治家和理论家们大多数还不可能认识到，在中国城乡二元对立结构的基本体制矛盾约束下，城乡不同利益主体都有难念的经，都需要在政府有自己的利益代表。只不过**长期以来，城市利益代表在坐落于城市的政府及其决策中的影响力，远远大于乡村而已**。

据此看待20世纪80年代产业资本扩张时期城乡对立矛盾，其关

---

[1] 参见《江苏省志·乡镇工业志》。

键背景仍然是 70 年代社队企业问世以来的老问题：以国有资本为主、负债过重的城市企业，试图规避与新兴的、几乎没有社会成本负担的农村企业的竞争，而那时的乡镇企业正好处在刚刚起步的阶段，尚未完成资本的原始积累，在实际发展中面临着一系列现实困难。

专栏10　20世纪80年代乡镇企业发展的困境

第一，技术装备落后。从 1978 年十一届三中全会提出"社队企业要有一个大发展"到 1988 年沿海经济发展战略的提出这短短 10 年时间内，我国特别是沿海地区的乡镇企业取得了长足的发展。尽管其中不乏技术先进、设备精良的骨干企业，但就整个乡镇企业而言，设备还是比较陈旧、工艺比较落后的。由于大部分地区乡镇企业在发展之初大都通过接受周边城市工业淘汰的机器设备起家，以江苏省的乡镇企业为例，20 世纪 60 年代以前的设备占 85% 以上。而作为全国乡镇企业最发达的无锡市，20 世纪 70—80 年代的设备也仅占 28%[1]。技术装备的落后直接影响所生产的产品质量，进而影响到产品的出口。这其中，特别突出的是稍有技术含量的机械加工行业。如无锡市 1988 年自行车商品出口的检验表明，每次检验几乎批批都不能顺利过关，1—5 月不合格的自行车达 3700 辆，占出口数量的 90%[2]。

第二，资金和外汇短缺。乡镇企业从开始起步直到改制一

---

[1] 鲍有悌：《三省市乡镇企业发展外向型经济调查》，载于《宏观经济管理》，1988 年第 9 期。

[2] 季永明：《关于江阴市乡镇企业发展外向型经济调查之系列报告（续）》，载于《现代金融》，1988 年第 10 期。

直都面临资金短缺的问题。这一问题在社队工业发展之初主要通过集体经济条件下所产生的"成规模劳动替代资本"的机制加以解决,后期则在地方政府的直接扶持和干预下通过向地方金融部门借贷得以实现。即便如此,乡镇企业仍旧难以解决资金短缺的难题。特别是伴随 1988 年年底中央针对经济过热开始的宏观经济调整,问题更加严重,以至于很多企业出现"三角债"现象。在这种情况下,试图通过国内资金来解决设备落后的问题,对大多数乡镇企业来说并不现实。尽管中央已经出台"企业出口产品可以进行外汇留存"的相关政策,但对于多数出口企业来说,因出口规模普遍偏小,很难利用留存的外汇向国外购买先进设备。事实上,这还没有考虑此一时期国家也因为外汇短缺而经常发生中央直接扣留地方外汇的现实。

第三,外贸人才缺乏。作为乡村社会土生土长的工业,尽管其跟城市大工业有着密切的联系,但绝大部分乡镇企业职工都是来自乡村的农民,文化程度低、技术水平差。从企业职工的文化程度看,以无锡市为例,据统计,1988 年该市 1.1 万家乡镇企业中,有中专学历和正式评定为技术员以上职称的专门人才仅有 600 多人,只占乡镇企业职工总数的 0.75%[①]。在出口创汇企业中,懂外语又懂业务的人才更是缺乏。乡镇企业职工的这种文化素质对外向型经济的发展是非常不利的。

毋庸讳言,对于这些人所共知的现实问题,乡村工业"两头在外"政策的相关决策者也是非常清楚的。但在出台该政策时,中国决策者面临的问题就如同 80 年代初期发生的关于社队

---

① 季永明:《关于江阴市乡镇企业发展外向型经济调查之系列报告(续)》,载于《现代金融》,1988 年第 10 期。

> 企业"以小挤大""以落后挤先进"的争论所面临的问题一样，主要仍旧是因经济危机导致城市工业再次陷入原材料和资金供给的高度紧张的状况。从政策的最终落脚点看，又同样出于城市工业优先的考虑。
>
> 于是，已经由社队工业更名的乡镇企业再次遭到中央政府危机应对政策带来的新的"排拒"（Exclusive）。乡镇企业作为经济危机带来的制度成本的直接承受者，其发展受到严重影响，很多企业因此破产倒闭。
>
> 总之，这个时期，乡镇企业发展的受挫，不仅直接导致乡镇企业吸纳劳动力的能力显著下降，农村剩余劳动力的数量在短时间内激增，从而导致农民收入下降；而且，由于乡镇企业本来具有的"以工补农"的作用也随大批企业的停产歇业而明显减少，导致农业投入下降、农村福利缩减。[①]
>
> 资料来源：根据作者科研团队已发表文章整理。

[①] 同期，20世纪80年代在中央决策层次上代表"三农"协调部门利益和发布一号文件的中共中央农村政策研究室和国务院农村发展研究中心（所谓"两个牌子，一套人马"，因属于典型的"党政不分"而具有宏观协调能力）已经于1990年完成改制撤销，而政府的农业主管部门只能出台部门政策，不可能协调财政、金融、税收、贸易、水电等不同部门的政策，遂只能技术性地侧重于"农业投入和结构调整"。中共既缺乏"三农"政策，又没有象征性地表达中央意图和保护农民利益的"一号文件"，结果是城市农产品需求减少，农民收入在1989—1991年连续3年增长速度下降，而农民必须以现金支付的税费负担却有增无减。于是"三农"问题浮出水面。笔者于1993年春参加了农业部农村改革试验区办公室（原属国务院农村发展研究中心，机构撤销后归属农业部领导）组织的安徽蹲点调查，调查组在讨论中大多认为宏观部门的利益取向是影响我国"三农"发展的主要因素。随后，笔者在是年5月份的《经济日报》上发表文章"汝果欲支农，功夫在农外"，强调了财税、金融、外贸等农业之外的部门利益影响农民和农业的问题。从此，笔者益发关注宏观经济波动及其应对政策对"三农"的影响。

这一政策客观上产生的另一个既成事实则是，**从 1989 年开始，农民人均现金收入增长速度连续 3 年下降，迫使农村劳动力大量进入城市寻找工作，并最终在 20 世纪 90 年代初演化为"民工潮"现象。**而作为应对措施，国家也开始放松对农民进城务工的种种限制。从 1988 年开始，国家开始允许农民进城兴办服务业和提供各种劳务，要求城市在用地和服务设施方面提供便利条件，并要求对因故返乡的农民应准予迁回落户，不得拒绝；允许企业招用国家允许从农村招用的人员；将劳务输出作为贫困地区劳动力资源开发的重点，要求沿海经济发达地区、大中城市的劳动部门有计划地从贫困地区吸收劳动力；允许民间劳务组织和人员进入贫困地区劳务市场。

尽管政府在 1988 年为抑制通货膨胀实施了治理整顿政策，在 1989 年新一轮经济紧缩时，又加强了对农村劳动力流出的限制，但由于 1985 年"允许农民自理口粮进城务工经商"的政策已经出台了 4 年，因而政策调整确实不可能再像计划经济时期那样一刀切地清理、清退农村劳动力，而只是加强了对农村劳动力盲目流动的管理，并保留了大部分允许农村劳动力流动的政策和措施。

1992 年春季，邓小平南方谈话促推了初步复苏的中国经济迅速高涨。

此时，政府对农村劳动力流动的政策又进一步放开，其基本点是：承认流动、接受流动、鼓励流动。在流动的方式上，反对无序失控的流动。要求多部门携手，采取多方面措施，对无序失控的流动加以引导、调控；在流动的方向上，提倡就地、就近和小城镇间流动。

放松劳动力流动的最重要的配套措施是，到 **1992 年 4 月 1 日，国家因农业主产品全国性积压造成财政对库存的补贴压力加大，而**

决定取消粮票。于是，农民进城只要有钱挣就不担心没饭吃，这也为劳动力自由进城务工直接消除了制度障碍，遂使 1993 年外出务工的农村劳动力陡然增加到 4000 万以上，直接弥补了因乡镇企业停产倒闭而带来的收入降低的问题。

一般人很少意识到，1992 年因财政压力而取消票证制度的这一政策，派生了一个更为吊诡的结果，就是**中国由此使货币真正还原为一般商品等价物，也由此进入了货币化时期**！

三、第三次外资外债背景及其逻辑演变

我们早在 20 世纪 90 年代后期受托开展"20 世纪中国经济史"课题研究时，就曾分析过当代中国在 20 世纪后半期的三次对外开放。

从新中国成立到 1978 年进行经济体制改革前这 30 年中，毛泽东时代的中国先后进行了两次"对外开放"，即 20 世纪 50 年代对以苏联为首的社会主义国家的开放和 70 年代伴随中美邦交正常化开始的对西方资本主义国家的开放（1977 年的华国锋与邓小平合作执政期间只是延续了毛泽东确立的对西方开放思想，更大规模地引进西方大型成套设备，以改造国内经济。但这次引进外资随着 1979—1980 年的经济危机而中辍，故不能算是完整的一次）。而中央政府在承担国家债务引发的危机责任，并作出重大调整的同时，也都向"三农"转嫁了代价，这是中国长期以来普遍地出现"三农"困境的主因。

而在 80 年代之后，中国又突破性地搞了一次"对外开放"，即 80 年代从沿海特区、开发区渐次分散地引进外资。这次对外开放演

化出各地不同的外向型发展模式,因其不能简单化地向"三农"转嫁危机,反过来恶化了地方不同利益集团与国家集中体制的对立矛盾。因而,也不断引发由经济而政治的重大调整。

伴随1985年城市经济改革的初潮涌动,早已形成产业资本积聚的"利益结构固化其中"的城市利益集团,在随后中国改革开放政策的制定中越来越发挥主导性作用,并直接推动了中央1988年出台沿海经济发展战略,将中国引入外向型经济的发展道路。

专栏11　中央沿海经济发展战略的提出

1987年3月,六届人大五次会议正式提出:"要使经济特区、沿海开放城市和开放地区逐步形成外向型经济。"同年召开的中共十三大则进一步确定,经济特区、开放城市和开放地区要着重发展外向型经济。而1987年11月,时任国务院总理和代理总书记的赵紫阳在江苏、浙江、上海考察时提出的沿海经济发展的新思路则为发展外向型经济提供了依据。其主导思想是,"沿海地区具有天时地利的优势,加上内地资源的支持,完全可以发展外向型经济,走向国际市场,参与国际市场竞争,依靠发展对外经济贸易发展经济,这样既可以促进沿海地区的发展,又有利于让出国内市场给内地,带动内陆地区的加快发展"[1]。这可以视为中央1988年2月6日在中央政治局第四次会议上正式提出的"沿海经济发展战略"的核心思想。

---

[1] 田纪云:《改革开放的伟大实践》,新华出版社,2009年1月第1版。

> 为组织实施沿海发展战略，3月4日，国务院又在上海召开沿海地区对外开放会议，对贯彻实施沿海发展战略作了具体部署。会议认为："贯彻实施沿海经济发展战略，关键是必须把出口创汇抓上去，要两头在外、大进大出、以出保进、以进养出、进出结合。"会议还对如何具体实施沿海发展战略的问题作了具体部署。根据田纪云的回忆，1988年1月，赵紫阳就向邓小平报送了《关于沿海地区经济发展的战略问题》报告，1月23日邓小平批示："完全赞成。特别是放胆地干，加速步伐，千万不要贻误时机。"[①]
>
> 资料来源：根据相关文献资料整理。

许多学者围绕着沿海经济发展战略对"外向型经济"这一概念及其内涵的形成，进行了大量的讨论。但是直到今天，对于这一概念，在中国产业资本形成的不同历史阶段的不同宏观背景下，有不同的定义，始终没有一个统一的界定。唐建宇将理论界对外向型经济的观点归纳为三大类：经济结构说——是一种经济结构状态，它以较高的出口依存度为主要标志；运行机制说——是一种经济运行机制，它以市场经济的发达程度为主要标志；主导战略说——是以"出口导向"为主导战略的经济。他本人则认为外向型经济是一种综合了经济结构、经济运行机制、经济发展战略等各种要素在内的经济系统整体，是一种经济发展模式。[②]对于这种理论的争鸣和

[①] 田纪云：《改革开放的伟大实践》，新华出版社，2009年1月第1版。
[②] 唐建宇：《关于沿海地区发展外向型经济的几个问题》，《亚太经济》，1988年6月。

概念的模糊，我们可以当成中国"摸着石头过河"所不可避免的结果。然而这只是表面上的模糊。如果将该政策与其出台的背景联系起来，前述关于改革开放的逻辑仍然清晰存在——1988年的对外开放战略仍然是作为推动经济发展和化解国内经济问题的手段提出的。

如果仅从政策内容看，当时主要是为了增加出口创汇以缓解债务压力。

这是因为，20世纪80年代初累积财政赤字危机爆发的同时，国家外汇储备也转变为负数，迫使承担国家综合债务偿还责任的中央政府只能出台应对性的（临时性应急性）改革政策。而随着城市经济改革的全面展开和对外开放度的提高，加之地方发展经济的积极性提高，中国对外贸易中的进口额再度大幅增加，并且从1984年开始，中国的对外贸易连年出现逆差，这直接导致中国的外汇储备再度急剧下降，从1983年的89.01亿美元连续下降到1987年的29.23亿美元（图3-7），而同期我国的外债债务率[①]则从1985年的56%上升到1987年的77.1%。（图3-8）

这也就是说，**我国80年代中后期的出口换汇每得到一个美元，超过一半甚至3/4以上是给国家还债用掉了**。

本来，这是一枚硬币的两面：在资本短缺时代，国家在财政连年赤字、无力投资的情况下只能引进外资，但随之而来的对外债务上升和外汇储备下降的这些规律变化，也必然反过来进一步加剧国家的财政压力。由此，就可以理解为什么中央政府在贯彻实施沿海经济发展战略，推动外向型经济发展时一再强调，"关键是必须把出

[①] 外债债务率是外债余额与出口收入的比率，在债务国没有外汇储备或不考虑外汇储备时，这是一个衡量外债负担和外债风险的主要指标。

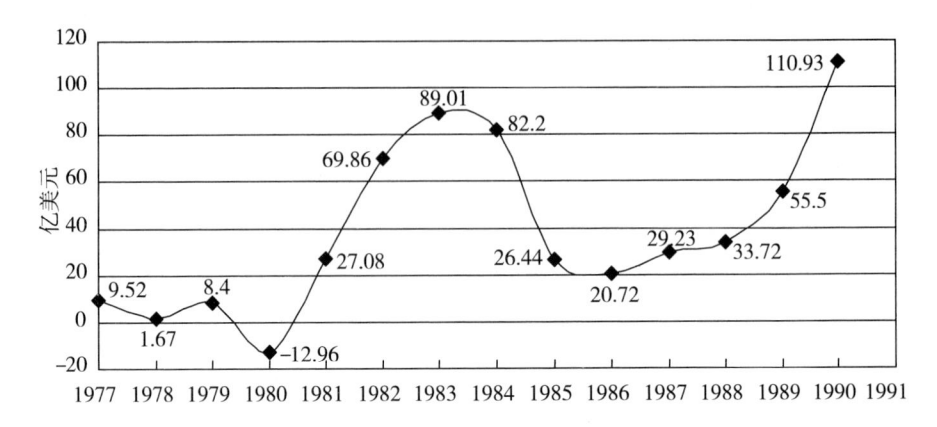

图 3-7　1977—1991 年中国外汇储备变化趋势

资料来源：国家外汇管理局。

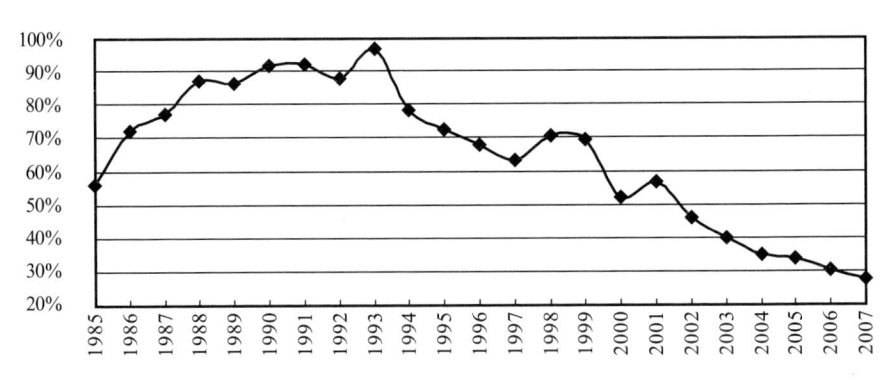

图 3-8　1985—2007 年中国外债债务率

数据来源：国家外汇管理局。

口创汇抓上去，要两头在外、大进大出、以出保进、以进养出、进出结合"。

于是，作为出口创汇的一项重要政策，"两头在外、大进大出"成为这一时期推动沿海外向型经济发展的代名词。

至于为什么这一政策的主要指向却落在刚刚起步，但却远未完成资本原始积累的沿海乡镇企业身上,则客观至少部分地是出于保护城乡二元结构下的且内含着城市利益集团导向的国家产业资本的需要。

专栏12 王建的"国际大循环"经济发展战略构想

几乎在中央政府提出沿海经济发展战略的同时,1987年11月1日,国家计委经济研究所副研究员王建在新华社的内部刊物《动态清样》上发表文章《走国际大循环经济发展战略的可能性及其要求》。从该文内容看,王建关于中国经济长期发展战略的构想与沿海经济发展战略的主要内容具有很高的一致性,以至该文1988年1月5日以《选择正确的长期发展战略——关于国际大循环经济发展战略的构想》为题在《经济日报》发表后,很多人认为中央沿海经济发展战略的提出跟王建的这篇文章有很大的关系。尽管王建本人并不认同这种说法,但这篇文章却在客观上为中央的沿海经济发展战略的提出提供了理论依据。

王建指出,我国下一阶段经济发展的总目标,是向成熟的工业化的社会迈进。为实现这一发展目标,必须选择正确的发展战略,而其基础是我国走向成熟工业化阶段的大背景和主要矛盾。中国走向成熟工业化阶段的大背景,就是在人均收入水平很低的条件下,产业结构演进跃过了以轻工业为主导产业的发展阶段,形成了一个相对发达的重工业基础,但从农业劳动所占的比重看,仍处于低度发达阶段。

这种高度强化的二元结构给下一个发展阶段战略选择带来

的主要矛盾是，工业结构高级化与农村劳动力转移争夺资金的矛盾。继续用强制的办法不准农村劳动力转移来为工业发展积累资金已不可能，而且不解决8亿农民走向工业化的问题，中国的工业化过程就不可能真正完成。但允许大量人口进入非农领域，又会降低非农领域的有机构成，使工业结构向轻型化偏斜，阻滞推动工业结构高级化的步伐。

为摆脱二元结构所导致的两难困境，王建列举了四种战略选择，分别为：第一种是优先发展农业、轻工业，补上农村劳动力转移这一课；第二种是走举借外债的道路，用国外资金补足国内积累；第三种是发展机电产品出口，通过国际交换为重工业自身积累资金；第四种是把农村劳动力转移纳入国际大循环，通过发展劳动密集型产品出口，一方面解决农村剩余劳动力的出路，一方面在国际市场上换取外汇。

在对这四种战略进行分析比较之后，王建认为第四种战略，即通过国际大循环走外向型经济道路是中国最好的选择。为实现这一目标，王建认为大体要经历三个发展阶段。

第一阶段，集中力量发展轻纺、食品饮料、家用电器、轻工杂品等劳动密集型产品出口，重点首先放在条件较好的沿海地区。这一阶段需要暂时牺牲重工业自身的发展，重工业的任务是支持轻纺产品走出去。换得的外汇，一部分可用于加强重工业的服务能力，一部分直接用于引进技术和原料发展出口。这个阶段还要加强国内尤其是内地的交通运输建设，为出口产业向中、西部扩展创造条件。当沿海产品向外走时，内地产品首先要努力占领本地及国内市场，通过提高质量、降低消耗，为向外走打好基础。这一阶段需要5—7年时间。

第二阶段，内地产品开始走向国际市场，劳动密集型产品创汇能力增强，可以用大部分外汇支持基础工业及基础设施的发展，过资金密集型产业发展阶段这一关。这一阶段也需要5—7年时间。

第三阶段，以换回的外汇重点支持附加价值高的重加工业发展，资金、技术密集型产品开始走向国际市场，劳动密集型产品出口比重开始下降，劳动力转移压力逐渐减轻，就业者开始向重加工业产业转移。这些都标志着中国产业结构高级化以及"高速增长"阶段的到来。这一阶段大约从"九五计划"后期才能起步。

当年，王建的分析很客观且有预见性，其对中央政策的作用也很直接。

但是，沿海经济发展战略是否真的能够如愿以偿地通过乡镇企业"两头在外、大进大出"实现发展外向型经济的目标，进而实现出口创汇？对此问题，绝大多数从事规范研究的理论界的分析家认为这不切合实际。不过，他们当时很少有人直接对中央的这一战略目标表示异议，大多是通过对王建的"国际大循环"战略思想的直接回应表达看法。

从当时讨论的内容看，人们对王建在国家经济未来发展战略上的探索给予高度评价，但大多数研究者对于"国际大循环"战略的可行性则表示怀疑（杨培新，1988；卫大匡、高梁，1988；梁桂全，1988；阎金明，1988；闵建蜀，1988；刘云，1988；蔡文祥，1989）。

问题的焦点在于乡镇企业现实存在的一系列困难：劳动密集型产品属于低端产品，能否通过出口换取足够的外汇来支持重工业的发展？对于绝大多数乡镇企业来说，其技术装备水平落后，外贸业务几乎一片空白，如何实行"两头在外、大进大出"？在当前卖方市场和国内物价不断上涨的环境下，如何使乡镇企业获得外向型发展的动力？

此外，从企业层次来讲，发展外向型经济的主力军应该是城市大中型工业企业和外贸企业。因为与乡镇工业企业相比，城市工业企业在内在素质、组织程度、技术水平、资源利用效率、规模经济效益、产业连锁作用及抗御风险能力等方面均胜一筹，如果赋予其更充分的自主经营权和对外经营权，它们应该而且能够成为外向型发展的"龙头"企业，并带动乡镇企业形成企业集团，组织发展外向型加工生产。

毋庸讳言，对于这些显而易见、人所共知的现实问题，政策的相关决策者也是非常清楚的。但在出台该政策时，其内在的初衷却更为现实地出于解决沿海与内地争夺原材料和市场问题的需要，因此沿海地区要通过"两头在外、大进大出"的形式发展外向型经济。

资料来源：根据王建《选择正确的长期发展战略——关于国际大循环经济发展战略的构想》一文整理。

事实上，自从1958年正式确立城乡二元结构体制以来，这种内在的政策背景就长期存在。中国决策者此时面临的问题就如同20世纪80年代初期发生的社队企业"以小挤大""以落后挤先进"的争论所面临的问题一样，主要仍旧是城市工业再次陷入原材料和资金供给的高度紧张的状况。从政策的最终落脚点看，又同样出于城市工业优先的考虑，已经由社队工业更名的乡镇企业再次遭到新的"排拒"。因此，所谓的"沿海与内地争夺原材料和市场"，本质上乃掩饰城市利益集团主导政策变革事实的一种托词。

尽管外向型沿海经济与国家发展战略的讨论中存在这样那样的问题，值得人们进一步反思，但从国家政策的角度看，"大进大出"战略的提出，历史性地宣告了中国特色的非国有企业外向型经济发展道路的开端。

在中国的外向型道路上，1994年是个重要的标志性年份。因为发生了以"市场化并轨"为名的人民币大贬值。

从鸦片战争算起直至公元2008年，中国对外贸易的最后一次严重逆差出现在三大赤字联合爆发的1993年。而能够为1993年的122.2亿美元的贸易逆差画上终止符的，当然有中央因1988—1991年宏观经济危机决定在1992年进一步开放沿边、沿江、内陆和边境地区部分城市的政策铺垫，但更为直接的原因则是1994年外汇赤字压力下的外汇体制改革，使中国对美元汇率一次性实际贬值50%以上。(图3-9)

1979年以来中国外汇汇率的变化（100美元兑人民币）

图3-9 1979年以来美元兑人民币汇率变化

本币大幅贬值相当于在资本全球化流动的条件下人为制造了一个巨大的要素低谷，使原本因 1989 年"政治风波"而受到西方制裁、在国际市场上尚不具备竞争优势的中国企业，陡然之间凭空多了一个巨大的成本优势，加之 20 世纪 90 年代末期国际金融资本的扩张和产业结构的再次升级，短短几年时间，中国的外贸格局就发生了重大变化。

1994 年当年，中国的进出口贸易即由逆差转为顺差，此后贸易顺差连年攀升。

四、危机六：1993—1994 年改革以来第三次经济危机及其外向型转化

1992—1993 年因中央政府加快货币化和放开资本市场进程的同时不得不全部承担经济过热造成的过高对外债务，因而，很快就爆发了 1993—1994 年经济危机——财政、金融和外汇三大赤字同步，危害很严重，而且离 1988—1990 年爆发的上一次经济危机和"政治风波"相去很近。外部环境也很不利，彼时苏联刚刚解体，在西方封锁压力下，国际舆论盛行"中国崩溃论"。此时中国确立的新一届中央领导集体刚刚形成相对集中的领导体制，需要压住社会的相关反应，于是政府一线工作班子铁腕决策，城乡社会都付出了巨大代价，才步履蹒跚地走出危机的阴影——这就是那个年代人们把一切危机现象归罪于"旧体制"而主张激进市场化改革的客观背景。随后，也因这种激进改革造成中国经济对外依存度大幅度提高，遂使中央领导集体顺势作出加快纳入全球化的决策。

（一）改革以来第三次经济危机（国家工业化60年的第六次危机）发生的内在机制和特点

与前两次需求高涨引起的经济危机不同，改革以来的第三次（国家工业化60年的第六次）经济危机，即1993—1994年的危机，三大赤字同步爆发及大规模货币增发，直接造成1994年出现高达24.1%的CPI上涨幅度，这不仅与上一次宏观调控造成经济下滑之后的进一步改革有密切关系，也是改革以来的第一次投机性需求过热引致的经济危机。

中国1990—1991年处于萧条阶段的时候，社会上有些因对经济危机周期规律缺乏常识性了解而归罪于改革的说法，又有似乎具有某种针对性的以支持南方谈话为代表的加强改革的说法。这两种说法与以往拘泥于"左"右派系论争的路线斗争多少有些相似，使得人们也许无条件或来不及去认真总结"价格闯关"的经验教训，转而于1991—1992年经济出现复苏的时候，就相继加快了对投机性较强的刚刚开放的股票、期货和房地产市场的投资。于是，这三个超过一般产品和要素市场吸纳资金能力的高风险的资本市场的进一步开放，极为有力地推动了中国GDP的增长。中国经济几乎来不及经过复苏，就直接进入了高涨阶段。

这时，恰逢1992年中共的十四大确立了市场经济新体制作为改革目标。于是，由20世纪80年代政府部门为解决本单位大龄子女就业问题而推行的"打开大门办三产"改革中衍生出的、利用价格双轨制捞得第一桶金的"官倒公司"和各种利益集团，纷纷借具有"高度政治正确"的改革目标之名，行投资谋私、积累资本之实。一时之间，全国性的固定资产投资规模扩张过猛与金融领域持续的混乱，直接推动以GDP为标志的中国经济进入高速增长的快车道。

人们若敢于跳出改革和保守这种二元对立的框架，拨开那时候的意识形态的云雾，从本质上看进入20世纪90年代的中国，可以轻易地发现有两个体制特点与改革前类似：一是经济调控的体制弊病仍然是1958年就实行过的层层分散的旧的放权让利模式，仍然是"一统就死，一放就乱"的治乱循环（可参阅中央财政收支比重变化情况，见图2-5）；二是粗放型数量增长的冲动仍然是产业资本扩张期间的经济高速增长的主导机制。

在这种体制和机制下的20世纪90年代初期投资狂潮中，有两个内在的时代背景必须提及：

一是1992年确立建设市场经济新体制的目标，时任国务院总理李鹏签署《全民所有制工业企业转换经营机制条例》，文件明确要求有步骤地把企业推向市场。中央颁布的"政企分开"政策进一步掀起了政府机关大办企业的狂潮，1992年即创办了20多万家公司。这批与政府部门有着千丝万缕联系的新的资本利益集团一旦问世，就迅即强化了以设租、寻租为基本手段的资本原始积累，其内在地以权谋私所生成的制度成本，则因其特殊地位而得以顺畅地向全社会转嫁，强力地助推着1993—1994年的经济危机。这种改制如同林毅夫所说，推行政企分开的结果只是把政府部门变成了翻牌公司，除了将原来的处长、局长改称为经理、总经理和让这些人的工资上涨不再受行政约束外，行政垄断和靠政府的政策优惠和保护来生存的情形基本没有改变[①]。

二是自邓小平1992年南方谈话后，各地纷纷以"发展才是硬道理"为名扩大投资规模。遍及全国的房地产热、开发区热、上项目

---

① 林毅夫：《企业自生能力与改革的深层次问题》，国研网，2002-03-28。

热,都直接推动了投资热、集资热。放权的结果使得投资主体多元化,项目决策多层次,资金来源多渠道,而相应的规范和制约机制又未建立起来,致使急剧膨胀的投资欲望更加难以抑制。扩大投资规模都急需要钱,于是竞相提高利率的群众集资活动和金融大战此起彼伏,各类债券、代币券、自制股票水涨船高,各种债券和集资利息一般都高达 20%—40%,而储蓄增长幅度却减慢,不少地方甚至出现负增长。

在地方以"硬道理"为名"各自为政"之乱象逼迫下的中央政府,为维持金融体系的持续运作,只有增印钞票,向市场投放过量的货币。新增货币供应量 1993 年为 1528.7 亿元,1994 年为 1423.9 亿元,1995 年为 596.8 亿元[①]。

设在浦江饭店的上海证券交易所。

---

① 数据来源:历年《中国金融年鉴》。

当年，即使在中央大量扩大发行货币后，许多地区仍然发生支付困难，有 10 多个省电告中央或国务院说"资金欠缺"。内陆地区银行欠缺现金最为严重，因而代替现金支付的"红条子""白条子""绿条子""黄条子"大行其道。

此时，全国金融机构普遍出现以严重"贷差"为现象的"金融赤字"既反推了货币增发，又加剧了通胀预期。

资金极度稀缺本来就会导致价格畸高，何况是深度负利率（官方与市场之间的利率之差），其导致的金融寻租行为更是愈演愈烈！遂使金融机构内部秩序混乱，银行搞了许多经营性公司，例如证券公司、房地产公司、名目繁多的信托投资公司等，并将大量资金转移到派生的公司，且大多数银行参与了房地产和项目投资，从事股票买卖，占用或沉淀了可周转资金。此外，又有一些由机关蜕变的翻牌公司在中间兴风作浪、炒股票、债券，拿国家的钱去投资和谋取私利。

专栏 13　中国恢复证券市场

以 1990 年和 1991 年上海和深圳两个证券交易所的先后开业为标志，中国股票市场正式恢复并逐渐成为中国经济体系中不可或缺的重要组成部分。有人评价说这是中国在 20 世纪最后 10 年中金融领域的一场"最伟大的革命"。证券市场的建立给了中国金融资本一个更大的舞台。资金通过各种渠道流入股市的趋势十分明显。由此开启了中国金融资本异化于产业资本的新时代——金融市场的膨胀，肇始于货币的信用化和资本化。

1999 年年底，中国国际信托投资公司总经理秦晓先生在北京大学经济研究中心作的题为《金融业的"异化"和金融市场中的"虚拟经济"》的讲演中谈到了货币信用化和资本化过程。随着股票和债券的出现，货币成为一种金融投资工具，即所谓的货币资本化。这就是货币信用化过程。货币的信用化和资本化，是虚拟经济的初始形态，它不再与实体经济存在对应关系，而是信用扩张的结果。

资料来源：作者科研团队搜集资料整理。

然而，在这个金融资本逐步异化于实体经济的时期，伴随发生的是各种具有政府背景的公司进入资本原始积累时期，并反作用于政府有关部门，导致了经济管理混乱。

自从 20 世纪 80 年代调整中央与地方财税分配关系的改革开始之后，各地普遍出现了"三乱"现象，即乱收费、乱罚款、乱集资摊派。第一次干部下海经商热潮发生于 1983—1984 年，第二次是 1986—1987 年，第三次始于 1992 年邓小平南方谈话。唯第三次因房地产、股市和期货这三大投机市场的应运而生，"三乱"——乱集资、乱拆借、乱办经济实体——随之以新的形式出现。

当时人们形象地将这段经济过热总结为"四热"（房地产热、开发区热、集资热、股票热）、"四高"（高投资膨胀、高工业增长、高货币发行和信贷投放、高物价上涨）、"四紧"（交通运输紧张、能源紧张、重要原材料紧张、资金紧张）和"一乱"（经济秩序特别是金融秩序混乱）。1992 年以后发生的"四热""四高""四紧""一乱"的地方经济乱象，类似于 1958 年第一次郑州会议决定调动两个积极性、向地方政府放权之后出现的"大跃进"。**1958 年乱象造成的制**

度成本演变为1960年的危机，并由全社会承担。同理，1992年地方经济乱象带来的制度成本也演化成为1994年的CPI高达24%、国企职工大规模下岗、农民土地大规模被征占、社会群体性事件大幅度增加等现象。

由上述部门资本利益集团进行原始积累而导致的"四热""四高""四紧""一乱"的频仍乱象之中，其巨大制度成本势所必然对全社会转嫁——短期内连续出现财政赤字和货币供应超常增长，随即形成了新中国改革史上最高达24.1%的CPI，通货膨胀全面爆发。

此外，因投资过热，中国的对外经济关系亦面临重大挑战——从1840年的鸦片战争算起，直至公元2010年的170年间，中国对外贸易的最后一次严重逆差出现在"三大赤字"同步爆发的1993年，其时累积的外汇赤字已经严重影响了中国的外汇储备和支付体系的正常运转。1993年年底中国外汇储备约为211.99亿美元，减去当时的短期债务余额135.46亿美元后，还剩下76.53亿美元，连支付当年的贸易逆差（122.2亿美元）都不够，何况还有20世纪80年代遗留下来的贸易累积逆差（到1993年年底贸易累积逆差为384.6亿美元），以及700.27亿美元的长期债务！1993年年底外债合计占当年GDP的比重为13.9%，而当年国家财政收入占GDP的比重为12.56%！

由此，人们应该"去意识形态化"地归纳中国作为后发国家的基本经验过程——邓小平路径依赖地继承了毛泽东、周恩来70年代引进外资经验。80年代以来，大规模放权让利的由地方自主却不承担风险责任的第三次引进外资，毫无悬念地使只能由中央政府承担偿还责任的外债在1993年达到了新中国成立以来的历史最高水平！

所谓"三大赤字"，除外汇赤字外，还包括1993年中央政府直接承担责任的"财政赤字"和金融严重贷差压力下，国有金融部门

全部资本金为负值的"银行赤字"。(图3-10)

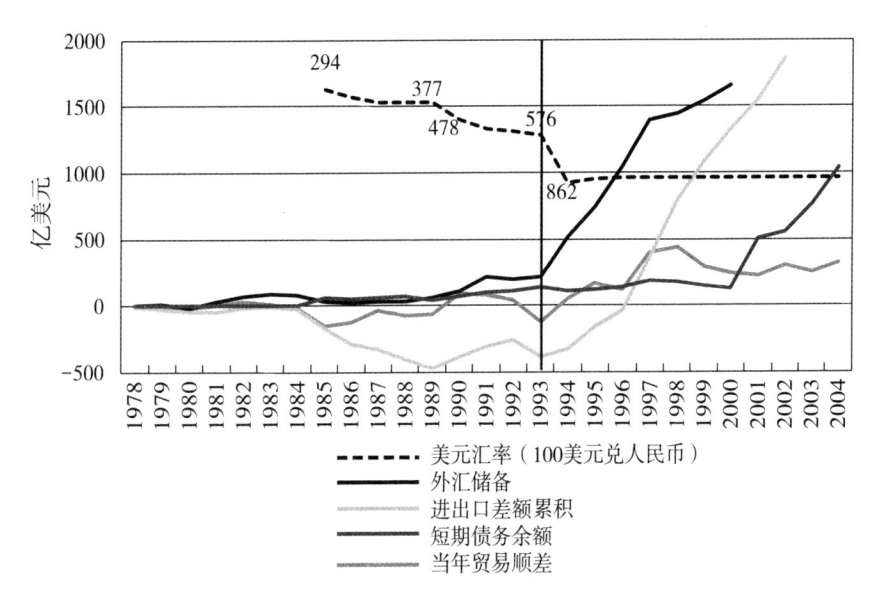

图3-10 1994年中国外汇体制改革的背景

财、汇、金三大赤字同步增加,迫使中央政府不得不于1993年夏季再次决定加强宏观调控。

1993年6月24日,中共中央、国务院《关于当前经济情况和加强宏观调控的意见》下发。要求切实贯彻"在经济工作中要抓住机遇,加快发展,同时要注意稳妥,避免损失,特别要避免大的损失"的重要指导思想,把加快发展的注意力集中到深化改革、转换机制、优化结构、提高效益上来,并提出了严格控制货币发行,稳定金融形势等十六条加强和改善宏观调控的措施。

这些载入正史的文件语言温和得体,但在当时的"政策圈"里却被称为"**铁血十六条**",因其一系列加快市场化改革的宏观调控措施可谓"刀刀见血"。

诚然，1994年是个众所周知的"改革年"。这年，政府以改革的名义出台了应对三大赤字危机的三个重大宏观经济措施。

一是外汇改革——使汇率调整"一步并轨"、本币名义汇率一次性贬值57%，人民币兑美元比率由1∶5.64骤然下降到1∶8.27，以此促进出口，缓解国际收支恶化的困局。

二是信用扩张——由于连续多年财政赤字向国家金融透支，吃空了银行全部资本金，并且吃进了一部分银行存款，加上这个阶段国内巨大的需求压力，在高涨的投资需求下，只能是国债和货币同步大规模增发。

三是分税制改革——为了缓解中央政府财政困境，1984年确立的中央与各级地方财政分级承包制进一步演变为分税制。后者极大地改变了中央和地方政府的财政比重，从以往地方财政占比超过70%，调整为中央与地方各占约一半。这又使得地方政府为了弥补财政收入不足的状况而几近疯狂地"以地生财"。（图3-11，图3-12，图3-14）

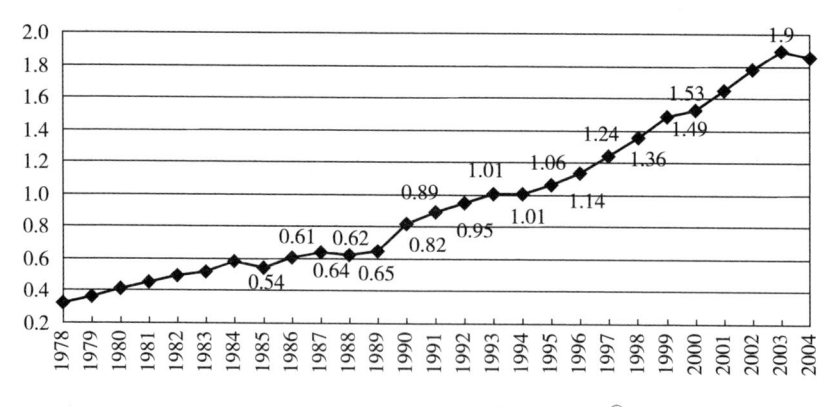

图3-11　1978—2004年实际的M2/GDP[①]

———————
[①] 韩平，李斌，崔永：《我国M2/GDP的动态增长路径、货币供应量与政策选择》，《经济研究》，2005年第10期。

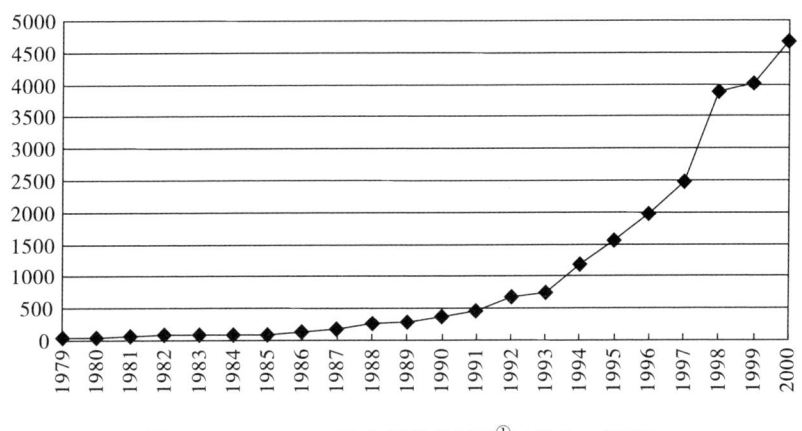

第三章　1978—1997：改革以来三次内源性经济危机及其化解 | 157

图 3-12　1979—2000 年国债发行量[①]（单位：亿元）

除了上述三大宏观改革之外，决策者还启动了促使中国社会结构矛盾愈益清晰的、趋同于经典理论意义的国有企业改革。鉴于中央和地方政府全部财政收入占 GDP 比重下降到历史最低的 11%—13%（图 3-13），各地政府在强行推进以卖为主的国企改革中，迫使数千万国企职工"买断工龄，裸体下岗"（大部分没有来得及建立社保、医保），1995—2000 年仅国有部门和城镇集体单位在岗人员就减少了 4800 万人[②]。

尽管 1993 年中央就因经济过热而提出宏观调控，但 1994 年正式实行的分税制改革（虽然主观意图很好），客观上却使得宏观调控难以真正实施。

一方面，在分税制改革形成的新的财税体制内，地方的可控收

[①] 李彪，卢志红：《我国国债发行规模中的协整和 ECM 实证分析》，《安徽农业大学学报（社会科学版）》，2004 年第 4 期。
[②] 王绍光，胡鞍钢，丁元竹：《最严重的警告：经济繁荣背后的社会不稳定》，《战略与管理》，2002 年第 4 期。

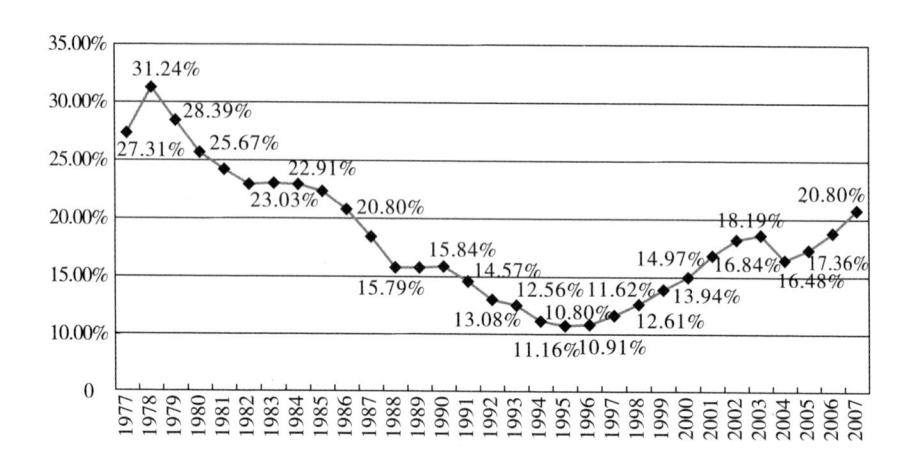

图 3-13　1977—2007 年国家财政收入占 GDP 的比重[①]

入来源主要有两个：一是土地变现时的增值收益；二是通过招商引资和城市扩张来增加包括所得税、建筑业和房地产业营业税等由地方享有的税收[②]。在财政收支刚性的压力下，土地成为地方最短期内可变现的也是最主要的收入来源，"以地生财"也就成为分税制后满足地方政府刚性需求的普遍做法。

另一方面，分税制改革方案以 1993 年各地的财政收入作为中央对地方的返还基数，1993 年后 4 个月各地突击征税，"宣布以 1993 年为基数的当年后几个月确实出现了一些异常情况，把死账欠款都收起来的，大量向银行贷款交税的，甚至连倒闭的企业都把以前的税补齐了，凡此种种，造成了 1993 年后 4 个月财政收入大幅度增加。据 1993 年地方财政收入月报，这一年地方财政收入全年增长

[①] 数据来源：历年《中国统计年鉴》。
[②] 蒋省三，刘守英，李青：《土地制度改革与国民经济成长》，《管理世界》，2007 年第 9 期。

966.63 亿元，增长率为 40.2%，其中 9—12 月地方财政收入增长 756.95 亿元，比上年同期分别增长了 51.8%、62.5%、86.1%、121.3%"。① （图 3-14）

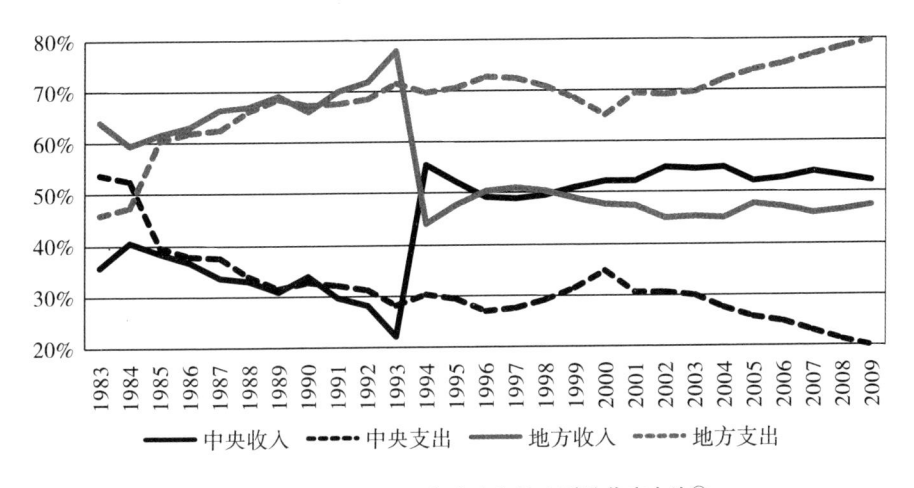

图 3-14 1983—2009 年中央和地方财政收支占比②

在这种情况下，1994 年各地财政能否保持这一增长势头，成为决定分税制改革成败的关键因素。此时，若严格落实宏观调控措施必然会对此产生不利影响。

正如分税制改革事实上是以地方政府尚有操纵余地的 1993 年作为税收返还基期年，换取地方政府对中央这一财税体制改革的支持，因此这就如同双方之间达成一种交易一样，遂使 1994 年宏观调控措施雷声大、雨点小，在某种程度上也可以说是这种交易的延续。

对此，前财政部长项怀诚在回忆分税制改革时认为："在推进重

---

① 项怀诚，马国川：《改革是共和国财政六十年的主线（上）》，载于《读书》，2009 年第 9 期。
② 资料来源：《中国金融年鉴 2002》。

大财税改革时，必须要取得地方政府的强有力支持。这是必要的妥协，这个代价必须付出，这一让步争取了民心，统一了思想，保证了分税制改革的顺利推行。"①

就这样，在中央与地方的反复博弈中到了1997年，中央政府宣布"成功实现了'软着陆'"。

这年1月23日国家统计局发表《宏观调控成效显著，优化结构势在必行——1996年经济形势及1997年展望》的文章，指出：经过各方面的共同努力，当前国民经济运行良好，"软着陆"基本成功。**经济增长率由1992年峰顶时的14.2%，逐步平稳地回落到1996年的9.7%左右，每年平均回落约1个百分点；物价（商品零售价格）上涨率由1994年的21.7%，回落到1996年的6%左右，共回落了15.7个百分点**②。

这些调控措施也极大促进了中国经济对外依存度的提高，在1994年人民币汇率一次性贬值超过50%的情况下，中国当年就取得了1210.1亿美元出口额的历史最高值，比上年增长31.9%。如果按出口商品/服务对应的国内价值量计算，则1994年比1993年增长了97.3%[（1210.1×8.6187）/（917.4×5.762）−1＝97.30%]！

诚然，这些措施客观上造成了国内消费不足、内需迅速下降。这一方面成为各个地方政府加快招商引资，促进内部结构调整的推动力，客观上也应和着跨国集团向金融资本作结构性升级、收购发展中国家战略产业的需求。另一方面，也是促使中国政策界主流积极认同经济全球化，加快了加入WTO（世界贸易组织）的谈判步伐

---

① 项怀诚，马国川：《改革是共和国财政六十年的主线（上）》，载于《读书》，2009年第9期。

② 刘国光，刘树成：《论软着陆》，《人民日报》，1997年1月7日第9版。

的主要原因之一。同期的对外经济贸易部文件正式提出"走出去战略"。1994年，中国石油产业第一次走出去——中石化集团在伊朗、沙特、加蓬、哈萨克斯坦、也门及厄瓜多尔六个国家参与当地的石油及天然气项目，并签订了项目协议；与沙特阿美石油公司及沙特王国石油部签署了鲁卜哈利盆地B区块天然气风险勘探开发协议。

具体从出口统计上看，1991、1992、1993年外贸出口依存度（外贸出口占GDP比重）分别为17.57%、17.37%和14.96%，1994年外汇并轨之后陡然上升到21.62%。1995、1996、1997年外贸出口依存度分别为20.48%、17.67%和19.20%。即使在东南亚金融危机的冲击下，中国外贸出口额大大下降，低于国内生产总值的增长，但出口依存度仍然居高不下（图3-15）。

图3-15 1978—2008年中国出口占GDP比重

外贸依存度的快速提高一方面使中国经济的发展更加国际化，另一方面世界经济周期对中国经济的影响日益明显，此后的中国经济危机，愈益遭到输入因素的影响。

（二）城市和农村共同分担 1993—1994 年危机的成本

这第六次危机之所以被主流认为是"软着陆"，主要是从 CPI 和 GDP 这两个指标来衡量的，看上去似乎值得肯定。但是，伴随着"软着陆"的，却是国企职工大规模的下岗，以及公共事业领域的政府退出和民营化，以及乡村治理劣化，"三农"问题呈现爆发趋势等一系列前所未有的巨大代价。是故，忽视这种"软着陆"背后的巨大的社会成本，是有欠客观的。

我们认为，这次危机转嫁的成本，是城市和农村共同承担的。其中，本轮宏观经济危机对农村经济和农民收入有多方面的影响，它们并不仅仅是危机代价的承担者。

1. 城市工人大规模下岗

这轮危机爆发和以往危机不同，它不是表现在社会固定资产投资和就业率的变化上面，而是表现为地方经济以邓小平南方谈话、促进改革开放为契机，陡然进入"过热"阶段。这与中央政府开放三大资本市场大规模增发货币是同步的，遂造成了以三大赤字引发高通胀指数为主要特征的危机。而在这种压力下，政策部门绝口不提 10 年前指令国企打开大门吸纳待业青年（"五个人的饭十个人吃"）的危机应对措施是造成国企冗员充斥的前因，反过来指责国企效率低下，遂有政府从资本利益代言人角度强制性地要求企业"下岗分流，减员增效"。

本轮经济危机和危机治理发生在国家"八五"期间，从统计数据可以看出，1991—1995 年的一个现象是，"八五"期间中国出现了**前所未有的高增长率和高投资增长率**，同时也出现前所未有的**低就业增长率**。根据胡鞍钢的研究，"八五"期间，GDP 平均增长率为 11.9%，是前八个五年计划中最高的。同时期，全社会固定资产

第三章 1978—1997：改革以来三次内源性经济危机及其化解 163

北京近万名三十五岁以上的国营企业半失业状态下岗女工，在职业介绍服务中心参加一家商贸集团的招聘活动，她们中将有两千人被录取为该集团一百家连锁店的售货员。中国大龄下岗女工的再就业问题正引起整个社会的关注。

投资额度年平均增长率为 36.1%，即便扣除物价指数，年平均增长率仍为 20.6%。但是这期间，全国从业人员就业水平年增长率为 1.3%，大大低于历史上各个五年计划时期的就业增长率[①]。

尤其在 1994—1995 年，国有企业就业率几乎没有增长。在就业水平低增长的另一面，则是大面积的城市工人下岗。

相比改革开放以前发生的危机，这次危机不仅不再具有向农村转移过剩劳动力以缓解城市就业压力的可能，而且政府在严重的财政赤字压力下大幅度从医疗和教育等公共事业领域退出，连基本保

---

① 胡鞍钢:《就业：中国发展的第二号任务》,《改革内参》,1997 年第 12 期。

障都难以提供，迫使城里人痛苦地告别了"生老病死有依靠"的、与北欧福利社会主义国家相似的传统体制，失去了相对于乡下人的最大的"身份优势"。

因此可以说，1993年危机时期强力推出的以国有企业改革为名的城市企业兼并破产和职工下岗失业，都意味着这次是让城市利益群体直接承载了由国家产业资本扩张和对地方政府放权让利、大规模引资导致的经济危机的主要代价。由此，城市利益群体发生实质性分化，资本相对于劳动取得了绝对强势地位。

危机之前，《破产法》从1988年实施到1993年，6年中全国共破产企业940家，这些企业绝大多数是中小企业和集体企业。危机发生的1994年，**中国人终于在政府文件中史无前例地确立了"资本"的经典理论意义上的地位**——国家经贸委提出"优化资本结构"试点，国发〔1994〕59号文件从政策上提出了破产失业职工的安置问题，并开始在"优化资本结构"城市进行试点。延至1997年，在111个试点城市中，通过兼并、破产和减员增效，共分流富余人员1687万人。国务院于1997年1月6日—9日在北京召开了全国国有企业职工再就业工作会议。在这一年中，国务院及各有关部门和中华全国总工会等单位曾发出多份有关国有企业兼并破产和职工再就业工程的文件，大刀阔斧地推进这项工作[①]。

据劳动部调查组对四川省绵阳市的调查，作为国家"优化资本结构"和省"两个转变"的试点城市，1996年以来，该市已破产62家国有企业，破产企业职工2.1万多人，占全市国有企业职工的7%[②]。根据1996年中国纺织工会对全国3省6市的调查情况，单西

[①] http://www.wyzxsx.com/Article/Class4/201008/172397.html。
[②] 刘霞辉，莫荣：《国有企业改革与职工再就业问题研究》，工作论文。

安市纺织系统下岗工人就为 8940 人，占职工总数的 55%，其中 70%无收入。张家口市该系统下岗工人达到 10500 人，占全系统的 61.7%，有的工厂甚至让工人凭借企业自行印制的"代金券"领取库存呢子充当工资①。

当这一切成为 20 世纪的历史的时候，不同的理论家给出了不同的判断：一位青年学者指出，这是极化的排斥性增长；而一位著名改革理论家却含蓄地指出，中国实行的是"非民粹主义增长"。虽然后者被西方主流社会接受而具有中国经济理论界追求的学术上的国际性，但其实这两个说法并没有本质差别。

2. 社会公共服务部门市场化和私有化

公共部门提供服务，往往具有"信息不对称"的特征。而**医疗和教育这两个领域，则具有信息绝对不对称，且具有可以被个体垄断获暴利的特征。**

任何体制条件下，只要政府放开信息绝对不对称的医疗和教育领域，允许其"产业化"经营，则势所必然地导致医院和学校乃至其从业者个人凭借对处于弱势地位的患者和学生的信息的绝对垄断地位，来获取超额利润。因此，任何正常国家都必须以稳定的政府财政投入保住公共部门的普惠服务，严肃审查非公共投入的来源和动机，以维护相对较高比例的公立医院和学校的利益。

中国 1993 年财、汇、金三大赤字危机同步爆发，导致了 1994 年全面市场化改制。其间，政府在累积外债转化而来的财政赤字剧增压力下，不得不减少了对医疗和教育的投入（在农村则属实质性

---

① 中国纺织工会：《救救纺织行业困难职工》，《改革内参》，1996 年第 21 期。

地全面退出），促使其及时地完成了产业化改制。伴随这一改制，则发生了医疗高收费、药品高回扣，教育乱收费、乱集资和加重学生负担等一系列问题，并且**因彻底腐蚀了相关知识分子群体**（同时期，医生和教师的腐败也愈演愈烈），**而成为屡禁不止的顽症**。

这些被一般性地认为属于社会性腐败的现象背后的潜规则问题则更为严峻：**这两个领域中的许多从业者十几年来已经顺理成章地凭借个体对信息的绝对垄断地位而占有高额收益，且自觉地构建了维护其利益集团地位的公开制度和内生机制；这些领域中占据制度供给地位的权威、门派错综复杂，制度改进的空间几乎不存在**。因而，尽管他们饕餮着，且继续占有着最多的公共资源，却大多不可能再提供低成本、普惠制的公共服务。

改革之前中国的大多数公共服务都由事业单位提供，它们是依附于各级政府的公立机构，包括学校、医院、农业技术推广站、文化中心等。在改革之初的几年里，政府一度增加了公共服务的支出，把教育、医疗、扶贫、环境保护和社会保障列入优先任务。在教育方面，公共支出投入占GDP的比重从1978年的1.8%提高到1982年的2.2%。在医疗方面，则从1%提高到1.3%[①]。

但随着财政赤字的增大，一如政府在其他领域的改革一样，采取了"政府甩包袱"的手段——政府应该承担的功能萎缩，甚至退出这些公共部门。加之政府机关和事业单位都越来越依赖预算外资金，政府部门办公司成风，公共服务部门也竞相提供收费服务。

于是，城乡社会开支和公共部门服务成本就越来越多地由市民和农民承担了。

[①] 黄佩华：《中国能用渐进方式改革公共部门吗？》，《社会学研究》，2009年第2期。

中国教育经费占国内生产总值的比例在20世纪末的目标是达到4%。1990年这一比例为3.04%，1992年为2.73%，1993年为2.54%，1996年为2.46%，表现为下降趋势。直到1997年才止住下降趋势，到1998年略微回升为2.50%[①]。

按照政策规定，地方政府应承担基础教育的责任，而当地方财政无力支付这一成本时，在"人民教育人民办"的口号下，本应为公共品的基础教育，也因改革之名而由老百姓来买单了。

1990年我国卫生事业费占财政总支出的比例仅为2.79%，到1997年下降为2.45%，而按照我国制定的"人人享有卫生保健"的最低标准，卫生事业费占财政支出比例不应低于8%[②]。从居民卫生支出占卫生总费用支出比例看，1980年约为23%，到了1990年这一比例是37%，改革以来第一个10年间上升14个百分点；到1999年，这一比例是59%，第二个10年间上升了22个百分点；改革20年翻了一番还多。这个过程是以政府支出降低、社会支出同时减少、个人被迫提高卫生支出来实现的。1996年开始实施医疗保障体制改革，但结果是无论在城市还是乡村，医疗保险的覆盖面减少，个人支付医疗费用的比例上升。而类似养老保险制度设计中的医疗保险个人账户制度，不但让国际专家提出质疑，国际劳工组织对此也有评述[③]。

3. 地方基层政府将增加的治理成本转嫁农村，社会矛盾严重

从20世纪80年代改革开放以来，中国先后实行了两次财政体

[①] 王晓辉：《教育财政体制改革应有新思路》，《改革内参》，1999年第22期。

[②] 周雁翎：《差异悬殊：中国卫生保健事业面临严峻挑战》，《中国改革》，2002年第4期。

[③] 刘海英：《我们到底能做什么》，《中国改革》，2002年第4期。

制改革，第一次是 1984 年实行的"财政分级承包"，第二次是 1994 年实行的"分税制"。**这两次内在地体现了"甩包袱"政策思想的改革都对农村治理问题产生了不利的影响。**

在 1984 年实行中央与地方财政的分级承包制的同时，出台了允许在"撤社建乡，撤队建村"的所谓改革之中形成的乡村两级行政组织中实行"自收自支"的政策。这种体现了"政府退出"的改革不仅使农村所要承担的乡村两级上层建筑的成本大大增加，也使农村公共服务的财税来源改由基层（主要是农民）自己承担。

到 1994 年财政改革进一步演化为分税制后，各级政府都将地方基础设施建设和公共服务的供给责任留在下一级地方。各级地方政府在此期间的财政支出也主要用于当地基础设施建设、维持行政机关的运行和地方公共事业上。[①] 在县乡级财政尤其是中西部地区出现了财权和事权不对称的问题，公共财政原则发生了十分严重的偏离，基本上以"吃饭财政"为主[②]。中央对地方的财政控制加大，地方可支配财力迅速下降，政府的自利性造成"财力上收，支出下移"，经过层层截留后，处于行政链条最低端的县乡基层政府陷入财政困境。

正常情况下，逐级"甩包袱"的财政体制改革的后果不会显露出来。一旦遭遇危机及其应对性的政府紧缩措施，各个地方按照"政治现代化"想象在基层建立起来的过高成本的上层建筑，势必表现出与剩余过少且过度分散的小农经济对立的性质，其后果自然是农民负担进一步加重。贯穿在整个 20 世纪 90 年代的热点是，群体

[①] 李晨婕，温铁军：《宏观经济波动与我国集体林权制度改革——20 世纪 80 年代以来我国集体林区三次林权改革"分合"之路的制度变迁分析》，《中国软科学》，2009 年第 6 期。

[②] 陈锡文，韩俊，赵阳：《中国农村公共财政制度研究》，《宏观经济研究》，2005 年第 5 期。

性抗议事件的频率和规模都有所增加，主要是反对过重的税费负担、越来越多的非法土地侵占和破坏土地承包等。[①]

4. 金融资本异化实体产业，恶化林业及环境灾难

紧随着 1993 年严重赤字引发危机，中央政府采取宏观调控措施，即所谓"铁血十六条"，其中超过一半是金融政策。本是官倒投机和放权部门造成的经济过热弊病，让全国跟着紧缩政策统一"吃药"。信贷状况的全面收紧，一定程度上损害了综合信贷的平衡，限制地区间的信贷大大降低了货币的流通速度。不过，**紧缩措施很大程度上损害了以中小企业为主的非国有企业，对国有大企业则影响不大**。其中最为突出的是官方利率和市场利率之间出现巨大差额，1993 年夏，沿海专业银行的贷款利率为 10%—16%，年利率直逼 20%，而市场利率却已经达到 20%—35%[②]。本来长期性的金融资本极度短缺，对高利率有推波助澜的作用，一旦遇到经济过热则势必甚嚣尘上，而在宏观调控之下却可以另辟蹊径，走向金融资本异化于实体产业的道路——**20 世纪 90 年代金融资源配置愈发游离于实体经济之外，进入股市、房地产市场，寻找利润的增长点，形成虚拟资本，变异为参与利润分配的工具而不是创造利润的工具**——越是流动性差、缺乏投机获利条件的经济领域，金融资本就越是尽早远离，遂产生一般发展中国家都会出现的"金融排斥"（financial exclusive）趋势。

这个时期，正是因为越是没有流动性的经济领域，越是会出现金融排斥，才导致了资源环境领域出现灾难性后果，其中以山区林业最为典型。

---

① 董筱丹，温铁军：《宏观经济波动与农村治理危机》，《管理世界》，2008 年第 9 期。

② http://zhidao.baidu.com/question/41628982.html?si=9。

专栏14　20世纪90年代的林业困境

由于林业生产周期长，导致了林业资金周转慢，投资回收期长，经营风险大。以上宏观经济制度变迁对林业和林区改革和发展构成制约性的影响：随国家经济结构调整出现产业资本向金融资本过渡，注定流向高盈利部门的垄断金融资本，根本不会因为集体林区产权的分散或集中而改变其流向。因此这个时期的林业，因其业态特征客观地没有流动性、短期获利能力又远低于金融资本偏爱的投机领域，而无法获得逐步异化于产业资本的金融资本的投资。1993年就在连山西、陕西等地方政府也陷入极端贫困而无以自拔的黄土高原地区，出现了价格低到几乎可以忽略不计的"四荒拍卖"。接着，1995年8月，原国家体改委和林业部联合下发《林业经济体制改革总体纲要》（以下简称《纲要》）将"推进林权市场化"以中央政策的形式固定下来。《纲要》明确指出要以多种方式有偿流转宜林"四荒地使用权"，要"开辟人工林活立木市场，允许通过招标、拍卖、租赁、抵押、委托经营等形式，使森林资产变现"。林权市场化运作趋势明显，试点范围由最初的"四荒"资源拍卖、中幼林及成熟林转让发展到林地使用权流转等。

鉴于当时中国处于产业资本扩张时期，资本对其他生产力要素的整合能力提高，因此这个被称为**"第二次林改"的林权市场化行为，导致山区资源向大户和干部相对集中**，形成规模经济，目的是试图吸引外部资金进入，实现当地资源向资本转化，以促进山区经济增长。

第二次林改之后各地的事实也说明，林改利益主要由资本禀赋相对丰富的大户、干部或大款获得，而资源所有者则可以通过参与社会分工获取要素社会平均收益。而由此次林改产生的**制度变革的负外部性，主要体现在社会矛盾增加和林业困境恶化**，间接导致环境灾难。

社会矛盾增加是因为，从当时的资本仍然极度稀缺的宏观经济背景来看，这种通过大户来整合林区资源，以期提高林农收入和促进集体林区发展的努力显得事与愿违。其根源在于无论这些林地的产权形式发生何种变化，**这种集中资源的改革还是让部分老百姓"靠山吃山"的权力被剥夺，进而引发了一系列的矛盾和群体性冲突。**

林业困境恶化表现在：一方面我国需要为大量进口木材及其他林产品向其他国家支付"林价"（张道卫，2000），另一方面集体林区又出现了大量的林地抛荒。90年代中期分税制改革后，林业税费进一步提高，**在林业生产经营中，国家法定税收和部门收费已高达木材销售价格的51%以上，此外还有各级地方政府及各级林业部门对林业生产经营过程中的层层收费**。林业税费越高，收购价越低，而且毁林盗伐及相关的贿赂和腐败到处发生，间接导致环境破坏。高税费最终还是转嫁到作为营林生产者的农民身上，导致了大量林地抛荒。

资料来源：作者科研团队搜集资料整理。

5. 土地资源资本化机制发生根本改变

诚然，第一轮"圈地运动"中农村耕地主要被乡镇企业乱占滥用，干扰了国家建设的总体思路。1986年3月21日中共中央、国务院下发的《关于加强土地管理，制止乱占耕地的通知》中明确指出：乡镇企业和农村建房乱占耕地、滥用土地的现象极为突出，这种情况如果继续下去将会给国家建设和人民生活造成严重恶果，贻害子孙后代。但同时需要注意的另一方面是，这种农村土地内部化"农转非"的增值收益主要归乡村集体，政府几乎不能分享，却必须承担"粮食安全"责任。于是，20 世纪 80 年代后期，中央开始要求严格控制耕地转为非耕地，逐步将耕地转为工商业用地的权力收归国家所有。1986 年，中共中央、国务院下发的《关于加强土地管理，制止乱占耕地的通知》要求全面清查非法滥用的耕地，"各级政府不得擅自下放审批权限"。1986 年又以出台《土地管理法》的形式将国家对土地农转非的权力加以确定，并在 1988 年设立国家土地管理局，由其行使对土地非农用途的全权。

然而，就在农村集体对土地的非农使用权力被上收到公司主义的政府手中的同时，土地的商品属性也逐渐确立。1988 年,《中华人民共和国宪法》(修正案)规定"土地的使用权可以依照法律的规定转让"，正式开启了我国的土地有偿使用制度。1990 年 5 月 19 日，国务院颁布实施了《城镇国有土地使用权出让和转让暂行条例》，对土地使用权出让、转让、出租、抵押等问题作出了明确规定，使土地实际上已经具有商品的属性。这就从根本上改变了土地资源资本化的性质和机制——从 80 年代基层农村自主发展乡村企业的生产性的"以地兴企"，改为 90 年代地方政府满足刚性开支的消费性的"以地生财"。土地变现遂成为地方政府最快捷的生财门路。

专栏15 "第二轮圈地运动"中的房地产开发与地方政府征地

1992年房地产价格放开后,催生了房地产市场的一时繁荣。1992年全国房地产完成投资增长117.42%,实现利润增长140.39%;1993年的这两个指标分别为164.98%、145.47%。地方政府及房地产开发相关主体都从这场经济繁荣的盛宴中分享了大量的利益。国家垄断银行的巨额货币资本在1992年后正是通过房地产开发这一媒介,即通过对国有土地所有权或使用权的有价转让,而导致资本性地租及级差地租的形成。在金融业作为媒介提供过剩资本的情况下,这种地租以房地产投资的高额回报形态实现,并迅速转入开发商手中。通过土地的非国有化运动(批租热的实质),导致房地产投资热——中国新富阶层的第二桶金就是这样捞到的。

然而,又正是房地产开发业所产生的这种高利润(实质是地租),刺激了1993—1995年中国经济的繁荣。1992年、1993年两年的房地产开发经营收入分别达到528.6亿元、1135.9亿元,分别比上年增长86.1%、114.9%;提供建设用地的收入分别达到42.7亿元、83.9亿元,分别比上年增长177.9%、96.4%。

20世纪90年代初期的开发区热和房地产热带来了第二次征地高峰。1992年建设占地面积陡然上升,到1993年达到峰值27.1万公顷。1992年、1993年房地产开发土地面积分别比上年增长了174.96%、96.61%[1]。

---

[1] 资料来源:《中国房地产市场年鉴1996》。

> 资料来源：杨帅，温铁军：《宏观经济波动、财税体制变迁与三次圈地运动》，《管理世界》，2010年第4期。

第二轮由地方政府发起的"圈地运动"，因主导力量发生改变而与第一轮大不相同，并且持续时间更长。分税制后的1994—1998年，在经济增长速度逐年下降和中央竭力遏制土地圈占的背景下，平均每年耕地减少规模仍达到21.5万公顷①。

其中，1992—1995年的土地圈占高潮，大体可理解为消化1989—1991年严重经济危机而实行的制度变迁所支付的制度成本。在这次**改革以来的第二次征地高峰中大规模增发货币**，的确因为土地这种资源要素的大规模资本化，而在短期内被大量吸纳，并再一次实现了宏观经济的高增长，倏忽之间就使承担内外债务最终责任的中央政府跳出了1993年三大赤字高于GDP总量的危困局面。

这与上一次在20世纪80年代大规模征地催生宏观经济高速增长有些许类似，但资本化的具体机制和途径却远不相同——80年代因乡镇企业"异军突起"而占有土地，还需要与企业的其他实物资产相结合，作为工商产业中的一种物化"资产"，并通过产业经营实现土地的增值收益。而到90年代初，土地本身就成了被经营的对象，通过单纯的土地开发或者流转，就可以获得远高于80年代"以地兴企"阶段的增值收益。比如，苏州市斜塘镇因苏州工业园区开发，就呈现出明显的地方政府"以地生财"的土地财政特征。在1992年至1999年8年内共收到土地出让金等收入9886.87万元，除

---

① 由于1996年耕地征占的数据缺失，这里计算的是1994年、1995年、1997年、1998年四年的平均值。

上交国家 886.60 万元和结余 26.61 万元外，其余全部用于镇内开支——下拨村级 1116.71 万元，农业支出 238.16 万元，文卫支出 491.89 万元，行政支出 682.61 万元，公共事业支出 1388.10 万元，创建卫生村、镇支出 449.29 万元，开发建设 2056.90 万元，对外投资 2025 万元，其他支出 500 万元[1]。

这还意味着：政府公司主义的内在利益结构发生变化——异化于在地产业资本（localized industrial capital），**各地政府越来越少地依赖本土产业资本的增值分享，越来越多地青睐没有社区负担的外资。**

由于土地资本化的机制及主导土地资本化的主体均发生了改变，"农地转非"的增值收益分配也相应发生了改变。

其一，农村集体已经不是土地资本化的主导力量，"农地转非"的收入也不是转入与本地成员有关联的集体积累，而是在一次性的征地补偿后就使农民失去了与自己土地的联系。一方面地方政府代国家行使对"农地转非"的垄断权力时，获得了土地增值中的垄断性收益。在征地中，由于集体经济作为产权主体已经名存实亡，政府得以通过直接控制农村党政组织这个村级载体，极大地降低了获得土地的交易费用。根据温铁军、朱守银（1996）的调查，当时"如果以成本价为 100 元，则农民只得 5%—10%，村集体经济组织得 25%—30%，60%—70% 为政府及各部门所得"，而"村集体经济所得的 25%—30% 往往也由村干部掌控"[2]。另一方面，1992 年开始的"政企分开"及 20 世纪 90 年代中后期的乡镇企业产权改革风潮，

---

[1] 斜塘镇志编纂委员会：《斜塘镇志》，北京方志出版社 2001 年版。
[2] 温铁军，朱守银：《政府资本原始积累与土地"农转非"》，《管理世界》，1996 年第 5 期。

事实上已经将20世纪80年代积累起来的、承载着集体福利及实现社区就业最大化的农村企业逐步转变为以利润最大化为导向的产业实体。集体企业依靠集体资源完成积累,而后又在改制中变成单位自有的过程,与全民企业依靠国家力量完成积累,在改革中逐步变成单位自有的过程,有着高度的相似之处。而因招商引资进入各种园区并逐渐结构化的产业资本,也没有建立起与本地福利的直接联系。

其二,不仅征地的一次性补偿收益被层层挤压,对发展收益的分享也极不均衡。相比较而言,在80年代农村自主的生产性占地的"以地兴企"时期,土地资本化收益较多地留在了农村内部,主要用于社区福利及支农支出,同期带动了农民非农就业和现金收入的增加;而90年代的"以地生财"收益却主要为地方政府及结构化的产业资本所分享。90年代,一些地方政府提出"以地生财、以地兴镇"的口号。从调查的情况看,有些县级地方财政收入的20%—30%来自土地出让收益,有些镇政府预算外收入的80%来源于土地出让收益。相对而言,这些地方在土地和资金这两大稀缺要素流出农业的同时,农业人口进入城镇的比例随着地价上升而不断下降①。

长期看,占人口大多数的农民收入和消费的增长较大幅度地低于以内需为主的80年代,逐步导致**90年代出现内需严重不足而主要依靠外需的重大改变**。这虽然不符合中国产业资本进入扩张阶段的战略需求,但是政府公司主义制度与在地化产业资本共生的短视,"盲人摸象"般地顺应着经济规律,进入了下一个更具制度风险的阶段。

---

① 转引自温铁军,朱守银:《政府资本原始积累与土地"农转非"》,《管理世界》,1996年第5期。

6. 危机治理对"三农"影响的正反两个方面

从正面看,农村在与城市共同承接这次危机成本的同时,也因为粮价提升而提高了农民的收入水平。同时因为农民不必自带口粮进城,土地开发的高速扩张,大幅度带动了农民离土离乡的就业。

由于农民工流动人口对粗粮需求的增加而出现了1993年的低质粮食(如早籼稻)的"粮荒",这种结构性变化在政策讨论中演化为对粮食总量不足造成通货膨胀恶化的担忧,同期城市农产品需求增长,为保证粮食供给,1994—1996年政府实行了"省长米袋子""市长菜篮子"等含有增加财政支农资金的工程,并连续两次大幅度提高粮食收购价格,累计提高幅度达到105%。农业的经营收入也持续增长[①],并在1996年提前4年就实现了原定于2000年才应该实现的一万亿斤的粮食产量目标!

但也有反面影响,在接着于1997年爆发东南亚金融危机的影响下,经济周期发生作用,城市的粮食需求相对减少,同时总人口增长仍维持预期速度。于是,从人口总量和结构两方面讲,粮食的消费需求都没有可能提前4年扩大到2000年的规模,致使粮食供给短期过剩的矛盾显露。当中国经济转向萧条后,随即导致粮食价格和效益双下降。

这时,农业领域的衰败趋势也在20世纪90年代后期加快显现出来了。

1992年,中国经济开始表现出了由产业型经济向资本型经济的重大转化趋势,导致经济复苏并随即转入高涨。在其带动下,农民

---

① 温铁军:《中国粮食供给周期与价格比较分析》,《中国农村观察》,2003(3)。

进城务工增多，劳务性收入增加（虽然此后的金融危机使农业就业步入又一个逆城市化的增长周期）。研究发现，进入20世纪90年代以来，第一产业就业呈现出明显的周期性增减：第一个周期是1991年到1996年，就业人数从1991年的39098万人逐年减少到34820万人，共减少隐性失业人员4278万人，减少幅度达10.94%[1]。

总之，这次危机是新中国成立以来历次危机中的内发型经济危机和输入型危机的过渡期，也是分水岭——既是一个因中国产业资本逐步走向过剩而导致金融资本大规模扩张、越来越异化于产业资本的时期，也是中国开始走向外向型经济、从而受国际经济周期的影响越来越大的时期。

这次危机转嫁的成本由城市和农村共同承担。由于没有集体化作为制度条件完全向农村转嫁成本，所以，虽然经济指标恰如官方文件所言实现了"软着陆"，但在城市涌现了大量的下岗工人，而农村为反对税费和土地征占而引发的社会矛盾也开始显著地增加。城乡两个方面承载的危机代价都客观上转化为越来越多的群体性治安事件。同时，为了解决财政赤字，政府在公共服务领域继续退出，导致城市居民和农民承担了政府退出公共品领域的大部分成本。

---

[1] 谢茂拾，蔡则祥，黄海艳：《金融危机影响下农业就业的困境与新出路》，《中国发展观察》，2009年第11期。

第四章
1997和2008年中国两次"输入型"危机的发生、应对及影响

20世纪90年代中后期政府采取激进改革应对危机，实质是进一步实现了对中小型国有企业的"政府退出"。随之，中国经济改变了持续半个世纪的以内需和投资为主拉动经济增长的模式，对外依存度显著上升，国内经济运行受海外经济环境的影响也显著加大，乃至于势所必然地被纳入跨国资本主导的全球化之中。

这个中国纳入全球化的进程，我们且称之为中华人民共和国60年当代史上的"第四次引入外资"。

主要表现为两个特点：其一，外资在中国产业资本海外扩张带来的结构调整中，对中国经济的主导地位不断加强。**进入新世纪之后，跨国公司几乎控制了中国全部的高附加值产业及其出口，并成为主要获利者。**其二，中国日渐转化为全球资本化的主导国家对外转嫁代价的载体，其经济危机也日渐转化为以输入型因素为主。**面对这种外部因素造成的危机，中国政府缺乏国际谈判定制权，仅靠国内一般调控政策又碍难见效，遂在尚未完成"政府退出"改革之际就又发生"政府进入"的改革！**

这两个特点应该是加入全球化带来的主导中国历史方向的经济

改革与发展的新特点——尽管此前中国也有过三轮不同形式的对外开放，但其对国内和世界经济的影响，与中国在 21 世纪纳入全球化后的对外开放不可同日而语[①]。

一、现象归纳：60 年四次引进外资各伴生两次危机

在中国当代史 60 年中，发生了四次外资引进，**每一次外资运作内容和结果类似——引进国外设备和技术，伴生两次经济危机**。

中国"第一次外资"发生在 20 世纪 50 年代。在 1950—1960 年的 10 年期间，因苏联连续投资和单方面骤然中止投资而导致经济先高涨后下滑，造成 1960 年和 1968 年先后两次爆发赤字和就业危机。

中国"第二次外资"发生在 20 世纪 70 年代。1972—1979 年，因西方设备技术及服务代价高昂而造成了 1974—1976 年、1979—1981 年的两次赤字和就业危机。

中国"第三次外资"与 20 世纪 80 年代的放权让利同步，中央政府在承担过大的还债压力的情况下，允许地方扩大对外开放，造成 1988—1989 年的滞胀型危机和 1993—1994 年与三大赤字同步发生的通胀和失业率高企的经济危机。

这六次危机虽然都和"引进外资"或"对外开放"有紧密关联，但在危机发生时起作用的因素主要是国内财政、外汇和金融领域的赤字，基本上还属于经济系统的"内生性"危机。

但是 20 世纪 90 年代中期，在那次由城乡群体共同承担危机代价的改革及其后造成的内需下降的共同作用下，中国加快了融入全

---

① 温铁军等著：《解读苏南》，苏州大学出版社，2011 年 4 月第 1 版。

球化的步伐。因而，1997—1998 年和 2008—2009 年发生的这两次危机，则主要是受外部危机环境的影响。

据此，我们认为**后两次危机与此前的六次危机不同，应该属于全球化条件下"第四次外资"带来的"输入型"危机**。

中国的"第四次外资"，是在国民经济已经处于外需具有决定性影响的状态，并顺遂形势纳入全球资本化的情况下发生的，归纳这两次输入型危机的相同点，我们发现二者真可谓别无二致。

其一，危机成因：在发生危机前，国内经济都在比较大的程度上依赖出口拉动。因此，当外部发生金融危机时，首先出现因出口需求减少而导致中国经济增长下降、连带就业压力增加的困境。

其二，应对措施：**与以往内生性危机爆发之后政府都采取紧缩方针完全相反，这两次输入型危机，政府都是以大规模推行扩张性财政政策来扩大投资、拉动内需**，试图维持经济增速不显著跌落。

而这两次危机中政府**应对措施之最大不同，恰在于 2008—2009 年的救市投资中较多增加了、并且在事实上延续了 2003 年以来中央"三农"新政的支农投入**，因而，不仅带动了生产力三要素中的资金和劳动力大规模回流农村，部分修复了农村"劳动力池"的调节功能，而且在客观上对构建县域经济这个"第二资产池"起到了促进作用。

这也许是 2008—2009 年的危机应对措施中最值得关注的、可能有利于城乡双赢的积极经验。

但是，另一方面，值得关注的矛盾激化也是与这种救市政策相伴生的：1997—1998 年以城市利益为导向的救市投资在带来经济复苏的同时，因占用过量农村资源而使农村过多承担了制度成本，甚至引发了大量社会冲突。**无独有偶，在 10 年之后的 2008—2010 年**

的更大规模的救市投资中，以往那种为占有农村稀缺资源并加快资源资本化而向农村转嫁危机的做法，被"政治软约束"到肆无忌惮地步的各地政府愈发采取"亲资本"政策而直接放大，造成以"群体性事件"为名的社会冲突大幅度增加！海内外舆论有几多瓦釜雷鸣，各地"维稳"形势就有几多严峻。

很少有人对这个应对危机转嫁成本所内在决定的对抗性的矛盾作出政治经济相结合的客观分析；大多数以东施效颦作为获利来源的学问家也只不过是呼应着海外意识形态而把这些社会冲突当作了自我"政治矮化"的依据。既然无法解释，更谈不上应对，于是，**这种本来与救市措施伴生的矛盾从此延续了下来，并且以群体性事件的形式，以每年增加上万起的规模蔓延开来**！乃至于中央虽然在十六届四中全会上正式提出要坚持最广泛最充分地调动一切积极因素，"构建社会主义和谐社会"的政治方针，但各地彻底公司化的政府及其部门照样以"征地套现"和招商引资为第一要务，任何"以其昏昏，使人昭昭"的提法，早已被各地官员们当作觥筹交错之际的"黄段子"之余的补充笑料。

改革开放以来，以推动资源资本化为实质的"发展主义增长观"一直在延续，并且制度成本与制度收益的分配越来越不平衡，这也成为贯彻中共的"科学发展观"、"和谐社会"和"生态文明"等执政理念的一个最大的障碍。

由于中国因遭遇1997年东亚金融危机压力而必须处置的银行坏账占比过大，中央政府紧急推行国家垄断性质的银行业进行市场化改革；但因主导权集中在中央政府手中，客观上出现了**新千年以来对外部金融市场的依赖主要出现在国家层面，而地方区域层次的对外开放仍然主要是资金依赖和市场依赖的局面**。其客观结果，也许并没有超过金融全球化阶段具有两极分化一般规律意义的"金融排斥":中央控制的垄断性金融部门,出现了以普遍存差为表象和以金融资本异化于产业资本为实质的流动性过剩,而地方政府税收依赖的产业部门和农民生存依赖的农业部门,则普遍出现了以"贷款难"为表象的流动性不足。

二、危机七:1997 年东南亚金融危机的应对措施及影响

就在东亚以加工贸易外向型经济为主的各国爆发金融风暴同一年,中国共产党在 1997 年的十五大报告中提出:继续发展各类市场,着重发展资本、劳动力、技术等生产要素市场,完善生产要素价格的形成机制。同时还提出:要加快国有商业银行和中国人民保险(集团)公司商业化改革步伐,完善政策性金融体制。

这是中国共产党在全面开展从革命党向执政党转型的历史时期,第一次在共产党全国代表大会政治报告中明确了"资本"的地位,提出了"资本要素市场"的概念。一方面,承认资本虽然比实际放开资本市场的 1992 年晚了 5 年,但毕竟意味着"资本"在中国经济体制中已经有了"政治正确"的意识形态内涵。

但对于这种重大制度演变的另一方面,中国人不仅绝对不能忽略,而且还要感念上苍,"天佑吾华!"形势终究比人强!事实上,中国高层刚认同"资本"就迎头遭遇东亚金融危机,连带打垮了"打造联合舰队出海"这个正被中国学问家当作东亚产业资本扩张的经验模式,当头棒喝地警醒了呆坏账恶性增加的国内垄断金融界!

紧接着，就在"十五大"一个月之后的全国金融工作会议上，中央政府针对东南亚金融危机的挑战作出全面开展国有金融机构市场化改革的决议。从此，中国金融机构走向"股改上市"之路，因其追求流动性获利的本质而逐渐且势必演变成为异化于实体经济的独立的资本力量，随之开始混业经营，仿效类似华尔街"大到不能倒"的金融资本规模"引而不发跃如也"——试图参与金融资本全球化竞争。

（一）危机本源变化——为什么是一场输入型危机

1997—1998 年中国遭遇输入型危机。其后出现了 1999—2001 年以通货紧缩为标志的经济萧条。究其原因，是 1994 年下半年开始的宏观调控延至于 1997 年的"软着陆"，以及偶遇同年发生的东亚金融危机这双重作用的结果。而且，前者客观上成为后者的序曲：中央政府 1994—1997 年连续 3 年的宏观调控，促成内需下降和对外依存度上升的结构性重大变化，这使刚刚形成的"必须加快对接全球化"的中央决策，被东亚金融危机带来的外需大幅度下降所压抑，在汲取全球化教训后进退两难。

从 20 世纪 90 年代的宏观调控历程看，虽然 1993 年夏季中央政府就提出了宏观调控的政策思想，但直到 1996 年采取经济与政治双管齐下的措施，特别是北京市委原书记陈希同被双规、中央主要领导人亲自下令不许新批土地征用之后，才勉为其难地遏制了自 1993 年以来的，以期货、股票和房地产三大资本市场来拉动投资而形成的宏观经济持续"过热"的状况。随之，中央媒体于 1997 年年初宣布成功实现"软着陆"。

从月度统计数据来看，1996 年年初固定资产投资增速首次低于

10%，全年增速降到20%以下；1997年上半年投资增速控制在15%以内，意味着宏观经济大体上告别了整体过热阶段。从年度统计数据看，固定资产投资的年增长率在1993年最高峰时为61.8%，1997年首次回落到10%以下（8.9%）；1993年投资对GDP的拉动率为11个百分点，贡献率为78.6%，1997年分别下降到2.1个百分点和18.6%[①]。

始料未及的是，就在中国主流学问家们紧跟着风行于20世纪90年代发展中国家的所谓"世界银行共识"的制度变迁路径，热议着"经济市场化和政治自由化必然趋向于全球一体化"的时候，**1997年下半年东亚突然爆发了金融危机。它对中国经济危机的诱发，恰发生在中国处于"告别短缺、进入过剩"的历史阶段性变化的紧要关头**！

对于马克思主义经典理论早就分析过的一般意义的"生产过剩"，那时候的中国经济学家们不仅并未集体失语，而且还指出其与中国特色的宏观调控之间的相关性。中国政府决策咨询部门资深专家曾于1998年作出重大判断：中国开始从短缺经济进入本质上更符合其他工业化国家一般特征的产能过剩阶段。"从经济增长环境方面看，外部有东南亚金融危机的冲击，国内又发生了严重的洪水灾害；从经济发展和经济体制方面看，正处于一个重要的转折点上，开始进入一个新的阶段，**短缺特点趋于消逝，买方市场特点逐步突出，由此引起的供求总量关系变化**，以及结构性矛盾的暴露，使市场竞争加剧，企业经营困难突出；从经济运行方面看，**1993年开始的抑制通货膨胀的经济政策，使需求总量增长速率逐渐降低**，加剧了总

---

① 资料来源：《中国统计年鉴2009》。

量方面的矛盾，经济增长因此开始进入比较明显的自发收缩状态。以上因素集中在一起共同作用，使1998年保持经济的稳定增长面临前所未有的严重困难。"①

就在东亚爆发金融危机的1997年，全年出口对中国国民经济的拉动率为4.2个百分点，贡献率达到44.4%；当年投资对经济增长的拉动率为34.3%——**在1994年开始的宏观调控和汇率改革的双重刺激下，出口已经取代投资成为中国经济增长的第一动力。**

换言之，在国内还没有提出针对"三大差别"（贫富、城乡、沿海与内地）的战略调整之前，如果没有过剩产业资本向国际市场的大规模转战，中国国内的供求规模早就严重不平衡了。（图4-1，图4-2）

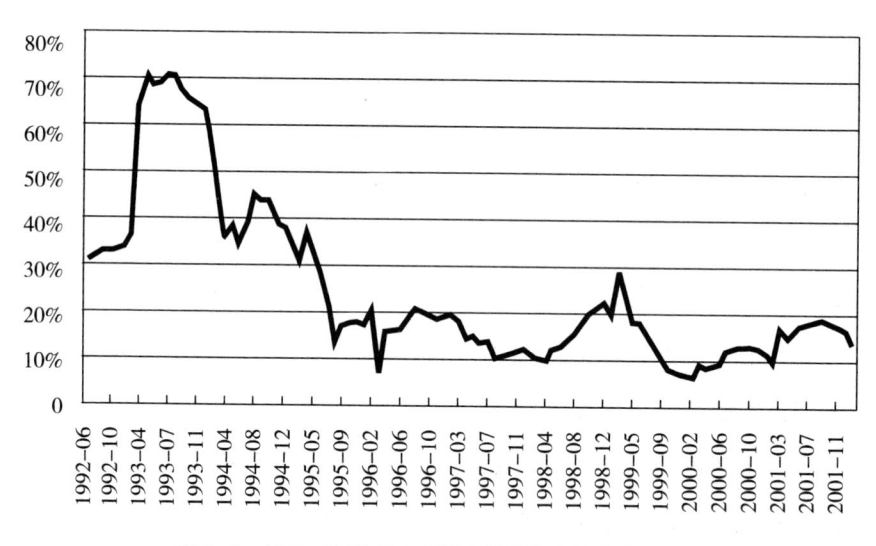

图4-1　1992-2001年中国月度固定资产投资增长速度

---

① 马洪，陆百甫：《中国宏观经济政策报告》，中国财政经济出版社，1999年第1版。

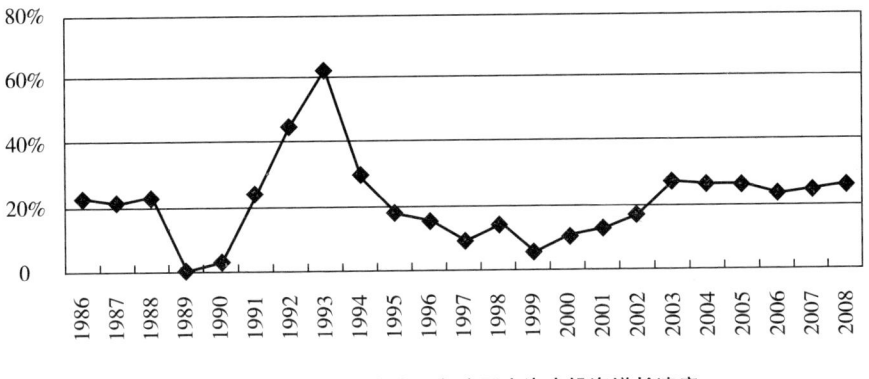

第四章 1997和2008年中国两次"输入型"危机的发生、应对及影响 | 187

图 4-2 1986-2008年中国年度固定资产投资增长速度

正如在政策领域中发挥了较大作用的经济学家马洪所说的:"经济发展阶段和经济体制的变化实际从20世纪90年代中期就发生了,之所以没有很快在供求总量关系方面表现出来,**主要是因为对外净出口的增长在一定程度上掩盖了供求总量关系的变化**。我国1995、1996、1997年货物和服务净出口分别达到998.5亿元、1459.3亿元和2745亿元人民币,比上年分别增长57.5%、46.1%和88.1%,占当年GDP的比重分别为1.68%、2.1%和3.6%。外需的扩大,使国内供大于求的矛盾得到一定的缓解,经济模式变化在总量关系方面的表现由此被淡化了。1997年7月份开始的东亚金融危机,对我国出口增长造成了严重影响,**1998年出口增长率陡降到0.5%,外需迅速收缩,必然使国内经济模式变化引起的供求总量关系变化凸显出来**。"[①]

对此,1999年年末,另一位在中国政策领域较有影响的经济学家林毅夫,在经济理论界一次内部会议上明确提出针对产能过剩必

---

① 马洪,陆百甫:《中国宏观经济政策报告》。

须启动国家新农村建设投资战略的建议。他认为主要原因在于**中国经济已经陷入"双重过剩条件下的恶性循环"**。虽然,"新农村建设"的战略调整建议在当时没有被采纳,但他坚持一再提出,终于使这一建议在 2001 年圣诞节那天被纳入中央领导人政策考虑的视野范围内,并在 2005 年成为国家"十一五规划"确立的八项战略之首。

实际上,早在 1978 年,中国工业制成品出口占出口总额的比重已经达到 45.2%;到 1997 年出口总额为 1826.97 亿美元,工业制成品的出口总额为 1587.67 亿美元,工业制成品在出口总额的占比已经达到 86.9%;全部出口总产品中,机电产品出口额达到 593.2 亿美元,占当年出口总额的比重达 32.5%,连续 3 年超过纺织品,成为我国最大的出口商品类别。[1]

可见,新中国在改革开放之前,用不到 30 年的时间就改变了单纯出口初级产品的格局;改革开放后又用了不到 20 年的时间完成了产业资本在国内的扩张及其对出口产品结构的调整。

然而,这种极为重要的经济结构阶段性变化,也必然带来相应的经济危机的结构性改变。其中之一,就是中国经济愈益直接受到外部经济波动的影响。特别是西方在进入金融资本阶段以来,在加快推进依托强权的金融全球化同时,辅以更多促进发展中国家金融深化的措施,这对中国的影响就更大了。

因为,从国际经济政治秩序演变的视角看:**自从 1971 年尼克松颁布政令废除美元黄金挂钩,1973 年采取"浮动汇率"的货币金融政策以后,欧美国家在布鲁塞尔货币会议上通过了以提高净资本流动率来维持实际消费的办法,产业外移和外部资本收益的大量回流,**

---

[1] 李景治、蒲国良:《社会主义建设理论与实践》,中国人民大学出版社,2003 年 3 月第 1 版。

根本性地改变了西方在产业资本阶段的危机性状。结果，欧美对发展中国家的剥削程度，远远超过20世纪50—60年代的水平。

还因为，在对外完全开放的"自由市场经济"体制下，进入工业化进程但又遭遇资本严重短缺的发展中国家就会遭遇外部资本加快流入、以短期占有资源为目的的资本化；而这些投资一旦形成资本收益，加上追求资本市场流动性、以获取利润为目的的货币资本又是最不受国界限制的，这必然导致货币资本获利后的抽逃。

在20世纪90年代，刚刚解体的苏联、东欧和正在扩张产业资本的中国，还有此前的东北亚和东南亚，相继纳入了因严重泡沫化而病入膏肓的西方货币体系，之后则循着这种规律，发生了外部资本的流入和流出所带来的一系列变化。

总之，1997年东亚爆发金融危机后，1998年中国对国际市场的出口大幅下降，出口对经济增长的拉动力由上年的4.2个百分点降到1.3个百分点[①]。

从危机对中国出口经济结构的影响上来看，1997年危机爆发前出口增长对国民经济的拉动作用明显，这其中也包含有1994年、1995年在人民币贬值的影响下出口迅猛增长和1996年向国际市场的扩张速度放慢的因素。1994年、1995年全国出口总值同比增长分别为31.9%和22.9%，而1996年出口总值同比增长仅为1.5%，1997年出口总值的增长速度又恢复到20.9%。在这背后，贸易方式也发生了重要变化：1995年1月，一般贸易出口总值同比增长为98.1%，比同期出口总值增速高出将近10个百分点。但从1995年下半年开始，一般贸易出口增速落后于出口总值的增速，一般贸易在全部贸

---

① 资料来源：中经网统计数据库——海关月度库。

易中所占比重下降。1995年全年一般贸易出口同比增长15.9%，比全部出口总值的增速低7个百分点。1996年一般贸易出口下降了11.9%，其与出口总值的增速之差扩大到13.4个百分点。1997年一般贸易出口增速高于总体出口增速3.2个百分点。**1998年，受东南亚金融危机的影响，中国出口增速全面下降，全年出口总值仅增长0.5%，而一般贸易方式的出口所受影响更大，全年出口总值同比下降了4.8%**。按所有制来看，国有企业的一般贸易出口同比增长的速度较低，不仅落后于整体增长速度，而且在整体增长下滑时其波谷更深。集体企业的一般贸易出口增长速度一直显著高于全国平均水平。**自1996年以来，外资企业的一般贸易出口显著上扬。**

总之，在国内因宏观调控致投资转向温和增长的态势下，外需下降直接导致了国内发生了以萧条和通货紧缩为主要特征的经济危机。(图4-3)

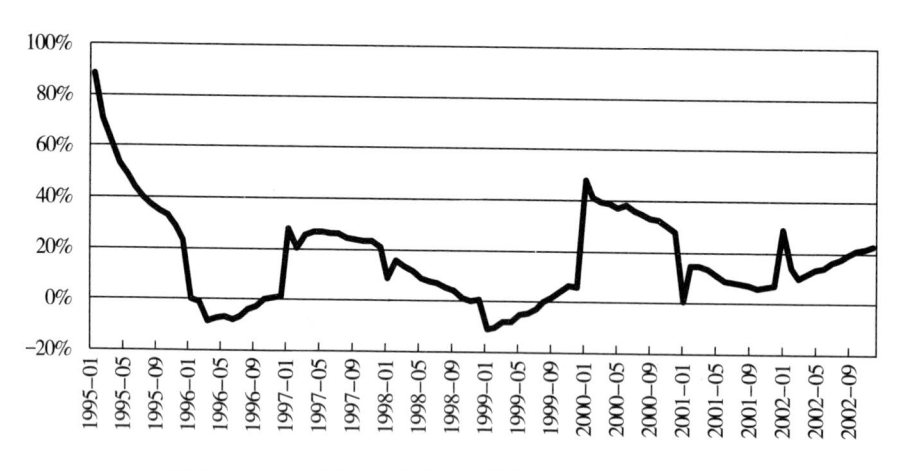

图4-3　1995—2002年中国出口贸易月度增长速度（累计）

如果1994年令国人闻之色变的关键词是"通货膨胀"——物价指数高达24.1%，那么在东南亚金融危机影响下的1998—2002年的

5年期间，描述中国宏观经济走势的关键词，则静悄悄地变成了普通百姓再也听不懂的"通货紧缩"。(图4-4)

从1997年10月份算起到1998年12月份，物价指数已经连续15个月绝对下降，这可是改革开放以来所没有过的现象。物价水平变化是商品和服务的供求关系变化的重要反映，从一定程度上反映了供大于求的总量关系格局的发展程度。①

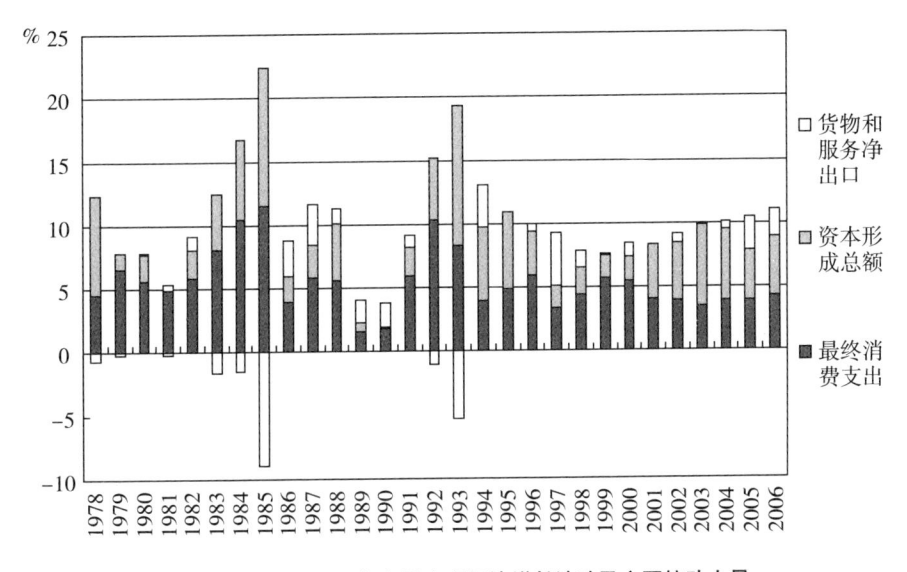

图4-4 1978—2006年中国宏观经济增长波动及主要拉动力量

(二)"政府进入"是中国应对输入型危机的主要经验

当1997年中国官方媒体宣布国民经济成功实现"软着陆"后，本应转入复苏进入适度增长期，但由于旋即遭遇东亚金融危机，出口受挫，使得过度依赖出口的中国经济遭受重大影响。因此，20世纪90年代末以通货紧缩为特征的经济萧条，是一次因东亚金融危机

---

① 马洪，陆百甫：《中国宏观经济政策报告》。

而引发的典型的输入型危机。

面对这样一次典型的因外部金融风暴带来的输入型危机,中央政府的应对措施主要有以下几方面:一是强力进行金融领域的改革以防范风险;二是大规模增发国债投入基础设施建设以扩大内需;三是同步推进住房教育医疗等诸多领域的产业化改革,以货币深化来带动国内公共物品消费的市场化增长。此外,中央政府还连续三次提高出口退税率以加强中国产品在国际市场上的价格优势。

这些措施虽然社会代价极大,但有效地防止了经济下滑,相比当年政策界简单化地概括的 GDP "保七争八" 政策目标而言,确实有效。

1. 金融系统改革——中央政府控制的金融资本,顺势演化成独立于地方实体产业的垄断资本

可以说,**中国人直到 1992 年政府放弃了票证供应体系之后,才得以在市场上完全使用纸币做交易,这标志着中国全面开始了经济货币化进程。中国人直到 2002 年才完成了银行业脱离对财政依附关系的金融市场化改革,这标志着中国有了独立运作的商业银行。**

东亚金融危机引起了世界各国对金融安全的极度重视。中国是在国内金融部门坏账压力越来越大、金融风险濒临爆发的压力下,由中央政府于 1997 年 11 月召开了全国金融工作会议。接着,使中国的银行系统脱颖而出成为相对独立的资本力量的国有金融市场化改革,从 1998 年起全面铺开。

在 1998 年银行商业化改制之前,财政和金融这两个部门,都是政府控制经济的手段,也就是所谓"财政金融不分家"。从中国现代财政金融体系的演变看,随着中国工业化进程的推进,财政和金融各自扮演的角色也经历了很大的转变。

大体来说，新中国成立以后的40年里，财政手段对于资源配置的主导作用更明显。而人民币虽然作为新中国的法定货币，但由于个人的消费都主要靠票证体系定量分配，货币用于给被分配商品的标价，并不能够在流通中独立作为支付手段使用。这也是中国在改革之前和改革之初的消费品极度短缺时期，能够免遭一般发展中国家都有的恶性通货膨胀打击的制度原因所在。

据此我们可以说，**中国在经济运行中的货币深化，亦即中国经济社会的普遍货币化，始于财政"甩包袱"式的改革起步的20世纪80年代，全面推行于政府放弃票证供应的1992年。**

回首中国近代金融史，在中华民国于20世纪20年代开始，于1937年结束的10年"黄金增长"时期，1928年到1936年国民经济年均增长率曾经高达8.4%[①]，却最后受挫于输入型的"白银危机"：西方遭遇1929—1933年大危机不得不提高银价，使中国白银大量外流，400多年的银本位制崩溃。民国政府遭遇白银外流带来的通货紧缩，遂于1935年改为发行纸币。初始尚得以维持，旋即，因1935年日本帝国主义侵占华北和1937年发动全面侵略战争而造成物资紧张，财政赤字和通货膨胀居高不下。最终，使得美国援助于1948年停止，导致民国财政金融全面崩溃，国民党政权在人民革命战争中垮台。

如果从国民党当局放弃白银本位推行货币化14年而亡走台湾的恶果来看当代，可以说**20世纪80—90年代伴随市场化进程的经济货币化20年，是近代中国第一次相对成功地建立了以符号化的纸币为主要交换手段的金融体系。**

[①] 孙健：《中国经济通史》（中卷），中国人民大学出版社2000年版。

广州市革命历史博物馆（广州近代史博物馆）收藏的国民政府中央银行发行的大面值金圆券。

改革之前的 1958 年因苏联对华大规模战略性援助突然中止及中国不得不启动以地方政府财政为主的投资来推动地方工业化，伴随发生了财政和金融的中央、地方分权和以地方投资为主的"大跃进"——这个"大跃进"只要放手地方政府搞经济，大规模扩张就难以遏制，直到 1960 年累积财政赤字占比过大，导致经济危机全面爆发！

如同 1958 年的地方工业化进程一样，20 世纪 80 年代初，随着财政体系中央向地方包干，以及银行实行对企业"拨改贷"的改革，加之政府部门利益分化，**数万个地方政府控制的财政、金融体系开始了以放权让利为名、各自为政为实的新一轮粗放型扩张**，这种在地方政府控制下的财政金融不分家的自主投资，成为促进中国进入以"地方工业化"为主的高增长的重要内涵。

就在中央政府放权让利、使财政金融地方化以后不到 20 年的时间里，中国迅速步入产业过剩阶段，让人始料不及。尤其是 90 年代初期以来，随着投机性资本市场的加速放开，**中国人似乎刚刚摆脱资本极度稀缺的梦魇没多久，耳畔犹然回响着政府争出口、争创汇的政治口号式动员的时候，便步入了相对的产业资本过剩阶段！**

> **专栏 16　中国近现代金融资本的形成与扩张**
>
> 　　不论中外，财政危机似乎每每成为金融制度创新的契机，但中国近现代金融发展道路与西方并不相同。虽然**中国宋、明以来通过海外贸易吸纳了大量西方贵金属来缓解货币短缺，但并未形成与国家信用结合的金融资本，其要因在于中国国家形成和资本形成时期不一致导致的二者力量格局与西方有本质区别**，民间私人资本一直没有成为一个独立的并被国家政权所依赖的对象。相反，因为国家早熟于金融资本，所以当帝制解体、中国在晚清以后被动融入世界经济体系后，中国的产业资本积累和扩张更容易成为官僚资本和国家资本。这一进程中的官僚资本主体，相对于"民间金融"，更容易演变为具有垄断地位的"国家金融"。这在主要依赖美元支撑本国财政金融体制的蒋介石政府期间第一次达到高峰。
>
> 　　20世纪90年代后期，中国金融开始了更彻底的集中和垄断的进程。再往后，中国银行业全面学习西方金融制度，并与国家机器直接结合而融入世界金融体系，加入全球金融资本主导的竞争。
>
> 　　**由国家资本、官僚资本而不是民间资本作为主导力量推动中国100多年的现代化进程，有着历史必然性。**
>
> 资料来源：引自课题组成员刘海英的博士论文（中国人民大学，2010年）。

　　20世纪80年代实行"放权让利"改革导致了此后的财政、金融体系的分权化改革和各自为政的地方工业化扩张，但人们很少提及改革造成的一个最大的外部性问题——中央政府因必须维护集中体制而不得不承担地方和企业（主要是国有企业）引资造成的债务责任，而这种分权改革中的责权利分野，必然使其和地方政府的关系更加复杂化。

可见，金融改革，兹事体大，其实质在于牵涉国家的政治体制。

对中央政府而言，财政赤字会直接或变相地向银行透支——尽管1993年起中央宣布财政赤字不能再向央行透支，但在财政赤字压力下，中央银行印发货币来购买国债，不外乎还是在左右口袋之间的互相融通，势必形成或温和或猛烈的通货膨胀。由于中国财政金融在体制性质上仍然算是国家资本主义的一个另类，因此，在这个时期的中国政府经济体制仍然是"财政金融不能分家"，**只要不发生颠覆性政治危机、政府不垮塌，则国有银行还是不必按照西方市场化私人金融的制度来充实自有资本——不仅银行系统的呆坏账都是中央政府直接用国库的外汇储备来冲抵和填补，就连整个银行系统出现的严重贷差，最终也是用国家信用作担保并以增发货币作为最后的支付手段来抹平的。**

而且，**由于分权改革最初始于中央对地方的甩包袱，所以最终地方的财政赤字和金融赤字还是全部由名义上集权的中央政府来承担了。**

于是，这个特殊体制就造成政府公司化的垄断经济条件下的另一方面问题——**责权利不可能统一的政府金融资本高速度扩张！**

对地方政府而言，在20世纪80年代财政体制改革实为中央与地方"分灶吃饭"以后，金融体系逐渐成为公司化的地方政府推动下的地方资源资本化积累和扩张的一个主要工具。改革开放以来，中国逐渐形成了多层次银行体系及金融机构。中央和地方"分灶吃饭"的财政体制确立后,在地方政府控制资金的驱使下,各种地方性的银行和金融机构蓬勃兴起。例如,成立招商银行、深圳发展银行、广东发展银行、兴业银行和海南发展银行是为了鼓励沿海省份和特区经济发展,成立上海浦东发展银行是为推动浦东经济发展,华夏银行则是首钢综合改革试点的结果。各种信托公司也成为地方获取资金的渠道,通过它们,地方和部门通常能达到避免政策干预,绕开信贷规模控制的目的。

经济学家樊纲说:"地方政府控制金融资源即资金的冲动和行动,结果造成了地方金融机构对地方政府的实际隶属。"政府权力正是通过这一渠道达到与市场的结合。[①] 各地银行之长期贷差,如同提款机般不断地充实着地方的实体经济实力。越是敢于利用这种体制的外部性来创造高负债的地方和企业,经济增长越快!我们可以任意抽取20世纪80—90年代那些被不同意识形态包装的"好典型"作案例分析,几乎都会找到类似的原因。这可以看作是1979年以来内在地具有自上而下"甩包袱"特征的中央与地方财政、金融分权改革不断深化的结果,也是1984年"分级承包"和1994年"分税制"所带来的制度收益。

然而,**由于各种"好典型"的意识形态化包装都具有"政治正确",遂使人们很少意识到制度收益与制度成本承担主体的非一致性——这种改革的成败,客观上不仅在于制度收益被哪些既得利益集团获取,而更在于制度成本如何被获益的利益集团成功地转嫁出去。**

倘若有人愿意据此客观分析中国官场上下错位、调控失据的乱

---

① 转引自刘海英:《话说金融"故"事》,《中国改革(综合版)》,2003年第3期。

象，则即刻会有云开雾散之感。从人们都能轻易找到的资料上看，当年最大的一块制度成本，是最终由中央政府买单的银行坏账——在1992年开始的投机经济的泡沫化和1993—1996年各地"以地生财"甚至违规的"圈地热"中所形成的大量烂尾楼，在紧缩性的调控政策下随即都变成了银行系统内的坏账呆账。而各地的"好典型"要么升官要么暴富，最终结果不过是甩下的烂账由中央政府承担，再以各种改革为名把代价转嫁给社会而已。

在中央与地方关系长期理不顺的矛盾下，一方面，地方政府公司化体制下的地方金融体系参与地方产业资本原始积累及其粗放扩张，与地方产业资本往往同进不同退，投资形成沉淀使成本难以回收，导致呆坏账越滚越多，确实无法指望地方金融部门自我消解；另一方面，随着中国经济货币化程度的提高，以及20世纪90年代中期以来金融系统存差的大幅度增多，银行能控制的资源越来越多，逐渐取代财政成为代表中央政府分配资源的最重要的部门之一。

由此，地方银行体系庞大的呆坏账客观上成为金融部门难以转嫁出去的制度成本，反过来倒逼中央政府在90年代中期全面地实行了财政"甩包袱"的分税制改革之后，进一步推行金融甩包袱式的银行商业化改革。

1995年，《商业银行法》出台，将国有专业银行正式命名为国有独资商业银行，为银行以"商业化"为名剥离呆坏账提供了法律依据。

1997年发生的东亚金融危机成为甩掉制度风险的契机（从个别牧人大喊"狼来了"，到所有人都看见"狼"真的来了）——促成中国金融改革全面铺开的1997年东亚金融危机使中国政府深刻认识到银行大量不良贷款的巨大隐患，于是年11月召开全国金融工作会议，要求力争用 3 年左右的时间，大体建立与社会主义市场经济发展相适应的金融机构体系、金融市场体系和金融调控监管体系。

> **专栏 17　海南发展银行随房地产市场崩盘而长期"关闭"**
>
> 　　海南发展银行于 1994 年 12 月 8 日经中国人民银行批准筹建，1995 年 8 月 18 日开业，简称海发行，注册资本 16.77 亿元人民币，是海南省唯一一家具有独立法人地位的股份制商业银行，总部设在海南省海口市，由省政府控股，有包括中国北方工业总公司、中国远洋运输集团公司、北京首都国际机场等在内的 43 个股东。银行以兼并 5 家信托投资公司，并向中国大陆募集股本的方式设立。曾于 1996 年在广州和 1998 年 5 月在深圳设立过两家分行。海发行于 1998 年 6 月 21 日被中国人民银行宣布关闭。
>
> 　　据 1997 年的《海南年鉴》记载，海发行起初经营情况不错，收息率为 90%，没有呆滞贷款，与境外 36 家银行及其 403 家分支行建立了代理关系，外汇资产规模达 1.7 亿美元。但实际上合并后成立的海南发展银行，大量进行违法违规经营。其中最严重的是向股东发放大量无合法担保的贷款，成为股东抽逃资本金的重要手段。有关资料显示，银行成立时的 16.77 亿股本，在筹建阶段就已经以股东贷款的名义流回股东手里。该银行是在 1995 年 8 月 18 日正式开业的。但仅在 1995 年 5 月至 9 月间，就已发放贷款 10.60 亿元，其中股东贷款 9.20 亿元，占贷款总额的 86.71%，绝大部分属于无合法担保的贷

款,实际上是用来归还临时拆借的入股资金(发生在其资本金到账后 1 个月内,入股单位"刚拿来,又带走;拿来多少,带走多少")。

1997 年之前海南省被设立为经济特区,经济快速发展,房地产业大规模扩张,同时伴生了许多金融机构。海南人曾骄傲地说,海口的银行密度在全国最大,银行的数量多过了米铺。因此也使银行业陷入恶性竞争。海发行未兼并托管城市信用社之前,各信用社无一例外地高息揽储,有的年利率高达 25%。直接造成多数城市信用社高进低出,食储不化的恶性循环。但却没有得到政府有效监控。

在 20 世纪 90 年代后期,房地产业泡沫开始崩溃。各个信用社出现了大量的不良资产。

1997 年 12 月 16 日,中国人民银行宣布关闭海南省 5 家坏账损失总额已达 26 亿元、实质破产的信用社。因海南发展银行成立的初衷之一就是为了挽救一些有问题的金融机构,因此其债权债务关系由海发行托管,其余 29 家海南省境内的信用社,有 28 家被并入海发行。虽然这使海发行账面上实力增强——股本金增长为 106 亿元,存款余额为 40 亿元,债务为 50 亿元。但由于这些信用社大多是不良资产,海发行也背上了沉重的包袱,而且兼并后的员工人数剧增为 3000 多人,是原来的数倍。最终使得海发行走向末路。

海发行兼并信用社后的一件事就是宣布:只保证给付原信用社储户本金及合法的利息。因此,许多在原信用社可以收取 20%以上利息的储户在兼并后只能收取 7%的利息。1998 年春节过后,不少定期存款到期的客户开始将本金及利息取出,转存其他银行。随后海发行各营业网点发生了大规模挤兑。此时，海发行的其他业务已经基本无法正常进行，虽然国家曾紧急调拨了34亿元人民币来抵御这场危机，但那只是杯水车薪。同时，由于房地产泡沫破灭，海发行账内不少的贷款也难以收回。有的营业部为了减少储户挤兑同时吸引存款，又开出了18%的存款利率，但此时已没有人再把存款存入海发行。海发行想以岛外的力量帮助恢复，于1998年5月在深圳设立分行，然而并没有起到明显的作用。

1998年6月21日，中国人民银行发出公告关闭海南发展银行，指定中国工商银行托管海南发展银行的债权债务，对其境外债务和境内居民储蓄存款本金及合法利息保证偿还和支付，其余债务待组织清算后偿付。为此，中国人民银行提供了40亿元人民币的再贷款。自然人存款，即居民储蓄一律由工行兑付，而法人债权则要进行登记，将海南发展银行全部资产负债清算完毕以后按折扣率进行兑付。6月30日，在原海南发展银行各网点开始了存款兑付业务。由于公众对工行的信任，大部分储户只是把存款转存工行，并没有造成大量挤兑。此后，海南金融持续弱化，银行等金融机构对贷款审查等业务活动更加审慎。

海南发展银行关闭的时候虽然符合破产的条件，但是由于国家有关规定，并没有称其为破产，之后的清算工作也与一般破产清算有所不同。由于无法处理好对公存款等历史遗留问题，海发行一直处于"死而不灭"的状态，既不清盘也不破产。

海发行是1949年以后中国大陆第一家因经营管理不善而关

> 闭的银行,也是迄今（2011年）为止唯一的由于支付危机而关闭的银行（另有原汕头市商业银行因管理不善而停业整顿长达10年之久,后重组为广东华兴银行,并于2011年9月8日正式开业）。海南省也由此成为中国大陆唯一一个没有地方性商业银行、没有非银行金融机构和城市信用合作社（原来的一家信用合作社于2002年进入停业整顿）的省份。2000年中国（海南）改革发展研究院提出重建海发行。2003年年底海发行的重组方案提交给中国人民银行。该方案允许外资参股,对原海发行的债权超过1000万元人民币的股东将采取债转股的形式,将债务转为股权。但是到目前为止,海发行仍未能重新组建,协管组、托管组、清算组仍在运转着。
>
> 资料来源：根据百度百科（http://baike.baidu.com/view/1194469.html）"海南发展银行"内容编辑而成。

当时,中国人民银行向各省提供200亿元人民币再贷款,对民间资本为主的信托投资公司和县以下基层面广量大的城市信用社、农村合作基金会进行严格的清理整顿,切断了这些地方性机构对国有金融体系的牵绊。

然而,国有银行商业化的改革由于牵涉到的领域相当复杂,也确实存在很多不尽如人意的情况。金融改革当年最具典型意义并且引起很多讨论的案例,是中央政府试图采取与"粮食金融"紧密结合的统筹改革的方式,让社会为粮食系统及其占压的资金成本买单,但却未能奏效。

> **专栏18　配合农业银行改制的"粮改"**
>
> 　　为了使国有银行中坏账率最高的中国农业银行摆脱负担，中央推出粮食购销直接与农业金融挂钩的改革，明确了"四分开一完善"（即政企分开、中央与地方责任分开、储备与经营分开、新老粮食财务挂账分开和完善粮食价格机制）的改革原则。国务院办公厅发出进一步做好粮食购销和价格管理工作的补充通知，强调粮食流通体制改革工作重点是坚决贯彻敞开收购、顺价销售、收购资金封闭运行三项政策，加快国有粮食企业自身改革，提高市场竞争力。核心是三项政策——以官方对全国粮食实行统购的传统方式，保住银行资金在这种"顺价"体系内"封闭运行"，国有粮食部门销售粮食给社会的"顺价"中需要覆盖粮食部门的流通成本和银行贷款的资金成本。
>
> 　　这个改革政策设计在理论逻辑上正确。只是，政府面对分散农民和已经完成市场化（包括大部分基层门店私有化）改制的各地粮食部门执行体系的交易成本太高！最终不仅失败，并且连带更多地增加了财政补贴和金融挂账。这个结局，恰与那时有关领导对各级部门的执行者道德败坏的痛斥互相映衬。
>
> 　　*资料来源：课题组搜集资料整理归纳。*

　　另一方面，中央财政给国有四大行注资2700亿元以补充其资本金，同期成立四大资产公司为四大行（另有国开行）剥离了1.3万亿元的不良资产，最终用中央财政将其从坏账亏损的泥沼中拉出来并"冲洗"干净。

如果算上央行和财政部对国有银行股改提供的财务支持,1998年以来国家为国有银行改革投入累计达 2.9 万亿元。**总体计算,1998—2005 年,为了达到金融稳定,国家累计投入了大约 3.24 万亿元的资金来支持金融企业的改革和化解金融风险。**而 2004 年中国的财政收入仅为 2.63 万亿元。此后,对于四大国有银行上市,国家还有更多的后续投入[①]。

对此,的确没有任何人指出中国金融系统的综合债务相对国家财政的比重超过了 120%。

北京金融街林立的银行总部大楼。

因为,如果纯粹从**理论**上看这个过程,相当于一种制度变迁内**含的交易**:中央利用在国债和货币领域专有的国家经济主权,在维护地方分权改革的交易中支付了部分制度变迁成本——替地方分担了工业化资本原始积累中累积的能以资金计量的那部分代价,同时

[①] 中国人民银行金融稳定分析小组:《中国金融稳定报告》,中国金融出版社 2005 年版。

也得到了制度收益——中央政府占有货币化收益的金融资本，顺势演变成异化于地方产业资本的中央政府垄断性控制的超大型金融资本集团。

到2002年，垄断性质的国家金融资本终于从地方政府与产业资本同床异梦的厮磨和羁绊中挣扎而出，获得相对"独立"的主导并分享各地"资源资本化"收益的地位，从而拉开了中国"金融深化"的大幕，这当然对中国经济产生了深远的影响。

一方面，中央政府掌握的金融资本成为能够加入全球资本化竞争的资本力量，旋即参与国际资本市场运作，这亦符合核心国家引领资本全球化的发展导向；另一方面，也使得地方政府的资金获取能力弱化，产业利润愈益摊薄的中小企业的融资环境进一步恶化。

同时，随着县以下金融机构的大规模撤并，国有垄断金融也基本撤出了交易费用畸高且没有流动性的小农经济的农业和农村中分散化的非农产业。

这个中国金融资本异化于产业资本的制度变迁，恰恰完成于中国加入世贸组织之后的2002年。随之而来的，就是地方政府为获取金融资本投资而推进的以"以地套现"为内涵的改革以来的第三次"圈地运动"。

事实上，**中国人对于"制度成本转嫁"的认识不可能是先验的。只是在这种制度交易造成的代价越来越多地转化为社会上大规模爆发的对抗性冲突及直接威胁政治稳定之后，才有中央政府以主要出资人身份要求金融机构执行国家意志的一系列干预政策出台。**其中最有典型意义的是国务院将"以服务三农为宗旨"这一内涵赋予给了2008年作为四大国有行中最后一家股改上市的农业银行，这也是中国农业金融机构数量与覆盖农户信用需求的比例在发展中国家最高的重要原因。

2. 积极的财政政策——中央政府投资为主的基础设施建设

针对国内市场供求关系的变化和东南亚金融危机对中国出口的影响，1998年中央政府先后发出了3号文件、12号文件，提出了扩大内需的政策方针，并采取了一系列有关的具体措施。这样做，实际上已经把1993年以来的适度抑制需求扩张的政策基调，转变到积极扩大需求的方向上来。

1998年3月初，新政府换届之际就提出放松银行投资的"积极的金融政策"。但由于已经开始推进各地银行脱离地方政府干预的金融市场化改革，各地县级支行已经向省级银行上交金融权力，县本级只有20万元的流动资金贷款批准的权力。因此，各地难以按照新一届政府指令大幅度增加银行投资。

于是，从1998年夏季开始，中央政府连续实施"扩张的财政政策"①。截至2000年的3年中累计发行长期建设国债3600亿元②。这些国债的投向主要是用于大规模基础设施建设。

---

① 1998年年初的政策调整起因于当时分管外经外贸的李岚清副总理1月6日写给江泽民总书记的报告，其中提到我国外贸在1997年GDP中约4个百分点的贡献度将受东南亚金融危机影响而在1998年下降到可能不足1个百分点，他据此要求中央及早作出扩大内需、转变过度依赖出口的政策调整。该报告被江泽民总书记批示，遂由刚在1997年宣布完成宏观调控、实现"软着陆"的朱镕基总理主持，在1998年实行了以启动大规模国债投资为主的积极财政政策。——作者注

② 徐宏源：《2000年中国宏观经济形式分析与2001年展望》，国家信息中心经济预测部，http://www.cei.gov.cn/template/economist/yth_ source/zgjj2001010203.htm。

从经济实际运行来看，1998年这次政府为主的投资，对最终需求增长的推动作用是非常明显的。1998年投资中，国有单位投资增长19.5%，城乡集体投资下降3.5%，城乡个人投资增长6.1%。国有单位投资中，投资规模最大的是基本建设投资，占56%，在政府对基础设施等重大建设项目的投资的推动作用下，增长率达到20%；其他投资中，更新改造投资占21%，增长率为13.9%；房地产开发投资占17%，增长率为12.6%。因此，1998年的经济增长主要是由政府投资推动的。综合其他分析可以认为，1998年是通过增加政府投资，扩大需求，防止经济增长率继续回落的一年。[①]

不仅在实施积极财政政策的当年，中国经济就比较成功地应对了出口需求大幅下降对经济增长的不利影响，在1998—2000年的3年相对萧条时期，国民经济都维持了"七上八下"的增长速度，而且政府投资还极大改善了基本建设长期投资不足的制约局面。例如，1988年我国第一条高速公路——沪嘉高速建成，拉开了高速公路修建的序幕，但真正进入建设高潮是在1998年后。到2003年政府换届时，中国的高速公路通车里程已经位居世界第二，仅次于美国。

3."政府进入"成为中国应对输入型危机的基本经验

中国有句俗话"不幸之中的大幸"，正好可以形容1997—1998年中国第一次遭遇东亚金融危机连带发生的输入型经济危机！**客观地看1998年，甚至还应该因政府从此直接大规模使用国债投资"化危为机"而载入史册。**此后，中国在连续12年里增加国债发行，带动投资约10万亿元。在这期间，一系列调整区域差别和城乡差别的

[①] 马洪，陆百甫：《中国宏观经济政策报告》。

国家重大战略也陆续出台。

中国因幅员辽阔、经济地理呈三级台阶分布，以及市场选择等多种因素造成的城乡差别、区域差别和贫富差距不断拉大，曾经广为世人诟病；而在国内生产过剩却又遭遇外需下降的危机压力下，经济欠发达的地区和农村正好成为政府名正言顺地增加投资的主要领域！

例如，1999年提出西部大开发战略，启动天然林保护工程和造林种草改善生态环境的国债项目，极大地改变了干旱草原和山区林业长期投资不足造成的生态破坏的困境；2001年提出的东北老工业基地振兴战略，江泽民总书记特别强调"支持东北地区等老工业基地加快调整和改造，支持资源开采型城市发展接续产业"，也有效化解了老工业城市的棚户区和贫民窟等社会乱象；就在新一届政府到位的2003年，中央提出中部崛起战略[①]，2005年又提出以"建设社会主义新农村"为名的连续增加农村基本建设投入的重大战略。

这种**政府直接介入经济、通过追加国债投资拉动实体经济和同期大规模增发货币促进经济增长的做法，可以认为是政府重新"进入"**！并且，在有效应对1997年那次输入型危机以后，"政府进入"成为抗御以外部输入因素为主的经济危机的基本经验。

尤为值得重视的是，这些**政府直接投资化解"市场失灵"的区域平衡发展战略，并没有因中共和政府的换届而改变，反而从1998年起一直延续了12年。**国债带动的投资总规模在10万亿元人民币

[①] 中共十六届三中全会通过的《中共中央关于完善社会主义市场经济体制若干问题的决定》强调，积极推进西部大开发，有效发挥中部地区综合优势，支持中西部地区加快改革发展，振兴东北地区等老工业基地，鼓励东部有条件地区率先基本实现现代化。——作者注

以上。加上省级以下地方政府融资平台的投资，中国各级政府总计增加了大约 20 万亿元投资。大规模增加投资不仅极大地改善了基本建设长期投入不足的状况，而且在客观上成为中国以不变应万变地保住 21 世纪第一个 10 年长期高增长的主要手段。

京九铁路规模最大的阜阳枢纽主体工程 1996 年 3 月 28 日完工，货物吞吐能力达 1.3 亿吨，日通客车 32 对。京九铁路是中国铁路建设史上一次性投资最大、建成路线最长的铁路，自 1993 年开工以来已投资 360 亿元人民币。阜阳枢纽站全长 20.76 公里，总投资达 10 亿元人民币。
来源：新华社记者陆应果摄。

不过，任何积极措施都有消极影响及不同利益集团的舆论反映。在政府国债项目带动全国各地总计 20 万亿元投资促进城乡统筹和减少区域差别的同时，一方面出现了**国债项目主要交由国企执行而客观上造成的"国进民退"**，遂在国内外引发"政府干预过多导致中国私有化改革倒退"的舆论声浪；另一方面**也造成以更多投资制造**

更大生产过剩的"粗放增长"惯性，并且因实际上是在"用未来更大的过剩掩盖当前的过剩"而累积着更大的风险！一旦某个突发的不可抗因素（例如能源运输通道被恶性事件人为破坏）阻断这种"高投资+高消耗+高对外依存度"的经济过程，整个国民经济将会随之陷入混乱。

对于客观上出现的所谓"国进民退"，鉴于欧美主流在遭遇2008—2011年金融海啸之后的危机阶段时也都纷纷采取了国有化手段，这至少对"唯洋是举"的国内舆论界起到了釜底抽薪的作用。而对于能源和原材料的对外依存度过高则无可奈何，因为近几十年的硬条件的确不足以缓解困境。疾驰在投资拉动增长这条单行道上的中国人，只能在每天祈祷世界和平的同时以众所周知的向美国作"双重输出"的方式"赎买发展权"，借助美国及其盟国在有效控制全球资源市场和运输通道的硬件条件下构建的所谓的"国际秩序"。

诚然，中国政府的某些维护战略安全的措施相对有效。例如，2003年以来实行对粮食直接补贴、2004年取消农业税等一系列积极措施使粮食连续9年增产，到2011年总产量突破5500亿公斤。其间，虽然中国还在2008年被国际组织列入金融危机带动国际粮食价格高企而受到影响的37个"饥饿国家"之列，但37个国家中唯独中国没有饥饿。另一方面，中国政府的有些措施却未必有效。例如，2005年国家在石油储备仅能够维持几周的压力下开始加强能源安全的战略储备，发改委首批选定了在浙江镇海、岱山、山东黄岛和辽宁大连建设四个国家战略石油储备基地，仅有杯水车薪的作用。中国受制于能源和原材料进口比重过高的困境越来越险峻。

(三) 本轮危机对"三农"与"三治"的影响

1. "三农"领域成为危机"软着陆"的载体

首先,城乡二元结构体制下的农村再次发挥劳动力"蓄水池"的调节作用,使城市的失业问题不至演变成社会危机。在1997年危机发生后,农业就业人数便逐年回升,从1997年的34840万人逐年递增到2002年的36870万人,共增加**隐性失业人员2030万人,增加幅度达5.83%**。在城乡二元结构体制下,这部分"新增"农业就业人数,可被视为城市经济危机打击下失业的打工者人数。

此外,具有积极作用的扩张性财政政策因主要投向城市基础设施建设,需大量占用稀缺土地资源。和以往宏观经济高涨和征地高峰几乎同时发生不同,1998年在经济增长速度较大幅度回落的情况下,因建设而占用的耕地反而出现了较大幅度增长。从整体来看,大规模基础设施建设确实打造了城市的资产池,但同样难以避免以大量征用农地为代价的弊病,而**在治理劣化的条件下每一次资源的重新分配和调整都可能引发冲突**。从长期看,征地补偿政策对农地功能的补偿是不全面的,也是不公平的。据国土资源部的相关数据提示,1998—2003年间全国耕地年均净减少110.37万公顷。1998—2005年是中国城市化较快的阶段,我国城市建成区面积由2.14万平方公里增加到3.25万平方公里,年均增长6.18%。到2005年时,各类开发区达6866个,规划用地面积则达3.86万平方公里;经过整顿以后还有1568个,规划面积1.02万平方公里。而且,由于土地资源低价地从农村流出,浪费也相对严重。1998—2002年全国660个城市建成区面积年均增长5%,而同期人口年均仅增长1.3%;到2005年,城镇居民人均用地已达133平方米,比国家规定的城市规划建设用地最高限额高出33平方米,远高于一些发达国家人均城市用地 82.4 平方米的水平；我国的城市容积率仅为 0.33，而国外一些城市达到了 2.0 的水平（蒋省三、刘守英等，2007）。

除人地关系更加紧张以外，土地资源资本化过程中还因为收益分配问题而使农村社会发生了大量冲突甚至群体性事件。

2. 对农村经济和农民收入的影响

在中国更多地融入国际金融资本主导的经济全球化进程、国内出现全局性产能过剩，以及把市场手段"再意识形态化"的政治导向[①]方兴未艾的大环境下，本轮宏观经济周期及萧条阶段对农村经济、农民收入乃至农村治理的影响是多方面的。

1994—1996 年经济过热阶段政府大幅拉高粮食的国家收购价，起到了刺激基本农产品生产迅速增长的作用，但接着 1997 年经济周期发生作用，城市需求相对减少，当中国经济转向萧条后供给过剩矛盾显露，粮食价格和农业效益双下降，农村经济也从 20 世纪 90 年代中后期起愈益显现出衰败趋势。

在制造业产能过剩和宏观紧缩政策的共同影响下，乡镇中小企业经营状况再次恶化，但社区福利及政企合一下的乡村政府消费的开支具有刚性特征，使得村办企业生产性贷款被大量挪用于地方政府消费，导致乡镇企业从大面积负债向更高的负债率演变，基层政府自发仿效上级的"甩包袱"政策，纷纷以转让债务为条件对乡镇企业进行私有化改制。**改制后脱离了社区属性的乡镇企业，不再以社区就业最大化为目标，遂在"资本增密、排斥劳动"的机制下吸**

---

① 无论是过去强调计划经济还是现在强调市场经济，中国理论界及主导部门都存在把经济体制意识形态化以维护"话语正确"的倾向性。——作者注

纳就业人数下降,并且不再承担农村社区福利开支。[①]

实证研究表明,1991—2006年的15年间,中国宏观经济增长率与乡镇企业就业人数增长率之间存在着强相关关系,皮尔逊相关系数为0.642。考虑到2003年以来数据口径不统一问题,我们以1990—2002年间的GDP增长率和乡镇企业就业人数增长率进行相关分析,二者的皮尔逊相关系数为0.648,同样支持研究结论。(图4-5)

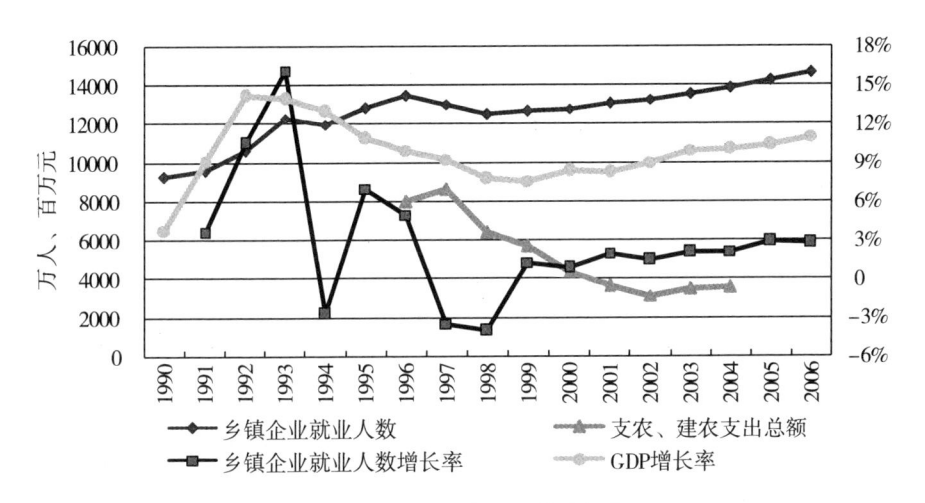

资料来源:历年《中国统计年鉴》《中国乡镇企业统计年鉴》。

图4-5 1990—2006年乡镇企业吸纳就业及反哺社区情况[②]

20世纪90年代以来以化解城市危机为导向的一系列改革,包括

---

① 早在1986年,当时的国务院农村发展研究中心发展研究所著名的青年学者杜鹰(现任国家发改委副主任)、周其仁等就发表了关于200家大型乡镇企业的调查报告,指出乡镇企业的创办动机不是利润最大化,而是社区就业最大化。至于资本增密、排斥劳动的机制问题,则是由该所所长陈锡文(现任中央农村工作领导小组办公室主任)提出的。——作者注

② 乡镇企业数据中,1997年以后为乡镇集体企业数;2003、2004年为乡镇规模企业。

1998年展开的以降低国有银行风险为主要目标而进行的农村金融改革，为拉动内需而进行的教育、医疗等领域的"产业化"改革等，都成了将农村稀缺的资金资源抽向城市的"抽水机"。

比如农村金融改革，随着银行商业化改革的推进，资金加速从缺乏流动性的农业领域流向非农部门和城市地区，农业和农村从国家银行系统获取的贷款的份额也越来越少，到银行市场化改革完成的2002年，农村享受的贷款只占全社会贷款总额的10.4%（陈锡文，2004）；农村资金供求缺口也在不断增大，从1991年的4622.96亿元增加至2004年的103320.51亿元（武翠芳等，2007），使得农村的发展面临资金短缺的困境，20世纪90年代后期至21世纪第二个十年开端，农村高利贷大面积发生。此外，我们在皖北及华北的村庄调研中，也屡屡听闻20世纪90年代后期由于农民负担过重而导致收税困难，基层税务部门普遍借高利贷以完税，再将沉重的利息负担转嫁给农民，导致恶性循环。

3. 对农村治理的影响："自收自支"的乡村治理模式再次呈现危机

由于这一时期属于农村上层建筑的政府刚性支出，并不随着经济运行陷入低谷而自发缩减，反而持续膨胀。这一方面缘于乡镇企业破产倒闭、非农就业机会减少，反过来促使基层财政供养人数进一步增加；另一方面，1994年财政体制分税制改革后，上级政府各部门基本上采用"财权上收、事权下移"的方式，将难以通过简单市场化"甩"掉的农村的基础设施、义务教育、医疗卫生等公共物品的供给责任逐级下推，作为**中国最大弱势群体的农民，最终在90年代的改革中成为农村公共物品所需财政资金的主要供给主体**（例如，"教育集资"一度在农民负担中占相当高的比重）。因此，从20

世纪90年代末直至2004年中央政府宣布取消农业税之前的这段时间里，各地"不准加重农民负担"的文件密集出台，客观上也反映出"农民负担不断加重"的事实。

专栏19　20世纪90年代关于农民
负担问题的中央政府文件

社会学的文献资料研究表明，一段时期内关于某种主题的政策出台频率，一定程度上与社会上该问题的严重程度成正比。课题组对《人民日报》1948年创刊以来的政策法规资料进行归纳整理后发现，1990年政府工作报告中首次谈到农民负担过重问题，此后连年提及，但语气轻重和频繁程度不同。1993年的政府工作报告中非常明确地指出："相当一部分地区农民种粮增产不增收，乱集资、乱摊派加重农民负担的情况相当突出。"

以下《关于增加农民收入、减轻农民负担情况的报告——1999年10月30日在第九届全国人民代表大会常务委员会第十二次会议上》（农业部部长陈耀邦）中的内容，可侧面反映20世纪90年代末农民负担愈演愈烈的严重程度："继1996年下发《中共中央、国务院关于切实做好减轻农民负担工作的决定》之后，去年以来又出台了若干政策规定。去年7月，中共中央办公厅、国务院办公厅下发《关于切实做好当前减轻农民负担工作的通知》，明确提出1998年农民承担的提留统筹费绝对额不得超过1997年的预算额；党的十五届三中全会把减轻农民负担确定为农村工作基本方针之一，明确规定农民承担的合理负担一定三年不变；今年3月，国务院办公厅转发农业部等部门

> 《关于1998年农民负担执法检查情况的报告》；7月，国务院办公厅又转发了农业部等部门《关于做好当前减轻农民负担工作的意见》；10月中旬，国务院减轻农民负担联席会议召开'全国减轻农民负担工作电视电话会议'，温家宝副总理就进一步减轻农民负担提出了明确要求。"

事实上，这次宏观到微观的经济关系紧张，导致了农村社会关系紧张，并且比以往有过之而无不及——由于20世纪90年代财政金融的一系列改革使得基层资金极度缺乏，宏观环境严峻引起的基层经济关系紧张，使得农村在世纪之交因负担过重而大面积爆发冲突[①]。

当正常的征收手段不足以满足需求，基层政府就普遍动用协税、贷款、集资甚至黑社会组织等手段强制农民缴纳钱物，而通过侵占土地发包收入或征收补偿款、冒领国家移民和退耕还林补偿款等方式变相征收的情况也大量发生。

此外，在1999年为了配合农村金融改革、消化粮食系统在农业银行的占压资金而开展的粮食流通体制改革中，诸多利于国有粮食部门垄断粮源的政策中还包括一个"户交户结"的措施——将农户剩余提取方式由过去经由粮站统一为乡村扣除粮款改为农户交粮结账后乡村干部再去挨家挨户收取现金。这个政策初衷具有保护农民利益的良好愿望，却在贯彻中成为引发干群冲突的一个机制性诱因——基层政府与分散农户之间的交易成本凸显，矛盾陡然显化。

1998年开始执行的市场化取向的粮食流通体制改革，改变了过

---

① 董筱丹，温铁军：《宏观经济波动与农村"治理危机"》，《管理世界》，2008年第9期。

去政府的做法——"在粮站门口摆五张桌子,前四张桌子分别收取乡里边的'五保统筹'、计划生育费、民兵训练开支、教育统筹,最后第五张桌子才能结算农民交售的粮食还剩多少余款"。中央明确禁止粮站代收"三提五统"。那些没有集体工副业或者没有足够的机动地的乡村,只能通过基层公共组织去农民那里敛钱。事实上,由于农户高度分散且自给自足,让乡村干部挨家挨户敛钱是非常困难的,今天农民说赶集去了不在家,明天说钱在子女手里,没有强制手段常常拿不到钱。从这个角度看,农村的干群矛盾部分是小农经济下"政府""过度动员"农户资源,而又无法解决与分散小农户之间高昂的交易成本问题的结果(温铁军,2003)。

由于政权的内卷化(杜赞奇,1995),乡村基层工作人员部分地再现历史上的"劣绅化"趋势,并与地方政府形成"劣绅+精英"结盟。例如,1999年3月22日中组部下发《中共中央组织部关于加强农村基层干部队伍建设的意见》,2000年2月9日《人民日报》刊发《中共中央办公厅、国务院办公厅关于福建、湖南、山东、江苏、海南省少数农村基层干部粗暴对待群众典型案件的情况通报》,分别从正、反两方面反映了农村基层干部的"劣绅化",以及乡村治理中的"精英俘获"和"扈从关系"(世界银行2005)[①]。

[①] 世界银行《2005年世界发展报告》讨论政府寻租行为时,用"俘获"(capture)和"庇护者—扈从(clientism)关系"指称在政策制定中由于不公平信息分布和对决策的影响,政策向某些集团倾斜,从而损害其他集团的利益。另据谢岳(2005),"扈从关系",也叫"保护主义政治",指中国乡村社会在集权体制下的转型中出现的在"保护者—被保护者"的利益交换关系网内将公共权力私人化运用。这种私利性关系网络的扩张,在某种程度上阻碍了村民自治制度的正常运行和村民自我管理的良性发展,造成了合法的制度化权威的边缘化,"保护者"以国家权力行使者的名义向"被保护者"提供排他性服务,从中获取经济政治回报,往往使公共资源最终只服务于少数人的私人利益。——作者注

这时，农民上访和农村群体性事件大量发生的情况表明，矛盾的主要方面确实是客观事物变化的主导力量。某些地方政府在有些情况下，动用国家专政机器甚或黑恶势力等手段来制止群体事件，造成冲突升级甚至发生人员伤亡，农村治理危机更趋严重。康晓光等（2002）认为，20世纪90年代以来，中国社会形成了"精英联盟"，即政治精英、经济精英与知识精英们的联盟，精英联盟使社会利益分配向精英群体倾斜，同时也形成国家政权总体稳定的基础。农村中的对抗性冲突，属于大众处于被剥夺的状态而制造的"局部"反抗。精英联盟是内生且非常稳定的，一旦形成就很难被打破。杨鹏（2005）则认为现在进入了"精英间冲突"和"精英与大众冲突"的"双重冲突"时代。尽管两人对于精英之间的竞争格局持有不同的判断，但对于农村群体性事件，都认为是精英（或精英联盟）与被剥夺的大众之间的矛盾冲突。

其直接表现是1997年以后我国发生的群体性事件开始大幅度飙升，1997年总共发生了1.5万多起，两年之后的1999年就翻了一番多，超过了3.2万起。据公安部门的数据，群体性事件2003年6万起，2004年7.4万起，2005年8.6万起。此后虽然再没有公开发布数据，但据网上搜到的资料看，2009年已经超过20万起。在这些群体性事件中，大约1/3是农民维权的事件。从信访情况来看，在事件频率及其起因等方面，与群体性事件的变化基本一致，也是在1997年后出现高潮。比如，河南社科院和省信访局联合调查组的调查发现：当前河南农村部分地区人心不稳，相当一部分群众对县乡两级政府不信任程度加大，大规模集体越级上访事件逐年增多，1998年上半年集体上访187批，总计24203人，分别比1997年同期上升 33.6% 和 449.7%。①

综上所述，针对这场输入型危机，尽管中国政府于 1998 年开始了一系列强力干预，1997 年和 1998 年两年的 GDP 增速分别保持在 7.8% 和 7.6%，维持了经济增长和社会相对稳定，没有在国内直接演化为经济下滑探底的大萧条，但却导致中国史无前例地出现长达 4 年的"农民收入增速下降"和随之亦步亦趋的内需不足以及"通货紧缩"。并且，由于政府采取的城市导向的应对危机政策，对"三农"和乡村治理也造成了较为严重的负面影响。

三、第四次外资外债背景及逻辑演变及 1997—2008 年：国内外两个"产能过剩"的碰撞

1997 年东南亚发生金融危机时，按照当时中国分管外贸的领导者的说法，出口需求已经每年拉动经济增长约 4 个百分点。②

与此同时，特别需要提到的是与 GDP 直接相关的"维稳"大局的问题——在上述宏观经济政策讨论中很少被外界注意的社会稳定是否能够维持的问题：在 20 世纪 80 年代农村数亿剩余劳动力被改革所突破性释放，20 世纪 90 年代国企职工被改革所大规模"下岗"达 3000 多万，再加上人口高峰期每年新增劳动年龄人口接近 1000 万的巨大就业压力，中国 GDP 如果低于 7% 的增长率，带动新增就

---

① 河南省社会科学院、河南省信访局联合调查组：《关于当前农村社会稳定问题的调查》，《调研世界》，1999 年第 1 期。

② 如前文所述，1998 年年初的政策讨论中引起很大重视的，是分管外经外贸的李岚清副总理给江泽民总书记的报告，之后启动大规模国债投资为主的积极财政政策，才维持了被政策界称为"七上八下"的经济增长率。——作者注

1999年春节过后,受到东南亚金融危机的影响,大批进入北京打工的外地农民找不到工作,不少人到距离北京100多公里的天津经济技术开发区寻找工作。

业人数就会低于800万,就业压力与新增工作岗位之间的矛盾就会变得很危险。在20世纪90年代平均每年社会群体性治安事件急速增加超过上万起,以及中国"崩溃论"等外部压力下,整个中国社会的稳定形势非常严峻!

此外,还应点到为止地提及一个有政治意义的国际背景,在90年代上半期"中国崩溃论"在整个西方蔓延开来的时候[①],1993年入主白宫的克林顿采取过有别于这一论调的所谓"中国融入"政策。

诚然,在中国自1998年起延续了10年的"国债投资拉动增长"和2001年加入WTO带动外资全面进入之后,到2008年,当美国发生金融危机时,中国已经成为世界第一大外汇储备国和美国第二大

---

① 那时有个叫王力雄的中国"非作协"作家,他写的"政治幻想"小说《黄祸》曾经于20世纪90年代初期在文化年轻态的美国成为畅销书,并增印了11次。

债权国。就在同期，西方政治家与主流媒体中在20世纪90年代曾经预言"中国崩溃论"的那批人，也在新世纪翻云覆雨地改为热炒"中国威胁论"了。

很多中国人是在2008年华尔街金融海啸引发全球大危机的时候才认识到，10年前的1997—1998年中国就已经发生了由供不应求到供过于求的重大转折——这是"告别短缺，迎来过剩"的10年。而这个10年不能不让人联想到在1988年严重短缺条件下爆发的经济危机以后的10年。

如果1988—1998年期间令国人闻之色变的关键词是"通货膨胀"，那么，在1998年以后5年里，描述中国宏观经济走势的关键词则静悄悄地变成了普通百姓怎么也听不懂的"通货紧缩"。

从当时经济运行的基本面来看，1998年到2002年的经济低谷期间，拉动经济增长的三驾马车全部乏力，使供求矛盾空前显化。第一驾马车是内需，一般日用品的滞销成为普遍现象，汽车、住房等大宗消费的高潮又尚未来临，而且旨在拉动内需的教育、卫生和住房产业化改革又因增加了老百姓的支出预期反而使其储蓄倾向提高，进而更加降低了一般生活消费。第二驾马车是投资需求，确实于1992年以后带动了经济高速增长，但随着1996年调控力度加大，资本投机带动的投资需求也开始低迷。第三驾马车是外需。1978年，中国工业制成品出口占出口总额的比重已经达到45.2%，新中国用不到30年的时间改变了单纯出口初级产品的格局。1997年这一比重达到86.9%，出口总额1826.97亿美元中，工业制成品的出口总额为1587.67亿美元。[①] 从1978年算起，中国

---

① 李景治，蒲国良：《社会主义建设理论与实践》，中国人民大学出版社，2003年3月第1版。

用了不到20年的时间完成了资本在国内的扩张和出口产品结构的初步调整。

但这种极为重要的**经济结构变化也必然带来相应的经济危机的结构性改变，中国经济不仅愈益直接受到外部经济波动的影响，而且愈益受金融全球化的影响。**

中国人需要知道，经济学家林毅夫在1999年根据新古典经济学理论提出的"双重过剩条件下的恶性循环"，对于中国在自身"生产过剩"压力下加快纳入本来已经很"古典"地过剩着的全球化是有解释力的。

曾于1988年提出"国际大循环"战略设想的王建，在2008年8月4日中国宏观经济信息网上刊发的一篇文章中，将中国近30年的对外开放归纳为三个阶段：20世纪80年代开放的需求主要是对外部资金的依赖；20世纪90年代开放的需求从对外部的资金依赖转向对外部市场的依赖；新千年、新全球化背景下开放需求转向对外部金融市场的依赖。这与本节所归纳的新中国近30年对外开放的内在逻辑的转变，正可以作一个拼接和相互映照。

由于金融资本的主导权集中在中央政府手中，新千年以来的金融依赖主要表现在国家层面，而区域层次的对外开放当前仍然主要是资金依赖和市场依赖。

专栏20　近30年来中国对外开放战略的三个阶段

中国的改革开放在过去30年中，从对外开放的需求来说，大体经历了三个阶段。第一个阶段是20世纪80年代，开放的需求主要是对外部资金的资金依赖，这也是我提出"国际大循环"经济发展战略设想的原因,即利用日本和"亚洲四小龙"产业升级的机会,大量利用外资,在沿海地区发展劳动密集型产品出口,获得外汇后再从国际市场上交换资本物品,以兼顾中国的农村劳动力转移与改造升级重工业的要求。第二阶段是20世纪90年代,随着中国改革的推进以及大量吸收外资,生产能力与储蓄能力逐步增强,1991年首次出现银行系统存差,总储蓄率从20世纪80年代的平均33%,提升到20世纪90年代初期的40%以上。到20世纪90年代中期,改革进入到产权阶段,收入差距随之拉大,国内总供求格局发生根本性变化,开始出现产品过剩,经济增长越来越依赖出口需求拉动,所以开放需求就从资金依赖转向对外部市场的依赖。新千年以来,在新全球化背景下,中国的出口迅猛增长,利用外资规模持续扩大,再加国际热钱流入,致使中国的外汇储备急剧增长,在过去的7年,年均增加近2000亿美元,到2007年年末已达1.53万亿美元,并且自2005年以来就稳居世界第一。由于中国没有开放资本市场,人民币没有国际化,庞大的外汇资产只能投放到外部市场,所以开放需求又从市场依赖转向对国际金融市场的依赖。

从资金依赖到市场依赖,再到金融依赖,这反映了中国与世界经济联系方式的变动过程,目前这三方面的依赖都有,只是随着经济发展的不同阶段,依赖的重点发生了转移。

资料来源:王建,《关于设立"珠三角金融特区"的构想》,中国宏观经济信息网,2008-08-04,http://www.macrochina.com.cn/zhtg/20080804091350.shtml。

到了 21 世纪，中国的对外开放更深一步地融入到美国金融资本主导的国际经济新循环——金融全球化之中。

如前所述，1994 年中国在严重的外汇赤字压力之下进行了汇率改革，一次性地将本币贬值 50% 以上，以提高国内产品的出口竞争力并吸引外国资金进入。随着国内出口快速增长，在中国的资本账户不放开的情况下，外汇储备大量增加带动了境内本币增发，也因这种"对冲"而一定程度上获得了对国际金融风险的屏蔽能力。

一般而言在全球产业过剩压力下的这一轮跨国公司主导的国际产业转移中，美国等发达国家向外转移的产业不仅包括了劳动密集型产业，更主要的特征是同时向外转移资本密集型或者技术、资本双密集型产业。这些产业对资本数量、外部融资成本的大小和效率的要求较为严格，继而对外部金融发展的需求和依赖也较大。当这些产业开始对外转移时，亚洲国家却大多经历了金融危机。中国的金融发展水平虽然大大低于美国，却是当时亚洲区表现最为稳定的金融市场，何况还有人民币事实上不断稳定升值、中国可能逐步放开汇兑管制的利好预期。因此，不但美国的产业向中国进行转移，亚洲其他国家的产业也向中国转移，中国逐渐成为世界产业转移的主要受体。[①]

不过，如果要对同一客观事物有较全面的理解，还是应该参考多种解释。

从本书前述之萨米尔·阿明的"依附理论"来看，则中国经济在 20 世纪 90 年代严重的内外债务危机的压力下大致完成的是一种从"去依附"到"再依附"的历史性转变，所采行的政策和由此发

[①] 李新功：《美元霸权、金融发展差异与货币体系错配下中美经济失衡及调整》，《现代经济探讨》，2009 年第 9 期。

生的经济现象,也与一般发展中国家类似——**中国经济学家在 90 年代的危机应对政策中构建的这一人民币"对内提高利率+对外降低币值"的金融政策确实改变着经济发展环境。**一方面国内资金成本过高在客观上极大地压抑了面向内需的国内企业的获利空间,促推的是中国的出口创汇经济;但另一方面,却**恰好满足了跨国公司长期凭借"低利率+高币值"在中国攻城略地的战略需求。随带发生的,是所谓"金融深化"阶段追求作为股市炒作题材的"资本汇回收益"而在新世纪前后内在性地推进的新一轮跨国公司产业资本国际转移的需求。**这也是中国在 1998—2008 年这两次输入型危机期间陡然成为全球外商直接投资(FDI)第一的国家的原因。就是在这 10 年间,世界 500 强全面进入中国,美国在华投资的跨国公司占据了几乎大部分战略性产业的主导地位,其所获得的年平均利润率也从不足 20% 上升到超过 30%。美国公司产业移出虽然不利于国内就业,但其海外收益提高却在助推道琼斯 500 种工业股票指数上涨的同时,极大地促进了华尔街资本市场的繁荣。

综上所述,可以认为,本书对 20 世纪 90 年代以来中国内外不同政策的演变过程所作的这种实际到毫无浪漫色彩的客观描述,算是少许揭开了由美国人提出"G2"共治和"中美国(Chinamerica)"的面纱一角!

在 20 世纪 90 年代这些综合因素的客观作用下,**新世纪前后,中国对外开放的主要动力就由国内产能过剩的推力转变为外部需求的拉力。**同期,主要集中在沿海的"外向型"经济的内涵也发生了转变——由传统的以加工制造业产品为主,其利润主要取自于在地化产业内部分配的一般贸易,转向了品牌和销售利润主要在外的新兴产业和高新技术领域的原材料的贸易和市场"两头在外"的加工贸易。

于是，一方面"微笑曲线"压抑国内企业利润和劳工收入的机制性作用在国内逐渐普遍化；另一方面，**更为严峻的是原材料和产品的定价权和相关制度的定制权"两头在外"**，事实上构成了海外利益集团对国内制度乃至与之配套的思想理论演变的约束条件。

如果从进出口联动的规律看，此次对外开放机制的转变，始于中国尚处在产业资本阶段就不得不紧急应对开放经济条件下、由外部金融资本危机（1997年国际热钱冲击东南亚造成金融危机）导致的1998年"输入型经济危机"。

本书据此尝试提出的经验假说是：**正因为中国与西方分别处于人类资本主义文明的产业资本和金融资本这两个不同历史阶段上，才会有"被诱致性"的中国外向型经济的内涵性改变。**

1998年以前，中国处于产业结构调整促进实体性产业资本扩张阶段，完全不同于西方主导国家所表现的那种与产业对外转移同步的虚拟性金融资本扩张阶段，其进口长期大于出口、贸易逆差与资本顺差同步增长的情况。这个时期中国的经济对外依存度还不高，主要服务于国内产业资本扩张需求的国内外两种资源、两个市场之间的替代性非常强，进口的大幅增长往往伴随着出口的大幅下降，表现在图形上，是进口增速与出口增速两条曲线在20世纪80—90年代呈现出几乎完全相反的态势。直到遭遇东亚金融风暴变成国债投资为主要动力后才发生改变。（图4-6）

从图4-6图还可以看出，进口增速与国内宏观经济的热度相关性很强，比如1984—1985年和1992—1993年，两次产业资本扩张造成的宏观经济高涨，都引致了进口的大幅增长，同时段，则是出口的回落。此外，出口变化对激励政策比较敏感，比如1987年和1994

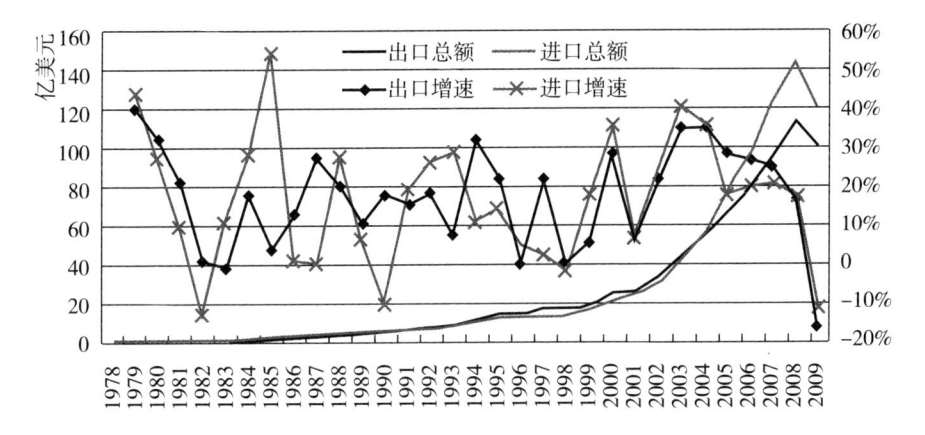

图 4-6　1978 年以来中国外贸格局的变化

资料来源：历年《中国统计年鉴》。

年，应国家外贸政策调整而出现了出口高速增长。而 1998 年以后，进口和出口的变化情况则几乎完全一致。

自 2002 年世界经济走出上一轮低迷之后，到 2008 年美国金融危机爆发之前，中国转向"两头在外"加工贸易为主，遂有"大进大出"造成的进出口越来越呈现"双高"的态势。

2002 年以后中国参与国际贸易的方式以加工贸易为主，一般贸易方式的进出口额在全部进出口中占比维持在 40%—50% 之间。

20 世纪 80 年代外资进入中国，看中的是中国庞大的消费市场，那时候出口创汇的主力是内资企业；当 20 世纪 90 年代中国寻求在国际市场上释放过剩产能时，外资企业的出口占比虽然有了大幅度提高，但仍逊于内资企业；**进入新世纪以来，外资企业占据了中国进出口贸易额的 50% 以上**，2002 年外资企业的出口额在总出口额中的比重为 52.2%，2006 年为 58.2%，2011 年超过 60%。在苏南这样的已经形成与长三角产业资本配套的制造业结构的地区，外向型经济的特点尤其显著，外资企业的进出口比重甚至超过 70%。（图 4-7，图 4-8）

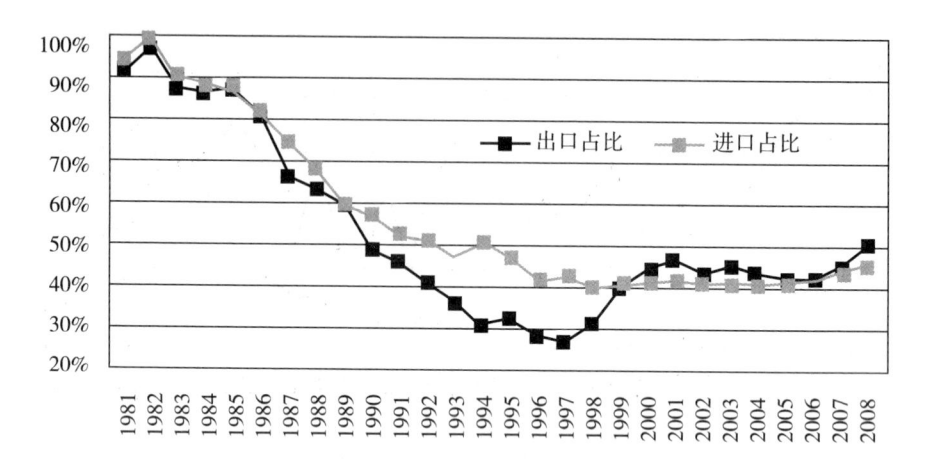

图 4-7 一般贸易方式在中国进出口总额中占的比重

资料来源：历年《中国统计年鉴》。

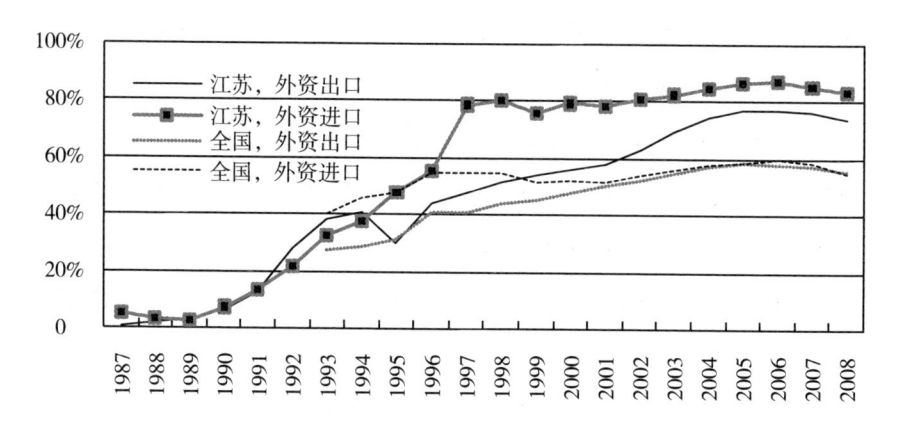

图 4-8 江苏省与全国外资企业进出口额占出口总额比重

资料来源：历年《中国统计年鉴》。

中国于 2001 年加入世界贸易组织（WTO）的时候进出口额为 5097.6 亿美元，到 7 年之后的 2008 年遭遇华尔街金融海啸这一年，中国的进出口总额已经是 2001 年的 5 倍，为 25632.6 亿美元。这 7 年间进出口额年均增长率高达 26.1%，占世界贸易总额的比重从 4.06% 上升到 7.88%。

就在中国经济对外依存度较长期地维持在70%左右,持续依靠外需拉动GDP连续以年增两位数以上的高速度发展,并愈益纳入正在加快金融深化的美国主导的全球资本化的时候,远比东南亚金融危机更为剧烈、影响更为深远的美国华尔街金融危机爆发了。

四、危机八：2008年金融危机的应对措施及影响

2008年夏季,在上年发生的次级抵押贷款市场危机加剧的形势下,美国第四大投行雷曼兄弟宣布申请破产保护,两家最大的住房抵押贷款机构(房地美和房利美)及一家最大的保险集团(AIG)被"临时国有化"。华尔街金融海啸造成全球经济危机的大幕拉开了。

（一）危机发生前的国内宏观环境

1997—1998年经济危机发生时,为拉动内需而进行的大规模国债投资,主要用于修建基础设施,为新世纪前后中国更进一步融入世界经济提供了硬件——自2002年下半年以来,随着世界宏观经济的复苏和发达国家主导的国际产业的重新布局,中国以远比一般发展中国家完善得多的基础设施,成为吸引外商直接投资规模最大的国家。推动了中国新一轮的经济高速增长。

和以往相比,在本轮经济危机爆发前,中国经济运行在发展模式、发展结构上都呈现出了新的特点。

1. 中国经济进一步融入美国主导的世界经济大循环

新世纪前后在全球金融资本进一步过剩、膨胀的驱动下,发达国家出现了传统产业向信息产业的结构性调整和升级,国际产业布

局亦随之发生了深刻的变化。

> **专栏 21　20—21 世纪国际产业转移的历史变迁**
>
> 20 世纪的国际产业转移可大致归为三次。
>
> 20 世纪中期发生的第一次产业转移，主要是因为在产业资本扩张阶段爆发的第二次世界大战彻底改变了西方绵延数百年的列强纷争的地缘战略格局，而新形成的美苏两个超级大国为了巩固其地缘控制格局而双双开展雁阵式产业输出——美国向西欧和日本，苏联向东欧和中国。二者的不同在于，美国完成了配合地缘战略的产业转移，随后率先进入金融资本扩张阶段；而苏联的产业转移因与中国发生关系主权问题的争议而中辍，也为其后期解体埋下伏笔。
>
> 20 世纪 60 年代以来发生的第二次产业转移，大抵可归因于制造业资本溢出效应提升了要素价格，而使得发达国家的制造业向外移出的过程。随着科学技术的发展、发达国家劳动力成本的不断提升，及产业资本阶段必然发生的国内劳资矛盾不断增加，全球发生了一轮由发达国家主导的世界范围内的产业结构调整，其特点是发达国家将劳动密集型产业转移到发展中国家，自己则致力于发展技术密集型和资本、技术双密集型产业，以此实现产业结构升级。
>
> 在美苏这两个超级大国主导的冷战犹酣的六七十年代，同属西方阵营的几乎完全没有制度摩擦的、地处冷战前沿阵地的国家和地区首先承接了这轮产业转移。亚洲的韩国、中国台湾、新加坡及中国香港这些同属于儒家文明的国家和地区，就是先

接受了日本的产业转移,才得以推行所谓的"出口导向型"战略,重点发展劳动密集型的加工产业,在短时间内实现了经济腾飞,而被称为"亚洲四小龙"。

因为"四小龙"地域狭小,在承接国际产业转移的资本溢出效应下,其区域内的资源要素迅速被重新定价。为了保证利润空间,追求短期收益的资本遂进一步向"四小龙"周边的土地、资源、劳动力要素价格处于低谷的国家和地区流动,于是便有了亚洲"四小虎"短时间内的经济迅速增长。

随着中国在1972年恢复与西方的外交关系,并且同期开始了第二次对外开放,大量引进西方设备用于国家的产业结构调整,20世纪70年代末珠三角"三来一补"的贸易模式和长江沿线的重化工业城市的结构调整,也随之出现于这一国际背景之下。20世纪70年代前期,毛泽东在接受了中国军事领导人关于世界大战在20年内打不起来的判断之后恢复与欧美日的外交关系,率先引进西方资本于国家工业化布局相对集中的沿海主要工业城市。20世纪70年代中后期,国际形势朝着有利于第三世界国家接受产业转移的方向发展,与此同时中国东南沿海紧张局势也有所缓解,本来经济基础相对薄弱的广东,就是在中央政府的政策倾斜下,借助毗邻港澳的区位优势,快速集聚国内外资源,承接了以港澳地区为主的劳动密集型产业资本的转移,逐步形成相应的外源型产业结构,而迅速发展成为全国的经济大省,拉开了地方政府主导的新中国"第三次对外开放"的序幕。**新中国的前两次对外开放指的是20世纪50年代引进苏联设备完成了初步工业化,与20世纪70年代引进西方设备以调整产业结构。**这两次都是以国家名义进行的,所不同的是,

50 年代引进的是苏联的外资,而 70 年代是从西方国家引进欧美日的外资。[①]

20 世纪 80 年代国际局势趋向缓和以来,发达国家大批冷战时期的军事科技成果转为民用,推动了以知识经济为产业经济基础的产业升级,这也继续成为发达国家产业对外转移的推力。

在亚洲,以日本为产业结构顶端的"雁阵"结构渐趋稳定:居于东亚经济梯次结构顶端的日本向整个东亚地区输出尖端技术产品,并购买承接其已淘汰产业的其他东亚国家所生产的相对低端的产品。东亚后进国家对日本高端产品的依赖和对日本低端产品市场的依赖,共同构成日本对东亚经济发展"雁阵"的结构性牵引的支撑力。[②]

20 世纪末、21 世纪初的新一轮国际产业转移可称之为第三次,主要是另外一种机制作用的产物。

20 世纪 90 年代苏东解体、世界进入后冷战和金融资本主导的全球化竞争时代,占据单极霸权的金融帝国获取收益方式发生本质变化——愈益依赖资本流入推动资本市场上升;在虚拟经济领域追求流动性获利的金融资本愈益异化于产业资本,遂使跨国企业的加工制造环节纷纷向发展中国家转移,转移的特点是层次高端化、产业链整体化、企业组团化。主要表现在:发达国家在继续向发展中国家转移在本国已失去竞争优势的劳动密集型产业的同时,开始向发展中国家转移资本密集型和资本、技术双密集型产业;产业转移的重点从原来的原材料工业

[①] 参见温铁军:《新中国三次对外开放的成本与收益》,《我们到底要什么》,华夏出版社,2004 年第 1 版;温铁军等:《广东省产业结构和发展战略调整研究课题报告》,2008 年 5 月。

[②] 鞠海龙:《破日本雁阵 中国—东盟布新局》,《时代周报》,2009 年 4 月 23 日。

向加工工业、由制造业向服务业转移，高新技术产业、金融保险业、贸易服务业以及资本密集型的钢铁、汽车、石化等重化工业日益成为国际产业转移的重点领域。

这一轮的产业转移，一般被称为全球产业资本重新布局，但仍然是发达国家研发部门留在本国、生产部门靠近市场的战略调整与后发国家以市场换资本、换技术加速本国工业化进程的交易和双向选择过程。

从动力机制看，新一轮的产业转移，还是基于发达国家自500多年前殖民主义以来一以贯之的全球地缘战略布局的主观考虑，比如重化工业领域，发达国家的市场容量已趋近饱和，利润率呈下降趋势；而在东亚地区，随着新兴工业化国家在世界制造业中地位迅速抬升，重化工业的利润率亦不断攀升，部分行业利润率甚至高居工业行业之首。国际重化工业企业与中国企业竞合就是抢占这一新兴市场的重要举措。日本、韩国的重化工业是在本国贸易保护的条件下发展起来的，目标市场主要是它们当年自身的下游出口导向产业。由于邻近中国，过去20多年来它们的上游工业已经充分分享了中国工业轻型化的成果，但就整体实力而言，它们在世界上是"二流选手"（日本的汽车除外），真正的"一流选手"是欧美的重化工业企业。如今，欧美的这些500强企业正高调进入中国，它们与中国企业竞合后，有可能以进口替代的方式将要素价格相对较高的日、韩同类产品挤出中国市场。这在客观上也是2002年以来伴随国际经济形势好转而出现全球资本化泡沫加速扩张、实体经济部门因要素成本攀升而谋求产业价值链的全球重新布局的结果。

资料来源：课题组搜集资料整理归纳。

在全球性产业转移和产业价值链重新布局的浪潮之下，在国内货币贬值和地方政府不遗余力的招商引资的努力下，中国的对外开放再次发生机制性变化——在实体经济层面，中国参与国际贸易的动力由国内产能过剩的推力变成了外部需求为主的拉力；在金融体系上，中国主动加入了以美国为首的由核心国家的金融资本主导的国际经济新循环，亦即形成了前文所引述的王建所说的中国对海外的"金融依赖"[1]。

2. 国内经济的结构性矛盾——"三大过剩"与"三驾马车"失衡的加剧

2003年以来中国宏观经济的高涨，客观上与国际宏观经济进入景气周期是步调一致的。从2003年开始直到2007年，中国GDP在5年间连续保持了两位数的高增长率，到2007年时达到峰值13%。

林毅夫在1999年指出中国宏观经济运行出现了"'双重过剩'条件下的恶性循环"，当时指的是劳动力过剩和一般制造业产能过剩。如果再加上在新世纪完成金融改革之后出现的金融资本过剩，应该是"三大过剩"。随着中国参与全球经济体系的日益深化，三大过剩的结构性矛盾在经济高涨期内被进一步强化。

劳动力过剩是中国近现代以来就一直面对的问题，虽然近一个世纪的工业化过程中已经有大量的农业过剩人口转移到城市，中国的城市化率在2008年也已经达到了46%左右[2]。理论界对城市化多有质疑，农村仍然有1.3亿—2亿的剩余劳动力存在（聂名华、杨飞虎，2010）。从资本过剩情况来看，20世纪90年代前期和中期，由

---

[1] 后者将在本书的第二部分进行分析，这里重点阐述前者。——作者注
[2] 这个数值是按照新修改的指标定义计算的统计意义上的城市人口比重。——作者注

于低收入人群消费能力不足、高等消费市场发育不足,不仅消费市场出现结构性失衡,国内储蓄率也大幅度上升,银行系统从1994年开始出现存差,到2007年第三季度金融机构存差已达12519.7亿元,存贷比为69.5%,说明国内金融资本过剩也日益严重。从一般制造业产能来看,在积极财政政策的带动下,从2002年下半年到2007年上半年重工业项目平均5年的投资周期后,大量建设项目建成并集中投产,形成总供给能力突然加速的局面,加剧了20世纪90年代末期即已出现的产能过剩问题。

伴随"三大过剩"的日益严重,拉动经济的"三驾马车"——投资、消费和出口之间比例的失衡也日益加剧。

最该成为经济增长主要拉动力的内需自20世纪90年代中期以来长期低迷不振。一般认为因劳动力绝对过剩、无限供给,导致劳动力工资报酬长期停滞,购买力不强,特别是主要依靠打工获取现金收益的广大农户家庭,消费能力极度萎靡,是总体上造成国内消费需求严重不足的原因。国内因贫富差距拉大而带来的消费需求不足、产品大量过剩,使得中国制造业产品更多流向海外形成日益增长的巨大贸易顺差。[①]

新世纪之初,中国自觉不自觉地延续着自20世纪90年代中期开始的纳入全球化的主流经济趋势,与内需不足同时期,投资和外需增长强劲。

新世纪以来,国内过剩的垄断金融资本显露出异化于产业资本的趋势,主要与地产和股市结合,拉动了房地产、基金、股票、期货等行业的高速发展,这也是西方核心国家或核心部门维持经济增

---

① 王建:《防"过热"更需防"过剩"》,《中国经贸导刊》,2007年第17期。

长的基本规律。而地方政府因财政和金融手段被中央政府垄断,更多只能靠土地融资的负债拉动投资,而循着"高投资+高负债=高增长"的模式去寻求经济增长的办法。

外需在国民经济增长中的贡献越来越大。由于国内总体产能过剩、内需不足以及国际产业资本向中国转移而引致的海外需求,中国国民经济运行的对外依存度处于过高水平,2006年高达66%〔计算公式为(进口+出口)/国内生产总值〕。而从国际对比来看,根据中国社科院世界经济与政治研究所研究员沈骥如(2004)关于外贸依存度的研究,从20世纪80年代到2001年,美国、日本、印度、德国的外贸依存度大体稳定在14%—20%的范围内。即使考虑到计算口径的差异,中国外贸依存度仍然远远高于上述发达国家和发展中大国的水平。而基础行业过剩的产能在难以被消化的条件下,只能"用明天的产能过剩来消化今天的产能过剩"。[1]

在这种失衡的结构下,中国经济实际在由两匹桀骜不驯的"野马"(投资和出口)拖着一匹"瘦驴"(国内消费需求)极不协调地快速行进。

3. 公司化地方政府"以地套现":城市化主导的"高投资+高负债=高增长"的发展模式逐渐形成

中国在资本短缺条件下的招商引资,与国际产业资本过剩条件下追求向要素价格低谷转移而出现的资本供给,恰是一个过程的两个方面。

投资拉动型增长道路的形成与1993—1994年财政危机中中央政

---

[1] 郎咸平:《美国正把中国复制成第二个日本》,《中国物流与采购》,2010年第12期。

府上收财政权力有关，也与1997—1998年危机中中央政府上收金融权力有关。

在20世纪80年代，金融、土地和劳动力要素的资源资本化都是在地方完成的（前两者的地方属性不需多说，劳动力要素那时不能自由流动）。因为乡镇企业异军突起形成产业的在地化发展，使这三种资源资本化的收益的相当大部分留在了"三农"内部。

但是，自1994年实行分税制及1998年金融系统全面改革以后，地方政府的财政金融权力都被极大地削弱，加之劳动力自由流动（即使不流动，也不再具有成规模劳动替代资本服务于产业升级的主、客观条件）。此时，地方政府唯剩土地资源可以用国家之名来支配。当新一轮宏观环境利好来临时，地方政府便以土地的资本化助推所辖地域内的招商引资、外向型经济高速发展。即使没有招商引资也要靠滥占土地、大兴土木建设地方政府的楼堂馆所来创造银行资本进入当地的政绩。

只是，这些非生产性投资都造成地方政府不承担风险和责任的大规模负债！鉴于中央也不能承担这种地方越来越累积的债务，遂使货币大规模不断增发成为唯一手段。

地方政府的具体操作过程是：由于制度规定和与小农之间交易成本的限制，土地使用方乃至开发商并不直接和土地的实际使用者小农打交道。一方面，地方政府利用其垄断性权力以极低的价格从农民手中征收土地，然后再通过土地储备中心、各种城投公司及开发区管理委员会等融资主体，以土地作抵押套取银行贷款投入基础设施建设。到2006年，在东南沿海的县市，高达数百亿元的基础设施投资中，约60%靠土地融资；而在西部，银行贷款占城市基础设施建设投资的份额更高达70%—80%（蒋省三、刘守英等，

2007）。

另一方面，地方政府加快推动城市扩张，以增加各种地方税种规模及土地出让收益。到2002年地方营业税比重迅速上升，已经成为地方政府的第一大税种。2006年时营业税在地方税收中所占比重已经达到43.3%（排第二的企业所得税比重为18.1%）。而营业税主要是对建筑业和第三产业征收的税种，这就使得加快城市扩张以扩大建筑业、房地产业营业税的规模成为地方增收的当务之急。世界银行的研究指出：在增加财政收入动机的驱动下，地方政府2002年以后对于土地开发、基础设施投资和扩大地方建设规模的热情空前高涨（世界银行城市化与土地制度改革课题组，2005）。

我们在同期发表的研究报告中，把上述现象称为地方政府与银行之间的"以地套现"，认为这符合金融资本异化于一般产业之后与地产结合的需求，客观地推动了城市扩张。首先带动的就是房暴利的地产业，使其"成为政府偿还城市基础设施投资巨额贷款和实现土地出让收入的通道"，成为过剩资本争先恐后涌入的领域。继而，在基本建设和房地产的带动下，相关的产业投资也如火如荼，蒸蒸日上。自2002年以来投资在新增需求中始终占60%的份额（王建，2006）。

这样，以地方政府"以地套现"的第三轮圈地运动为肇端，便逐渐形成了新世纪以来基于"高圈地"的"高负债+高投资=高增长"的发展模式（2002年开始地方财政赤字急速增大）。加之，中央层面的过剩金融资本在投机市场上的积极推动，便带来了新世纪中国经济的迅速高涨。

（二）以"三农"战略为代表的"民生新政"对 2008 年危机"软着陆"的作用

1. "三农新政"出台的背景及内容

20 世纪 90 年代末期因宏观经济波动产生了第三次乡村治理危机，[①] 根据我们近年来所进行的理论归纳，乡村治理危机主要归因于制度变迁中强势主体为最大化获取制度收益而逐层向外进行的代价转嫁，这个分析对于中国"三农新政"的出台背景具有较好的解释力。

众所周知，在现代社会中，农业要面对市场风险和自然风险这双重风险，因此农业比之其他现代产业天然具有弱质性。更本质地看，在从传统社会向所谓现代社会变迁的过程中，"三农"要面对的不仅是市场风险和自然风险，还要面对因强势利益集团主导政策供给而导致的政治经济学意义上的制度风险——承载制度变迁的代价。

因此，无论在经济危机时期还是城市和现代经济部门快速发展的阶段，在经济基础方面"三农"领域的资金、土地等稀缺资源都在大幅度地加速流出，即使在乡村的资金要素也愈发难以和农村中候鸟式迁移的劳动力要素相结合，客观上不仅导致了农村经济、社会、文化的日益衰败，还使得 1997 年以来的第三轮农村治理危机总体上不仅没有随着宏观经济的复苏和高涨而自发缓解，反而有加重态势——尽管随着 2004 年全国启动农业税费减免而发生了结构性变化。

在 2003 年中国进入经济高涨期后，农村劳动力又大量流入城

[①] 详细分析参见董筱丹，温铁军：《宏观经济波动与农村"治理危机"》，《管理世界》，2008 年第 9 期。

市，农业就业人数从 2003 年的 36546 万人逐年减少到 2008 年的 30654 万人，共减少隐性失业人员 5892 万人，减少幅度达 16.12%。而随着"大进大出、两头在外"的外向型经济的形成，在"微笑曲线"规律作用下这些进城劳动的人员收入普遍被压低。据劳动保障部对我国与 20 个不同类型国家制造业工资成本的对比研究，发达国家的人均工资成本占人均增加值的比重一般在 35%—50% 左右，其他类型国家一般在 20%—35% 左右，而我国的这个比例仅为 9.3%。另据有关研究，各国最低工资占社会平均工资的比例一般为 40%—60%，而我国目前各地的这个比重明显偏低，珠三角地区一般只有 30% 左右[①]。而这些优质劳动力在城市遭受了"多阶剥夺"后，养老及社会保障等仍需要农村来承担。这还使得农村的发展缺乏劳动力，更加重了农村的负担。[②]

在 1998 年之前发生过的六次以内生性因素为主的周期性危机中，农村从来是城市危机代价转移的主要领域。而在 1998—2009 年两次以外生性因素为主的危机发生之际，中国已经进入产业过剩阶段，政府在"告别短缺"之后的应对之策与前六次明显不同。主要表现在加强对城乡、东西、贫富等三大差别的统筹兼顾和宏观协调。不过，一方面 20 世纪 90 年代城市经济领域"政府退出"的制度代价不可能在短期内消除；另一方面，各地由于差异性很大，也难以接受中央政府统筹协调。于是，最能够体现中央政府"以人为本的科学发展观"和所谓"民生新政"的领域，就是已经被各种地方利益集团视为鸡肋的"三农"。

[①] 参见《中国农民工调研报告》，中国言实出版社 2006 年版，第 31 页。
[②] 劳动力"多阶剥夺"概念见潘泽泉：《全球化、世界工厂与中国农民工发展的经验教训》，《广州社会科学》，2008 年第 1 期。

就在1999年正式提出"以人为本"作为发展前提之前的1998年，中共借纪念开展农村家庭承包制20周年之机，在十五届三中全会上通过了《中共中央关于农业和农村工作若干重大问题的决定》，提出"要坚定不移地贯彻土地承包期再延长三十年的政策，同时要抓紧制定确保农村土地承包关系长期稳定的法律法规，赋予农民长期而有保障的土地使用权"。这使得1998年除了中国军民大抗洪著称于世之外，还以"第二轮家庭承包"确立基本经济制度、农民再次得到按照村内人口平均分地的机会而载入史册。

在这种背景下，中共十六大在提出"全面建设小康社会"大目标时，胡锦涛总书记在政治报告中明确指出"全面建设小康社会"的"重点和难点都在农村"。随即他又指出，今后的"三农"政策要重在给实惠。而后在2003年1月中央召开的农村工作会议上，胡锦涛总书记针对有关部门滞后于中央战略调整的情况，又振聋发聩地提出"三农问题是全党工作的重中之重"！此后5年间，中央政府每年两次借中央全会和人大、政协两会之机重申"三农问题重中之重"。其间，胡锦涛总书记还作出了"两个阶段和两个反哺"的重要论断。2004年中共十六届四中全会上，胡锦涛总书记从全局和战略的高度提出了新阶段解决"三农"问题的指导思想，为我国在新形势下形成工业反哺农业、城市支持农村的机制定下了基调。为调动农民种粮的积极性，中国开始从过去主要用于流通环节的补贴拿出一部分直接补贴给种粮农民。补贴以粮食生产区为重点，对从事粮食生产的农民按照种粮面积直接补贴。

2007年10月的中共十七大上，"三农问题重中之重"的提法被作为中共的指导思想，前所未有地在中共代表大会政治报告中再次强调。

就在"三农问题重中之重"不断得到强调时，2005年9月中央政治局在关于国家"十一五"规划的指导意见讨论中,提出了国家"十一五"规划必须全面贯彻科学发展观的指导意见和"建设社会主义新农村"的政策思想;随后,中共中央在10月召开了十六届五中全会正式把建设社会主义新农村作为八项战略任务之首。

2005年12月29日,十届全国人大常委会第十九次会议高票通过决定,自2006年1月1日起废止《农业税条例》,这意味着在中国延续2000多年的农业税正式走入历史。

2006年中央一号文件中提出了"建设社会主义新农村"的具体政策要求,辅之以财政转移支付、工业反哺农业的具体措施。(表4-1)

表4-1 2003年以来国家惠农政策出台情况①

年 份	新出台的惠农政策
2003	支持"三农"、进行农村税费改革、筹建新型农村合作医疗体系
2004	提出用5年时间取消农业税、推出农村"三项补贴"
2005	部分省区市"自费"取消农业税
2006	全面取消农业税,推出农业综合补贴、免除西部地区农村义务教育学杂费;允许农民互助金融、小额信贷和村镇银行等三种小型农村金融试点
2007	全国农村义务教育免费,全面推进新农合,全面推进农村低保;颁布实施农民专业合作社法
2008	加大农业综合补贴,提高新农合参保率,全部免除学杂费,修订新的义务教育法;预算安排"三农"投入5625亿元,比上年增加1307亿元;采取十项重要措施支持农业和粮食生产
2009	实行新型农村社会养老保险,大力发展农村的中等职业教育并逐步实行免费,增加预算对"三农"投入,免除农业大县为上级投资配套责任,扩大农业金融和保险试点,对农民购买家电予以补贴

① 资料来源:课题组成员杨帅根据近年来的中央政策,对香港中文大学王绍光教授2007年3月18日在韩国成均馆大学的会议论文附表予以补充。

第四章　1997和2008年中国两次"输入型"危机的发生、应对及影响 | 243

2005年2月9日,大年初一,湖北省伙牌镇焦洼村农民李重杰带着他的舞狮队来到镇政府,他举起一副"政府取消农业税,农民欢喜过大年"的对联,表达新年心声。湖北省政府在新年之际,宣布取消全省农业税。

2. 农村"资本池"和"劳动力池"调节功能的修复

中央政府开始实施"民生新政"的同时,密集出台了一系列惠农支农政策,一方面使得到了"休养生息"的农村作为"劳动力池"的调节功能有所修复;另一方面,使县域经济作为城市之外的"第二资本池"功能得以加强。这对于纠正国民经济增长中长期存在的"三大过剩"和"三驾马车"失衡的结构性矛盾、提高中国经济和发展的可持续性,无疑具有积极的作用。

具体传导机制是:其一,史无前例的大量支农投入,客观上使"三农"领域吸纳了国民经济中的部分过剩资本和产能,按当年价格计算，2003—2008 年间支农投入超过 14731 亿元[①]。另据测算，2003—2009 年国家财政用于"三农"的资金累计达 30967.52 亿元；平均每个农户家庭约 1.5 万元、年均约 2500 元。这不仅使农村"资本池"的资本存量大大增加，基本建设投资也提供了大量在地化非农就业，使得受到极大破坏的"劳动力池"的调节功能得到改善。

其二，大量的惠农投入也一定程度上带动了农村消费需求的增加。政策界普遍认同新农村建设对扩大内需的作用，认为农村是拉动内需、促进经济增长的巨大动力。根据马晓河等人的研究，2000—2004 年间农民的边际消费倾向为 75.3%，而同期市民为 69.5%，对于农村消费来说，用"给点阳光就灿烂"来形容最恰当不过。2000—2003 年，我国县及县以下农村市场消费品零售总额每年增加量只有 1000 亿元左右，而在 2004 年增加量就翻番达到 2312 亿元，2005 年前 7 个月同比又增加了 1480 多亿元。有学者估计，新农村建设的推动将会使"十一五"期间农村每年平均增加 4000 多亿元的社会消费品零售额，对国内生产总值的新增贡献将达 2 个百分点以上[②]。

其三，因大量资源向农村回流，使得农民原来的因经济关系紧张而普遍爆发的与基层政府的矛盾冲突趋于缓和，而转变为一般性的农村内部的财产利益纠纷，整体上改善了农村的稳定状况，这是

[①] 根据历年《中国统计年鉴》数据，中央对农业的投入包括：支农支出（农、林、水利和气象支出以及农业综合开发支出）、农业基本建设支出、农业科技三项经费、农村救济费等项，限于统计数据，2003—2006 年数据只包含支农支出，2007 及 2008 年数据仅为农林水利支出，因此实际支农投入应大于 17904 亿元。

[②] 黄蕙：《建设社会主义新农村——农村是拉动内需被忽视的动力》，载《瞭望》，2005-11-23，http：//www.agri.gov.cn/jjps/t20051123_500588.htm。

"三农"能再次承载危机转移的代价的社会基础。

这些,都成为中国经济在遭遇华尔街金融海啸之际仍能有惊无险地从容应对的重要的基础性条件。

(三) 2008—2009 年:第二次输入型危机发生后中国的应对措施

中国在加入经济全球化后发生的第二次典型的输入型危机面前,经济体系对外需波动的脆弱性和敏感性自不待言;值得庆幸的是,中央政府此前和同期在"三农"领域的大量投入,恰似为这驾在失衡中疾驰的经济"马车"铺就了一条相对平坦的道路——中国是在连续几年加强"三农"投入的坚实基础上,才具备使危机"软着陆"的条件。

1. 危机发生后中国政府的应对

2007 年下半年"次贷"危机引发的以 2008 年雷曼兄弟破产为标志的华尔街金融危机,立即就对中国严重失衡的经济结构产生了影响:一方面使长期依赖国外市场的出口经济遭受重挫,出口对中国 GDP 的拉动从 2007 年的 2.6% 下降到 2008 年的 0.8%;另一方面,因国际资本在次贷危机发生后纷纷涌入商品期货市场而推动了初级产品价格的上涨,使中国产生了严重的输入型通胀(王建,2008)[①],生产者价格指数(PPI)由 2007 年的 5.4% 上升到 2008 年 4 月时的 8.1%,而 2008 年国内 CPI 月度最高也达到 8.7%。这使长期内需不足、过度依赖出口和投资的中国经济立即受到影响,加之

[①] 王建:《关注增长与通胀格局的转变点》,《宏观经济管理》,2008 年第 8 期。

国内开始实行的宏观调控政策的作用，2008年中国GDP的增长率下降到9%，尽管仍然保持在高位，但与前几年相比已经呈现出趋向萧条的态势。（图4-9）

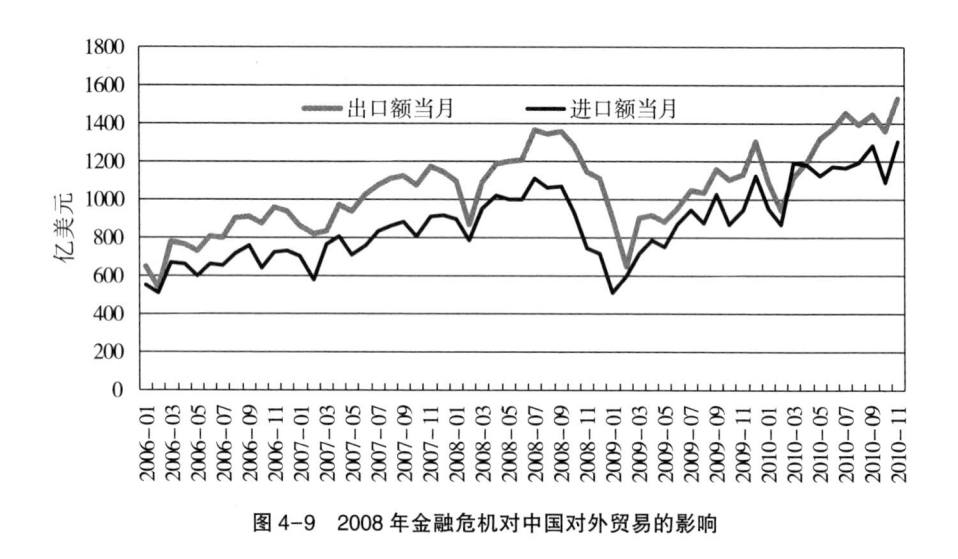

图4-9 2008年金融危机对中国对外贸易的影响

总体来看，面对本轮全球经济危机输入型的构成对中国经济的负面影响，中国领导人表现得信心十足，在世界舞台上进退裕如。也许，正是由于中国此前已经未雨绸缪地进行了宏观调控和新农村建设，因此算是一次更有准备、更有基础的应对。

直接来看，此次输入型危机爆发后，中央政府的应对措施同样是内外需求两个方面着力。

与应对上次输入型危机相同的是，积极利用财政投资带动内需增长。

2008年中央出台文件，提出在2010年年底前新增投资4万亿元（其中中央安排1.18万亿元左右）。2008年第四季度中央新增投入及所带动的地方和社会资金的总投资规模就达到4000亿元。

与 1998 年的积极财政政策不同的是资金的投放领域。1998 年增发国债大部分用于基建投资。本次 2008 年危机中央新增的 1200 亿元资金中，保障性安居工程的投资 100 亿元，农村民生工程和农村基础设施建设 340 亿元，铁路、公路和机场等重大基础设施建设投资 250 亿元，医疗卫生、教育、文化等社会事业发展投资 130 亿元，节能减排和生态建设工程投资 120 亿元，扶持自主创新和产业结构调整 60 亿元。在此笔新增资金中还将 2009 年灾后恢复重建工作预算提前拨付了 200 亿元。可见，此次财政为应对危机新增的投资中不仅大部分用于民生项目，而且涉农投资超过了 1/3，仅有 250 亿元用于基础设施建设投资。

外需方面，与应对上轮危机的思路大体相同，但政策支持力度更大，主要做法是在稳定汇率的条件下提高出口退税率以刺激出口。从 2008 年 8 月至 2009 年 12 月，中央政府连续 7 次发出文件调高相关商品的出口退税率，试图以此弱化国际市场需求下降对中国出口导向的经济体系的冲击。

2. 农村劳动力"蓄水池"功能对维护社会稳定的作用

这次中国危机应对中的一个显著不同，在于措施的"超前性"：温家宝总理于 2004 年夏季在提醒各地各部门防止经济过热、占用耕地过多的同时，就明确提出了宏观调控的意见。2005 年中央政府为了缩小"三大差别"开始增加投资于"中部崛起"和"新农村建设"等国家重大战略调整。亦即，在 2008 年遭遇美国为首的西方金融危机造成外需下降的时候，中国领导人早在 3 年前就已经成规模地加大包括新农村建设在内的国债投资了！

虽然，2005 年中央政府采取对中部和农村增加投入的政策，是对国家"十一五规划"提出的指导性建议，其初衷并不是应对危机造成的经济下滑的救市投资,也不是缓解全球经济危机的措施,但客观上却正在发挥着依靠县域经济打造"第二资产池"的作用——既提升内需,拉动国内过剩金融资本投资,又能够更多地容纳内地农村劳动力以促进城镇化。

虽然这些政府措施从提出起就遭遇很多激进学者的批评,但连续几年的数以万亿计的大规模投资,还是"单兵推进"地带动了中西部和农村的基本建设以及数以千万计的农村劳动力的非农就业。其客观效果,是在全球经济危机爆发、连带发生沿海外向型企业倒闭、2000多万农民工失业的时候,及时起到了吸纳这些回乡劳动力的作用,纾缓了城市的就业压力和治安压力。对于在农村不再有地可耕的新生代农民工而言,这点尤为重要。

专栏22　全球经济危机造成企业倒闭和打工者失业

据中央政府有关部门提供的信息,2009年有2500万农民流动打工者失业,主要原因是沿海企业受全球经济危机打击而大面积倒闭。另据调查,2008年1—9月,广东省倒闭的1.5万户中小型企业,主要分布在服装、纺织、电子元件、塑料制品等加工制造和劳动密集型企业。而在受金融危机影响返乡的农民工中,原来在制造业、建筑业等行业就业的比例高达71.3%。

2009年农民工城市就业的行业分布及其受危机影响(%)

行业	农民工行业分布	受危机影响返乡农民工行业分布
制造业	38.9	44.1

(续表)

行业	农民工行业分布	受危机影响返乡农民工行业分布
建筑业	19.1	27.2
居民服务和其他服务业	11.3	6.4
住宿和餐饮业	7.3	3.4
批发和零售业	6.7	1.9
交通运输、仓储和邮政业	5.4	3
其他	11.3	14

资料来源：盛来运，2009；转引自蔡昉，2010。

国家人口计生委流动人口服务管理司的调查也显示，大多数返乡农民工原来的务工地区和从事行业都相对集中，主要集中在东南沿海地区的制造和建筑行业。从地域来看，广东占49.2%，浙江占15.3%，上海占8.6%，江苏占5.8%；从返乡农民工的城市就业结构来看，从事制造业的占55.7%，建筑业的占20.8%，批发零售、住宿餐饮业比例不高。据盛来运等（2009）根据"国家统计局农民工监测调查中2009年春节前的摸底数据和2009年第一季度监测调查数据"所作的分析，**在2009年第一季度末不再继续外出的返乡农民工中有64%在本地从事农业**，而2009年春节后不再继续外出的因金融危机而返乡的农民工中有67.6%从事的是农业。

资料来源：盛来运，王冉，阎芳：《国际金融危机对农民工流动就业的影响》，《中国农村经济》，2009年第9期。

因此，我们可以认为，虽然中国应对这次 2008 年的输入型经济危机是以"三农"为载体实现的"软着陆"，却是得益于事先大规模对"三农"的投入和连续推出的惠农政策。这当然与以往半个世纪多次发生的那种简单地向"三农"转嫁城市产业资本危机代价的做法，不可同日而语。

与过去一样，这次危机在"三农软着陆"也有代价，其中最主要的负面影响，还在于这些内地和农村的基本建设也需要占用大量土地，其引发的征地冲突，以及相关的制度变迁，本质上仍属工业化城市化的制度成本转嫁。故此，其过程和影响与此前之如何不同，尚待观察研究。

（四）对两次输入型危机应对环境和条件的简单比较

回顾 1978 年改革开始 30 多年来遭遇的几次经济危机，尤其是将 20 世纪 90 年代危机和应对政策与当前的经济危机作比较，可以看出：2008—2009 年遇到的情况，与处于资本短缺时期的 30 年前的 1979—1980 年和 20 年前的 1988—1989 年两次危机完全不同，却和中国初步进入产业资本过剩的 10 年前的 1997—1998 年危机有很大的相似性——从经济周期的阶段性演变来看，两轮输入型危机发生都刚好与中央政府因宏观调控而使经济"降温"叠加在一起。

1997—1998 年输入型危机发生之前的演变过程大致归纳为：1992 年邓小平南方谈话刺激中国经济开始加速增长，1993—1994 年过热，并且在 1994 年出现 CPI 高达 24.1%，为改革 30 年来的最高值。同期，则是与扩大赤字、增发货币、放开证券和房地产市场等一系列宏观调控措施相结合的三大激进改革：一步并轨为主的外汇改革、分税制为主的财政改革、"下岗分流减员增效"为主的国企改革迅即出台。依靠这些调控与改革配套，1997 年终于完成了宏观调控"三年软着陆"，但几乎与"软着陆"同时，中国遭遇到 1997 年东南亚金融危机导致外需大幅度下降。

2008 年 1 月 27 日，受恶劣天气影响，京广铁路一百多趟客车大面积晚点，十五万旅客被迫滞留广州火车站广场。

2008—2009 年输入型经济危机之前的演变过程可大致归纳为：2001 年 12 月中国加入 WTO 带来外资大举进入；2002 年中国完成金融市场化改革；2003 年新政府换届各地开始进入"第三轮圈地运动"，投资过热和对外依存度上升，同步促推中国经济进入连续超过 11% 以上的年增长速度；就在大规模投资恶化已经过剩的制造业产能的同时，2007 年美国次贷危机引爆 2008 年华尔街金融海啸，迅即导致 2009 年中国外需下降——进出口同时下滑、沿海大批企业破产和数千万打工者失业。

从经济周期的应对措施来看，两次应对输入型危机的基本条件，都还是"举国体制"——"集中力量办大事"。1998年夏季在启动积极货币政策遇到困难的时候中央政府及时转向积极财政政策,用大规模增发国债的方式来促进基本建设投资,以保证宏观经济的增长速度;2008年危机发生时,前期应对危机的做法同样是放松资金笼头,同样遇到了资金放不出去的问题,才改成国债投资。

从应对效果来看,1998年启动的积极财政政策,虽然使得中国政府债务率(即财政赤字相对于GDP的比例)大幅度上升,但毕竟极大改善了国内基础设施条件,打造了中国东南沿海和大城市的"第一资产池",成为中国加入WTO之后外商直接投资大举进入中国的必要条件。可以说,上一轮宏观调控主要靠国债投资来抵制经济下滑的经验,被后来的经济稳定乃至下一周期的高速增长证明是有效的。而此轮危机应对中仍不乏基础设施建设的"大手笔";不同之处则是中央政府未雨绸缪,先于2008年危机爆发之前3年就通过财政资金大幅投入而启动县域经济这个第二资产池和农村劳动力池的建设。

通过进一步对宏观经济背景进行比较研究可知,2008—2009年危机发生时中国经济发展所处的历史条件也与10年前的1997—1998年危机有所不同:当时总体上还处于市场需求的上升期,市场化改革虽然因过于激进而支付了巨大社会代价,却还能够在举国应对输入型危机的大局之中产生综合性的制度收益。2008年却是需求的下行期,再把一般化使用市场手段配置要素的改革提升到"市场经济新体制"的意识形态化的高度,往往会使政府厉行宏观调控时不得不支付更大的制度成本。

更何况,人们大都难以做到对输入型危机的超前预测,而对国内因素为主的经济危机周期这个客观事物的认识,也是渐进地才达到今天这个认识程度的。

具体来看，现在跟10年前最大的不同，就是1998年的时局虽然困难，接着的1999—2000年也符合规律地属于经济萧条阶段，但那时候中央政府排除社会阻力推出包括公共资产在内的物质资产全面进入"经济货币化"改革进程，确实催生出了新的需求——1998年住宅货币化改革和同步推进的银行市场化改制，以及那个年代事实上推进的医疗和教育的产业化改制。以上新增需求，客观上都起到了大量吸纳货币的作用，为政府通过大规模增发货币、快速推进经济货币化，推高GDP、增大货币总量分母，从而减缓乃至稀释政府增发的巨额债务，创造了基础条件。

此外，才是一般性的市场结构变化带来的新增需求，与1993年以后的货币连年大规模增发促进经济货币化同期的，还有汽车和住房及其相关消费的增长。随后，这种消费品结构性升级从1999年开始逐步形成中国经济增长的重要拉动力量。

现在，20世纪90年代这个通过放弃对公共品承担责任的"激进改革"创造的短期需求释放为有规模的增量，并且得以同步消纳政府货币超额增发的特殊历史阶段，已经过去了。

新世纪的中国，不仅基本上完成了经济货币化，而且金融资本也已经相对过剩，投资和外需都处强弩之末。何况，中央政府推动的对于渡过1997—1998年危机很有效的、短期性的加快货币化和资本化的制度收益，也已经基本上被利益集团短期吃尽，制度成本却不断积累，无人支付而常常表现为社会冲突。

另外，20世纪90年代中后期那次全面市场化改革过程中也还有一定的中央权威背书，财政和金融仍然属于中央政府的两个口袋，宏观调控的左右两只口袋还可以互相掏，国有金融也还没有成为异化于产业资本而更多追求流动性获益的独立的资本力量。进入新世纪，中国银行业主要参照美国模式完成商业化改制之后，所谓宏观调控中的资金调控部门由于不得不依托集中的政治体制而与已经通过上市完成市场化的金融部门形成本质上的对立性矛盾。

而且，10多年来事实上已经凭借高投资和高负债形成一个庞大的，并且明显过剩的制造业生产能力，又都是在开工生产和开始还债的时候遭遇外需下降；如果公平地从金融部门的利益看，继续对产能过剩的制造业放贷，显然会形成不良资产、加剧金融危机爆发的潜在风险。

总之，我们这次宏观调控面对的国内的复杂问题可粗略归纳为"高投资、高负债、高增长"这种方式迁延日久所累积的综合债务规模巨大。

国际方面，除2008年金融危机爆发后出现的出口受阻外，危机爆发前就叠加进来的问题是输入型通货膨胀导致国内PPI居高不下——美国次贷危机发生后资本市场上的热钱大量转向投资于原材料期货，包括石油、基本矿产品、原材料和粮食等，造成原材料和食品的国际价格陡然涨落。金融资本为主的服务业经济占GDP 85%的美国已经疾驰在不可能回归实体经济的单行道上，其救市政策，也只能以创造更多金融资本——国债和货币，并且推动增发的货币大量流向全球能源、原材料和粮食市场，来向其他发展中的实体经济转嫁危机。因此，中国这一次以温和滞胀——"通货膨胀+生产过剩"为表象的国内经济危机（局部领域则表现为激烈的价格上涨），从一开始就有明显的输入型通胀的影响。

既然是输入型危机，就不可能靠中国政府的国内应对政策化解；如果中国没有参与国际规则的定制权而只能使用国内政策，则势必形成巨大代价。

第二部分

关于全球危机与中国对策研究的简报和会议记录选辑[①]

[①] 本书主要作者在2008年夏秋之交美国爆发华尔街金融海啸的时候,正在世界的金融资本中心纽约参加联合国开发计划署为29届联合国大会举办的介绍中国经验的演讲活动,遂便直接观察了那里发生变化的细枝末节。归国之后,即把进入新世纪以来坚持了10年的每半年一次的思想务虚会聚焦到全球经济危机及其应对战略上。第二部分就是根据2010年以来的这些务虚会上的讨论记录整理形成的文字和政策简报。2008年秋季—2009年秋季的三次务虚会观点摘要,将会作为下一本书(初步定名为"世界的真实经验")的附件的内容。

引言

以下文字是我们在两年间组织的 5 次闭门研讨会记录整理出的核心观点的合集。[①]

从这些与经济危机和应对政策有关的不断深化的主题不同的战略问题讨论中,人们大体可以看出,有志于宏观政策和发展战略研究的中国学者对于全球化挑战下国内外问题的认识不受意识形态约束。当然,人们的认识也不可能是先验的,而只能是渐进的。

这些讨论集中在那些不可逆的经济规律的认识上,反映出以下几个特点:

其一,本源于金融资本主义核心区的危机表现出西方现代化文明内生的矛盾之不可解。

最初我们中有些人对这次席卷全球的经济危机的认识还只是流于一般的。与大多数主流学者类似,认为这还是资本主义的结构性

[①] 这些会议都是以中国人民大学可持续发展高等研究院的名义召开的。此次摘要发表时隐去所有参与者姓名(他们来自中国有关战略研究机构、中国社科院、北大、清华、人大、北航、北师大等),观点和文字问题由本书主要作者承担责任。

危机——全球金融过剩压力下必然爆发的金融资本泡沫化危机。随后，在多次的不断讨论中，部分学者的认识有所深化，认为**这是一场由西方政治现代化内生性造成的政府债务危机**，但应对危机的直接措施却在加剧危机——制造业大规模移出之后，西方国家只能由政府通过信用扩张转嫁其危机代价，却恶化了其危机结果，造成全球通货膨胀。

科学研究的客观立场要求我们应该进一步指出的是更加具有针对性和挑战性的论点：这种**西方资本主义文明已经实现了的现代化目标及其派生的现代化体制本身，具有内生性的不可自我化解的内在矛盾，只有大量向发展中国家和弱势群体转嫁危机代价才能维持资本主导的国家的生存**。这给正在不遗余力地追求现代化的发展中国家（包括已经堕入发展陷阱而百思不得其解的第三世界政治家）带来新的不得不认真反思的教训。[①]

其二，中国面对以西方为主的全球地缘战略的重大调整，确实因路径依赖而进退两难。

同样与主流学者的分析类似，在很多次讨论中，多数学者都或多或少地认为：**中国必须跟从美国的战略意图，只有继续对美输出廉价商品和资本，中国才能在美国主导的地缘战略中得到生存空间**。并且，对于这种比较具有新殖民主义时期全球化特点的外向型跟进式的发展过程，几乎势所必然地造成国内愈益严峻的资源环境困局和社会矛盾激化，人们难以提出根本性的调整意见。

也有专家很符合逻辑地强调加快城市化进程，虽然能够起到提振内需的客观作用，但仍然无法缓解资源和社会两个内生性矛盾造

[①] 董筱丹，温铁军：《致贫的制度经济学研究——制度成本与制度收益的不对称性分析》，《经济理论与经济管理》，2011（1）。

成的困局。

对此，读者可以参阅本书的第一部分根据 60 年八次危机中那些"借助""三农"实现"软着陆"的经验描述，作者试图提出以**内部化应对国内产业过剩和国际外部性风险**的思路——正是在客观上已经长期化了的城乡二元结构体制下，政府才得以通过加强在广大农村的多样化投入，特别是基本建设投入，以乡土社会的稳态结构来支撑新时期的国家战略调整。

对于中国这种超大型大陆国家及其城乡二元结构的基本体制而言，成功应对危机、实现"软着陆"恰得之于大幅度加强农村和内陆区域投资，因而也就形成了明显的不同于西方应对危机的经验。对此，研究者需要认真考虑的是这种依靠政府主导的大规模投资改出危机的做法，还有多大的时间和空间条件可以使之延续下去？如果学者能够结合时空条件有针对性地作出理性思考，中国人也许会更多地具有自主创新特性。

I
一个趋势，两种保守，三大战略

——2011年春季新世纪第二个十年中国发展战略闭门会议综述[①]

我们在2001年中国加入WTO以来近10年的国际交流中不断深化对资本全球化的认识，提出了新世纪第二个10年中国不得不面对的三个无解难题。而大家近两年的讨论还可以归纳为"一个趋势，两种保守，三大战略"：所谓一个趋势，是指全球化进程中的"法西斯化"趋势；两种保守，是指表面对立的激进自由派和垄断经济在实质上殊途同归地属于保守主义"拉倒车"——回归已经被经验证明失败的19世纪西方政治和东方财阀经济；三大战略则是指中国面对三个近乎无解难题而可能选择的出路。

[①] 本报告是根据中国人民大学可持续发展高等研究院课题组于2011年1月召开的宏观形势务虚会（闭门研讨会）记录稿整理的简报。这次闭门会议缩小到5个人的范围，对近期就百年中国发展经验话题的讨论作了归纳。会前，课题主持人曾经在中国香港与部分海内外华人学者交流，提出了人类创造的精神财富和现行制度都不可化解的三个难题。——作者注

一、所谓"三个无解难题"也是全球化与世界法西斯主义成为趋势的内因

早在 2001 年,我们在一次内部讨论中就指出,资本全球化会导致世界法西斯主义。[①]

10 年后我们进一步看到,在资本主义金融危机深化阶段的世界法西斯主义,不是原来发端于德国的被音译为"纳粹"的、继承西方殖民化早期"重商主义"国家犯罪传统的老法西斯主义,而是霸权国家通过其强权政治赋权的金融信用无度扩张的特权对世界犯罪的、以"新帝国论"为内涵的法西斯主义,它借助美苏两个超级大国地缘控制解体之后形成的"单极世界霸权"(uni worldpower)推进资本全球化,迫使人类承接强权国家金融深化甩出来的巨大制度成本。[②]

更大的麻烦是,其为包装新法西斯主义的国家犯罪这种实质性内涵而所构建的全部新自由主义制度体系中,也与传统法西斯主义一样,都没有能让它自醒和自主调整的约束机制。

---

① 温铁军:《全球化与世界法西斯主义》,收录到温铁军宏观问题文集《我们到底要什么》,华夏出版社,2004 年第 1 版。

② 美国的"新帝国论"理论流行于冷战结束后,在 21 世纪初被美国政府正式接受和确认。"单极稳定论"(威廉·C. 沃尔弗斯)、"先发制人论"(布什)、"主权有限论"、"民主和平论"是"新帝国论"的四大理论支点。威廉·C. 沃尔弗斯最先提出了"单极稳定论"观点。他认为,苏联解体以后,美国成了仅存的超级大国,世界上再也没有任何一个大国或大国集团能够单独与美国抗衡,为争夺国际体系中的领导地位而导致世界冲突的情况也将一去不复返了,人类国际关系史上出现了未曾有过的"单极时代"。可参考杨运忠:《"新帝国论"——21 世纪美国称霸的理论范式》,《当代亚太》(特稿),2003 年第 1 期,第 3—10 页。William Wohlforth, *The Stability of a Unipolar World*, Journal Article, *International Security*, volume 24, issue 2, pages 5-41。

经过这10年的国际调研和广泛讨论，笔者进一步认为需要重视三个难题：

第一，从2008年发生金融海啸以来美国对经济危机的救市过程看，这种单极化政治经济体制的本质决定其只能是饮鸩止渴，而没有可能作实质性"改变"。近期货币增发和债务增发两手并用，意味着这种法西斯化的国家既然延续政府凭借强权无度扩张信用的"路径依赖"，就不可能"回调"到以制造业为主的经济结构，不能改变其以金融深化推进虚拟资本泡沫化和全球化的获利方式，**也不能改变其向全球转嫁危机代价的基本趋势——相反，这一趋势由于没有被遏制而正在势所必然地恶化中。**

那么，**世界上有没有任何主义、制度或者机制性措施，能够有效地遏制美国这种政府两手扩张信用，向全球直接转嫁金融危机代价的趋势？没有。**

第二，当前中美之间的战略接近关系，本质上是**中国对凭借军事强权支撑泡沫化货币体系和掌控全球资源体系的美国不得不"再依附"，且这种关系愈益加深。**甚至也可以说是在华盛顿共识给定全球贫富"二八开"条件下，一种试图让富国俱乐部接受"四六开"的"国家发展权合法化赎买"——中国人口占世界20%，如果中国实现西方模式的现代化，则意味着华盛顿共识强加给世界的"二八开"（全球资源仅可以满足20%白种人为主的发达国家的需求）演化为所谓以北京共识为导向的"四六开"。

客观地解析西方世界主流政治和意识形态之荒谬，本源于其内在矛盾：一方面要求中国融入西方资本主义制度；另一方面却以资源有限为由，多次公开拒绝中国按照西方模式推进现代化，并指责中国挑战国际政治经济秩序，对国际体系构成威胁。

如果比较中国近代史上曾经在 1957—1972 年发生过的"去依附"经验看，当代这种"融入"努力则属于"再依附"。那么，**未来 10 年中国有没有改变这种再依附关系的可能？**

答案还是没有。

第三，过去帝国主义国家内部的资本家阶级与劳工阶级的对立矛盾和社会冲突，随着西方产业大规模对外转移，现在已经外化为发达国家与发展中国家之间的对立矛盾。处于打工者地位的发展中国家话语权愈益弱化，主要有两个自身的原因。

一是劳工群体的整体失语。比如，中国是世界上最大的由共产党领导的社会主义制造业国家，中国的劳工群体也是世界上规模最为庞大的群体。在所谓苏联模式的世界共产主义体系瓦解的同期，中国开始了社会主义市场经济改革。在这一改革完成之后，中国的工人阶级或者说劳工群体是否还有属于他们自己的，并对其有动员作用的话语体系和活动空间？没有。

二是西方主流话语培养的知识分子不自觉地被西方意识形态所控制。早期发轫于西方的工人运动因劳动者创造世界而形成了"劳工神圣"的理念，加之工人为争取权益的自由、民主的社会运动广泛开展，因而构建了相对于资本剥削而具有政治道德高度的、各个阶层迫于道德压力而大都不得不接受的"普世价值"。但是，随着西方的产业移出，这些有道德高度的旗帜都已经易手，交给了被西方称为社会主体的中产阶级（或称社会资本阶级），甚至部分地演变为当前维护垄断金融资本集团利益的新自由主义使用的主要意识形态武器。这时候，包括中国在内的发展中国家的劳工阶级手里还有什么？他们提出利益诉求时，所使用的传统意识形态和话语恰与新自由主义所使用的武器一样！乃至于，**现在发展中国家被压迫民众运**

动所喊出的口号,也与新自由主义大力推行的意识形态话语大致相同,无论是人权、自由,还是民主、正义等,所有这些客观上伴随西方获取产业转移收益而风行于世的话语,都不再是主要用于保护发展中国家劳工利益了。

在这种情况下,发展中国家及其劳工群体有没有形成新的话语体系的可能?如果没有,那么要知道,在马克思所处的时代,风起云涌的劳工群体的斗争形成了对资本扩张的制约,劳工群体也是通过大规模斗争才成为引领社会的进步的主要力量。不过,当代能够有效进行劳工群体斗争动员的意识形态话语基本缺失,社会是否还有条件重建这种通过劳动群众斗争形成对资本的制约?答案还是没有。

既然以上三个难题都无解,那么,西方主导的金融资本全球化势必这样无节制地走下去,直至这种全球化内在危机催生"单极世界"势所必然走向新法西斯主义,演化到最终将是自我毁灭。

这些消极答案真的不能改变吗?

二、对全球基本秩序格局演变趋势的展望

针对课题组提出的以上三个问题,与会专家从不同角度进行了讨论和展望。他们大都认为当前世界基本秩序短期内难以改变,不可控风险在增加。

(一) 全球资本主义危机仍在深化

在资本主义文明史的产业资本阶段,西方的劳工群体为争取权益的斗争对产业资本的成本对内转嫁形成制约,客观上也使产业资

本因无力化解伴随国内反抗与生俱来的日益上升的制度成本，而不得不在20世纪70年代以来大规模移出西方。但在随后的金融资本阶段则不能形成内在约束。**金融资本的深化和扩张几乎不受本国社会大众制约，而且会因其能够大量获得海外产业收益转而使得本国大众得以分享全球资本化汇回利润。**

进入新世纪第二个10年，全世界都对政府债务，特别对发达国家负债进一步增加的趋势表示了很无奈的担忧。2008年全球经济危机发生时，全世界政府负债的总规模是36万亿美元，2010年约40万亿，增长了10%以上，而2011年预计达到约50万亿，增长超过25%。此外，在金融危机爆发的2008年，发达国家的债务占全球政府债务总规模的70%以上，直到现在还在进一步提升。

发达国家负债增加，从产业移出之后经济结构对其刚性开支约束缺乏这一基本趋势上看，是不可逆的。而且其负债与此前相比呈现上升趋势，恰恰说明其向全世界转嫁危机代价的做法不受制约。但即使向外转移代价，发达国家自身的危机也还将不断深化。

我们认为，**发达国家的危机已经从金融危机演变为与其高成本的政治体制具有内在相关性的财政危机。**2009年欧盟财政赤字占GDP的比重基本上已经超过6%，为规定界限3%的两倍，估计这一轮很快会达三倍。欧盟和美国现在都是用财政的钱解金融危机的套，这个两手并举扩张政府信用的做法将为下一轮的财政危机爆发埋下伏笔。[1]

这也同时将越来越凸显为全球性问题。

发展中国家中，只有中国年度财政赤字占GDP的比重尚维持在

---

[1] 董筱丹，薛翠，兰永海，温铁军：《发达国家全球金融资本与现代化政体的双重危机》，《中共中央党校学报》，2011年12月第15卷第6期。

3%以下，其他国家的中央政府全部超过3%的警戒线，包括俄罗斯和越南这样的高增长国家。因此，下一轮债务危机发生时，发展中国家也会因为财政过度负担债务而发生危机。**这会对那些有社会主义因素的亲民生的制度安排形成摧毁性打击。**

因此，**这个将要波及全世界的财政危机，又是一次比较大的政治危机，而且是结构性的。**西方国家的老龄化和高福利制度将加剧危机的影响。何况，**发达国家经济基础领域在本质上已经"去工业化"**，由于社会成本极高而无法向工业社会回归。

（二）美国国内的危机感加剧，更依赖军事行动的可能性提高

美国对世界经济的引领力正在消退[①]，民调显示其国内的危机感与日俱增，但**这也意味着中国在第二个10年遭遇军事冲突的风险大大增加。因为美国除经济以外，还有着人类史上最大规模的军事力量，**在全球有80多个军事基地——在特殊条件下，美国采取军事手段解决问题的可能性提高。

美国2010年四季度的GDP增长率是3.6%，全年接近3%的水平，但是设备利用率一直没有上升，平均是72%，这在过去是没有

---

① 除了中国的高速增长外，美国的压力还来自其研发机构向中国的转移，年度专利申请数和授权数渐低于中国（尽管在存量上还是美国高于中国）。现在美国和其他国家的R&D机构正大规模涌入中国，根据商务部的统计，目前注册的已经有1400家，根据科技部的统计已经3000家了。

过去美国商品逆差的同时，服务贸易是顺差，有很多专利费，但是**2006年美国的服务贸易也开始出现逆差。**这种趋势还将继续下去，**过去美国大学生约70%攻读技术专业，现在是70%读工商管理，**美国本土读工科的很少，因为读了以后没有就业机会。——作者注

过的。而且，美国的经济复苏也没有拉动就业，是一个"无制造业增长"，因而也就"无就业增加"的复苏。这是理解美国经济的核心问题，由此可推断美国金融危机→财政危机→产业危机→社会危机的基本演变趋势。

金融危机爆发以来美国的表现显得越来越不负责任，其维护全球政治经济秩序的相对理性程度也随对外大规模转嫁通货膨胀而越来越走向反面。未来，美国金融政策在不得已的情况下扩张、引发不可预见的行动将是一个趋势问题，国际社会对此普遍担忧。

因为，历史上从罗马帝国以来没有一个帝国达到过美国这样强大的全球性的军事规模，**这么庞大的军事体系一旦要动用军事力量维系霸权，其破坏性之大，后果之严重是可以想见的**。从大国兴衰的逻辑看，在长期衰弱趋势下大国都可能出现战略冒险。这意味着美国的冒险性会增加。[①]

反之，一旦其丧失控制和威慑能力，放任各区域的大国各自扩张，后果也将是灾难性的。

三、新世纪第二个十年中国的风险与制约

（一）20世纪70年代以来的中美战略接近及中国的收益与成本

中国在20世纪50年代接受苏联援助而形成国家的工业化基础

[①] 印度前外长保罗·肯尼迪认为，当前全世界对亚洲崛起尤其是对中印讨论很多，但不应把俄罗斯遗忘在外。当美国采取军事行动时，全球唯一的还有可能进行军事对抗、遏制的国家是俄罗斯。——作者注

时，对作为投资国的苏联客观上构成"依附"关系。1958 年以后由于苏联中止对华战略性援助，中国通过国内资源动员实现了"去依附"，遂不得不自主但痛苦地完成了国家工业化原始积累。

20 世纪 70 年代初中国恢复对美日欧等国家开放时，适逢西方世界美元与黄金脱钩、产业对外移出，开始进入金融资本主导的格局。中国在接受了西方的产业转移后，在美国主导的金融资本深化的过程中进一步顺势而为，从 90 年代起加快推进国内的资本化和货币化进程。此后，中国因大量贸易顺差而形成的资本流入，以及以资本顺差方式流进来的美国增发的货币，成为拉动中国经济增长的重要资本力量。

这样，潜移默化地，**在三个方面又构成了中国对美国的"再依附"**。

第一方面，是金融深化的必然结果。当世界都不再以贵金属作为货币发行依据的时候，货币演变为以政治强权为基础来发行，即只有通过政治强权向货币进行国家信用赋权，才能形成货币信用。美元之所以仍然是全球强势货币，至今占世界外汇储备的 2/3 以上，很大程度上是美国军事强权和话语强权所构成的世界最大政治强权向美元货币体系赋权的结果。

中国在国内是单一政治构成的国家强权对货币体系赋权而形成金融信用，凭借垄断地位稳定获利；对外则是在产业资本扩张阶段加入全球化的，很快就感到自身并不具备形成金融资本全球竞争力的政治强权——**不仅不能与掌控游戏规则的国际金融资本竞争，而且不得不在政治上承认美国的全球霸权地位。从这个意义上看，中国金融资本能不能合法运作，一定程度上需要占据国际金融资本体系创制地位的美国来赋权。**

第二个难以摆脱"再依附"的原因，还在于**产业资本集团利益对国家主权的"绑架"**。中国产业资本粗放型扩张对全球资源和能源有巨大需求。按市场经济的一般道理看，这本来会使国际地缘战略格局发生重要改变，但如果从国际政治经济秩序的实质看，**中国人之所以近期仍能整体上比较稳定地获取全球能源、原材料和农产品（大部分企业进口依存度已经超过50%），仍然在于中美之间的战略接近和双方认可的"合作伙伴"关系。**

在产业资本需求方面，中国还没法摆脱对美国掌控的世界资源和运输通道的深度依赖。

第三个方面是美元增发流入中国，中国则顺势而为地用货币大规模增发来对冲。于是，在这一经济金融化加快的进程中，中国的中央政府对货币化收益的占有和依存度随之愈益增加。这样看，中美两国金融资本及作为其金融信用依据的政治体系，就都在货币化进程中增加利益。据此可认为，二者的利益在本质上也是一致的。这也可视为中国占有国内"币权"垄断收益的中央政府从中美战略接近中获取的历史性的"制度收益"。

如果收益与成本对等，那么另一方面，中国当然得付出巨大的制度成本，主要在三个方面：

其一，美国采取以邻为壑的"量化宽松"措施，其增发货币超过半数流向国外，很大部分直接进入能源、粮食和原材料期货市场；美国制造的流动性过剩间接地以各种方式流入中国，势必导致中国在物价高涨的同时增发货币，由此造成的**中国"输入型通胀"根本不可能被国内"螳臂当车"地靠单方面采取紧缩政策化解掉。**

其二，美国的国债增发也主要是由中国和日本这样的贸易顺差国来承接。日本早在第二次世界大战作为被美军占领的战败国之后就已基本放弃了国家主权,成为美国的仆从国。现在中国变成了美国政府国债信用的第一大买家,遂使在坚持主权完整方面,遭遇了让人不敢苟同的困境。①

其三,近年来,**中国在国际金融资本竞争中似乎缺乏合法性,主要表现为中国对美国作"双重投入"却没有任何身为投资国和债权国的话语权**:一方面,大量输出廉价商品被批为倾销和抢夺美国劳工就业机会;另一方面,即使老老实实把千辛万苦换得的贸易盈余拿去购买美债,也还是被批为摧毁美国经济的"核武器",而如果转而去发展中国家投资能源和资源,则又被批为新殖民主义。

没有形成文化软实力和政治巧实力的中国,似乎尴尬到了动辄得咎的地步——就连亦步亦趋地跟从美国,也不能得到控制着国际政治经济秩序话语权的美国的认可。

因此,加入全球化的中国正如同知识界犬儒主义般地基本上形成对美国金融资本及其派生的债务经济的一种"再依附"型关系——**中国在产业资本原始积累初期依附苏联,接着是20世纪60年代被迫"去依附"地完成工业化**。当前则是在进入金融资本全球化阶段后,客观上对美国接续了20世纪50年代工业化原始积累时对苏联曾经有过的那种依附关系。因此,也可以称之为**中国进入金融资本初期阶段的"再依附"**。

如同当年产业资本原始积累时期中苏之间的战略接近,现在金融资本初期阶段中美经济上的这种"相辅相成",使中美出现了目前相对融洽的经济关系和相对紧张的政治关系交织混杂的"战略接近伙伴关系"。如果根据西方新马克思主义的"世界系统论"的观点,

---

① 因此,当美国用货币和国债两个增发缓解美国金融和财政危机的时候,导致东亚客观上成为"美元湖",它关乎美国是否可以维系统治全球的战略地位。

则相对于美国作为核心国家的地位，中国尚属于"次边缘"国家，因而对核心国家势必居于依附地位。

（二）中国未来经济高增长的制约因素

相当一部分人对未来中国经济的高增长持积极判断，并认为可以通过中国的高增长改变中美的关系格局。单从数据上看问题不大，不过，有专家认为，未来中国经济发展的刚性约束将越来越明显。

一是国内基础资源的制约。**水资源短缺就是其中一个致命的约束。**

中国水资源只占全世界总量的 6.5%，但是消耗量却占世界正在使用的水资源的 15.6%，由此导致过度抽取地下水，造成湖泊减少和地表沙化等问题。由于水资源是由一国的基本地理环境和禀赋特征决定的，这个刚性约束既不能通过进口解决，也不是用"调水"就可以完全解决的。这和经济增长导致的需水量增加构成对抗性的矛盾。比如，"十一五"规划最初提出农业用水量零增长，但最后方案中还是要增加，否则就不可能达到 5.4 亿吨粮食的产量目标——现在中国使用了世界 15% 的水资源，生产了 25% 的农产品，如果把蔬菜加起来比重将近 30%，相对来说已经是很高效了。

二是**战略性资源、能源的供给约束。进口依存度过高势必导致国家经济安全受制于人。**

中国大规模的进出口导致经济安全的外向度越来越高，但凡属资源匮乏型的物品，都不是依靠市场就能保障的。按照传统的资本主义一般发展经验，这种局面背后潜伏着极大的不可控风险。只要继续按照外向型道路走下去，中国对海外能源、原材料的依赖就还有日益加深的趋势，也就似乎没有摆脱依附性地位的可能了。

即使不走产业资本外向型扩张的一般资本主义发展经验之路，依靠结构调整来加大内需，包括西部大开发和新农村建设等，内需上来的可能性也是有的。但**若按照现在美国梦的发展和消费主义模式，走激进的城市化扩张道路，中国仍然面临着资源、能源、食品等方面的制约**。例如，2010 年国内汽车销售量是 1800 万辆，原油对外依存度增加了 3 个百分点，已经上升到 55%。

在国际竞争仍然是以民族国家现存格局作为基本框架的情况下，资源环境等约束对中国来说是一个绕不过去的瓶颈。而这个约束与中国国内目前消费主义的发展趋势之间又是极端尖锐地对立着的。

三是国内制度成本的不断累积。历经 30 年的发展，中国形成了世界上规模最为庞大的产业资本，但也空前地累积了矛盾。由于**被动的"结构回调"的制度成本几何级数地高于结构升级**，如何使累积矛盾或制度成本可控，恐怕比对外开放还难。

（三）未来中美战略接近关系的制度收益与制度风险

中国未来的 10 年可能会产生更大规模的海外需求，也由此会导致国际地缘战略板块发生巨大的变化。但如何应对挑战、获得资源，中国人还没作好准备。

在这个方面的讨论中，与会者意见不尽一致。

有的学者指出，从长期看，中国只能依靠中亚、中东的石油和非洲、拉美的农业和矿产资源。对于中国大量获得海外资源，欧盟相对是最不愿意的。因为整个欧洲也没有什么资源，非洲大陆又是其传统的势力范围，中国如果向非洲伸手，会跟欧洲人的利益发生冲撞，会强化中欧在非洲的资源争夺。

例如，最近苏丹公投背后，虽然还是美欧两大帝国主义集团在斗争，但也和中国有直接关系。自中石油 1995 年开发苏丹南部的石油资源以来，苏丹已成为中国的第六大石油来源国，但是，非洲是拥有殖民主义文化的老欧洲的传统势力范围，这次公投背后主要是欧洲人在主导。有人指出，就连达尔富尔的动乱本身，也是欧洲人在背后策划的。持这种观点的学者根据经济逻辑进一步推导，**在中欧争夺中，美国应该是站在中国一边的**，因为现阶段中国的实体经济增长总体上符合美国的战略利益。美国人在国际上一直讲要稳定，讲中国在海外开拓石油利益是正常的，这是因为，中国获得石油是美国物质产品供应链的起点。因此，当中国要进口物质生产所需的能源和原材料时，美国理所当然会保护中国的海外利益。

换句话说，如果没有本部分分析的这种"再依附"构成的中美战略性接近的背景的话，中国现在的这种产业资本高增长带来短暂繁荣的"好日子"就过不下去。

在这个客观过程中，**中国可与美国交换的战略利益，主要还在服从和维护美国金融资本霸权上面**。

一是维持东亚净储蓄流向美国。2010 年美国 4000 亿美元贸易逆差，来自于中国的是 2540 亿，其中 2010 年 11 月来自中国的贸易逆差占比是 68%。这种情况下，美国离不开中国。

二是**中国得继续承诺不会挑战美元的货币霸权**，因为如果人民币区域化或国际化，就会加速美元衰落。有稳定的美元作为国际货币，保证中国从国际上拿到所需的资源，对中国来说利大于弊。

所以有专家说：**美元霸权的存在，一定程度也是中国这种发展模式的命脉所在**。

对此，另一部分学者则认为，虽然在进入金融资本阶段后，中国因"再依附"而作出让步是个客观的过程，中美战略性接近短期看也成立，但中国必须对其中的风险保持清醒的认识。中国过于依赖美国，不仅一般意义上使本国的经济安全受制于人，还使得**中国对美国因处于不同阶段而形成的互补关系具有很强的"可替代性"**。

第一，**随着过去累积的制度成本逐渐显化，中国的所谓"比较优势"会越发弱化**。中国现在的一般制造业在全球扩张，并不主要因为创新能力和资源优势带来的竞争力，只是因为中国仍旧用各种各样的制度努力在维持着目前低层次的产业优势。但中国以往很多关于比较优势的认识其实只计算了短期制度收益，几乎不算遗留下来的制度成本。比如，现在的社会冲突问题呈高发态势，恰恰是累积的社会成本不能被弱势群体承载而以集中爆发的形式表现出来。总之，以往过低定价的要素领域逐步制度化、规范化以后，很多潜在的问题会暴露出来，导致过去的要素比较优势丧失——随着中国劳动力价格的提升，一般制造业有没有可能首先被劳动力价格更低的国家所替代？

环境因素也同样，我们开始强调环境保护，客观上也会转化为制造业成本的提高。

中国的制造业在不同产业层次上具有被其他发展中国家替代的可能，这一点会对中美的战略接近关系形成直接挑战。美国随时可以启动战略性调整，让任何其他不具有挑战地位的发展中国家替代中国进行一般商品的制造生产。亚洲地区的印度、印度尼西亚、越南、泰国等也具有人口密集优势，劳动力价格相对于中国比较低廉的国家和地区比比皆是。

第二，**美国在中国与欧日盟友所同属的实体经济和制造业层面的竞争中，更倾向于后者**。尽管中国在一定程度上可以因势利导地将国际关系紧张转向美欧的金融资本对决,但在中、欧、日、韩所同处的制造业层次上,美国会站在欧盟和日本韩国一方,因为它们才具有长期的战略同盟关系,中国现在只是美国的"合作伙伴"。日韩和欧盟继续搞制造业对美国的长期利益没有直接影响,而中国想形成一定的市场份额对美国则是有很大影响的。这一点,我们的学者显然研究得不够。

与国家战略利益相比,经济利益还是第二位的。

当美国人和中国人发生战略意义的国家之间的冲突时,美国会只顾及中国对美国 CPI 不上涨的贡献而维持这种战略接近关系吗?一旦美国开始强调国家利益高于商业领域的经济利益,潜在的风险就可能随时爆发。那时候中国也可能会有被动的"退出权",但退出成本太高了。

四、中国的战略对策

(一)将创新力作为国家的核心竞争力

有学者强调中国新的比较优势,认为:根据国际专业数据库统计,2011 年中国申请的专利数超过美国,代表自主创新的基础专利数 2012 年中国会超过美国(虽然存量上还不够)。科学技术创新和专利技术的增加,一定程度上可能减缓资源环境的刚性约束。比如布袋除尘可以极大缓解排放性的污染,现在用静电除尘要求的排放标准是 12 克,布袋除尘可以达到 0.4 克,但成本偏高,30 万千瓦的发电机组需要投资 2000 多万元,一旦解决成本问题,就会对改善环境作出重要贡献。

（二）警惕两种保守主义思路

在分析中国相当长时期以来的"去政治化"后果时，有学者指出中国当下有两种倾向：对内政治上试图回归到19世纪在西方推进的民主政治；对外经济上是朝着产业资本扩张时期的帝国主义的海外殖民战略发展。

这两个方面，在西方应该属于所谓的保守主义，而在今天的中国却都表现为"激进"改革。有关中国产业资本的未来发展方向，课题组在2011年11月的研讨会中已经进行了分析，此次重点讨论中国的政治改革问题。

1. 当代西方的政党"去政治化"和政党"国家化"

有学者指出，单从政治改革来看，**现在世界上的西方民主模式已经发生了根本性的危机，因为多党制议会民主的基本构架在整个社会结构转型中已经不再有实质性的民主内涵。**

从这个角度看，中国正在逐渐推进的政治改革确实潜伏着很大危机。

因为，几乎整个中国**政治界主流对政治制度安排的考虑是完全参照传统的19世纪的工业化时期受结构主义思想影响形成的多党政治的、结构化的民主模式**，但这对中国来说一定程度上缺乏合理性——中国的再工业化还没有完成，全球政治结构的大趋势却已经不可能再按照传统的政党代表性的逻辑来运作，**中国如果回到19世纪按照多党政治竞争的逻辑建立议会民主制，只会演变成新垄断，而这些新寡头垄断也并不代表任何真正具有政治化内涵的政党**。现在所有看到的这种政治模式的实践个案，无论亚洲、非洲、拉丁美洲，还是日本，新党都是新寡头，对整个社会发展没有任何前瞻性规划，结果都是失败的。

当代资本主义发展到 20 世纪后半期，西方多党政治竞争中基本的宪政构架是清晰的。但是，**21 世纪的西方政党已经没有真正的政治化竞争含义了，除了是竞选的机器之外没有任何政党博弈的背景。**可见，**政党政治正在出现内涵性变化，其趋势将是政党自身的代表性不清楚而和国家利益越来越一致，即政党"去政治化"和政党"国家化"。**

2. 全球债务危机与当代西方政党政治的内在关系

我们几次讨论都指出：西方政党政治背景下的全球政府债务具有同质性和同源性。[①]

所有 OECD 国家的政府债务都持续上升，内在逻辑也都是一样的，即政党政治条件下的政权变更这个机制会导致"后任不理前任账"的结果，哪一届政府在任上都会尽量借钱花钱，管它身后洪水滔天。从这次债务危机中，我们应该看到西方模式的现代政治体制危机。

中国应该注意到这些演变，这样才能化不利为有利，在这个基础上重新设计克服政治危机的方法。

3. 中共转型的基本取向与挑战

中国宪法规定了共产党的领导执政地位，一定程度上政党还是国家机器的一部分。现在**最大的问题——其实和西方一样——也是政党国家化，表现为政党跟国家过于同构，跟社会等级结构也过于同构**。中国政治改革的基本取向应该是通过政党来提高国家的整合能力，提高对草根诉求的代表性，以公平为方向进行结构重组。

---

① 有关当前全球债务危机的本质是西方现代化危机的分析，见本部分第二节。

当前，中共的再政治化有很多复杂困境。

一方面，中共要"忍受痛苦地"从一些资本领域，特别是经济活动中退出（例如，严令各级地方党委部门及其负责人绝对不能去搞"招商引资"）；另一方面，**要加强中共自身的政治性，主要是帮助国家进行社会整合，只在这个意义上其才能作为国家机器的组成部分而存在**。为此，政党应该设定整合社会力量的平台，综合性地运用一部分直接民主——这里所说的直接民主并不是指大众运动，而是指政党通过一定方式向社会开放，让基层的社会运动能够直接参与到政党的决策中，并在政党内部政策上产生影响。

(三) 谨慎处理三大关键战略关系

1. 近30年产业资本形成中积累的劳资矛盾的可控性释放

21世纪中国在不同层面上不是以整个国家的面目出现的。中国内部的矛盾结构非常复杂，**当今世界的四个主要矛盾在中国国内都存在**，而最应该得到重视的是资产阶级代表的物化劳动和劳工群体的活劳动之间的对立，即资本和劳动之间的对立。

过去30年中国形成了世界上最大规模的产业资本，这虽然是中国所取得的经济上的最大的成就，但也前所未有地在政治上积累了劳动和资本之间的结构性矛盾。如何使之缓慢可控地释放，这个度很难掌握，比改革开放都难。

一方面，**中国在地化的产业资本正待羽化为与政治化的政党相结合，不仅准备工作已经接近于完成**，而且大量有技术没文化的小知识分子包括画家、音乐家、表演家等中产阶级群体正得益于与产业资本阶级化进程的直接结合。不带价值判断地看，这种庸俗化的

"因经济而政治"的结合,本是个正常的社会演化过程(欧洲也有类似过程)。

另一方面,现在劳工群体中的"80后"劳工95%以上都达到初中文化程度,**不用外部知识分子像早年共产党在白区发动工人运动那样去做动员,劳工群体中的政治精英就会清楚地使用传统的马克思主义阶级斗争理论服务于所处群体的自觉反抗。**

总体上,中国的新工人阶级这个具有自觉特征的阶级,已经先于资产阶级地自我完成了政治化进程,**大量的劳工群体的政治组织正在社会上形成。**

所以,我们在上一次讨论中提出"要想政改先还账":如果不先下大力气安抚原本属于小资产阶级的劳工群众,就走不成资产阶级精英的结盟政治之路!以现在这种普及化的通信手段,任何一个时点上都可能会爆发出全面政治危机。

正如我们在2008年9月华尔街金融海啸爆发之初就指出的,在外部发生危机时,中国从经济层面上可以应对,但要警惕经济危机社会化。国内这一轮积累起来的金融坏账大致是20万亿元左右,集中还贷时间应该是在2012—2013年。据此,新一届政治领导人完成接班之后的2013年,**中国很可能会爆发一场大规模的债务型的金融信用危机!**那时,中国的外部,特别是欧美,很可能也是由债务引发的金融危机大爆发之时!

2. 中国金融化进程的十字路口:金融资产与实质资产的关系

中国2010年海内外的银行资产约为100万亿元人民币,而非金融的实质社会资产则是几百万亿,因此,中国才没有过度泛滥的金融泡沫。当美国泡沫化的金融资本进来时,中国可以以增发货币来对冲；同时因为中国的货币体系不对外，不构成人民币在海外对美元的威胁——**在这方面，中美双方可以说正在构成非主观的"合谋"关系。**

因此，**彻底推进中国金融自由化的战略设想，对中美双方都是不可取的，这会在条件尚不具备的条件下极大地破坏目前暂且处于相对稳定的中美战略关系。**

但是，什么时候人民币可以构成能和美元相抗衡的货币体系？难道一定要等到美元与欧元这两大泡沫化的货币体系争斗到两败俱伤的时候吗？显然不是。而是中国在全面接受西方金融资本阶段的教训的条件下，使自己和所联系的经济体在结构层面上也可以和美国相抗衡的时候。

从对中美战略关系解构的角度看，中国完全可以走出另外一条路，如果采取"两条腿走出去"的对外战略，中国就仍可维持产业资本的相对竞争力和实体经济领域的相对领先地位，以此来引导发展中国家走向非金融化的发展。

我们最近在研究中国近代的经济发展史时指出，如果从整体来看中国进入金融深化的时间段的确很短：因为**西方1929—1933年大危机引发的通货膨胀及伴生的贵金属价格上涨，乃至后续的所谓贵金属储备体制的变化，**中国的货币化进程在民国年间就彻底失败了；1949年中华人民共和国成立以后**进入不了真正具有金融资本意义上的西方货币体系，**从而停止了货币化，用"第二货币"——票证分配体系——替代货币经济，这就客观上避免了民国年间从银本位走向纸币制的惊险跳跃可能带来的摧毁性的长期通胀危机。

直到1992年中国才放弃长达40年的票证供应，人民币才独立为货币，《资本论》中所说的货币作为一般商品等价物所行使的交换功能在中国才有清晰的表现。但接着，**在开始重新货币化的1993—1994年，就出现了严重的三大赤字和恶性通货膨胀，靠当时的铁腕领导实施的代价极大的宏观调控和大规模的"存量改革"才渡过了这场危机。**

中国从1993年开始大规模增发货币起，用了10年时间，才形成真正具有市场经济意义的商业银行，那是在2002年完成了国有银行商业化改制以后。此后，又在不到10年的时间内就出现了今天的金融资本过剩。中国的金融化进程尽管时间很短、起步很晚，但金融深化的速度很快，以往全体国民用半个世纪累积起来的实质经济财富，在不到20年的时间内就完成货币化了。我们都知道，从西方的1929年大危机到全球化的2009年大危机，是80年的危机演变进程，其内涵是相当深刻的。

中国人近代以来走了两次金融化的道路，但都如盲人骑瞎马，而直到现在尚未有人对这段进程作出基本概括。21世纪的第二个10年，中国是该继续沿着全球资本主义汪洋中金融资本深化的路径走，还是该有所调整？

如果中国沿着美国主导的金融资本深化的路径走，注定还是摆脱不了依附地位。

下一个10年中，中国应该会出现金融资产总量和社会实质资产总量1∶1的点位。 那时，如果社会资产总量没有进一步扩张，则金融资产短期高速度的增加，势必带来泡沫化。

3. 城市化进程的十字路口

未来10年中国将出现的另一个1∶1点位，是城乡真实人口比，这同样是非常关键的。

中国现在的发展模式面临两条路，是继续走美国版本的盎格鲁—美利坚模式，还是德国版本的莱茵模式，还是创新型的东亚模式？**走城市化和消费主义的"美国梦"道路，能带来生产力和金融化的制度"创新力"的释放，这都是毫无疑问的，但由此带来的需求之旺盛，对人类可持续性之挑战也是不言而喻的。**因为，中国对资源的饥渴已经引发了全球各国的普遍担忧。

当今世界格局是"二八"开，**中国占全球人口的20%，如果中国全面进入现代化就意味着世界将改成"四六"开，而40%的人进入现代化，以这个地球的资源和环境容量来说是不能承受的**。因此，按照美国或者说西方的模式进入现代化，并不是中国可选择的道路。

此外，我们最近的研究表明，中华人民共和国成立以来60年发生过的经济危机都是以地域辽阔的乡村作为载体的。因为危机发生时最大的问题是劳动力失业导致社会性动乱，而**中国最大的人口池和劳动力池在农村，因此，农村才是中国经济危机的载体**。目前激进的城市化态势，虽然是资本主义现代化的主流趋势，但对于中国这样一个不得已地只能以一国之力来防范全球危机的国家来说，却是不可取的。中央政府切不可过度加快城市化。当城乡人口比例达到1∶1时，这个点位的轻易打破，很可能会加大应对危机的制度成本。

Ⅱ 中国构筑战略回旋空间要靠两条腿"走出去"

——2010年秋季宏观形势闭门研讨会辑要[①]

一、联欧还是亲美：中国对外战略的两难困境

传统的国际地缘战略结构在本质上是"西方中心主义"的，自500多年前西方的殖民主义国家竞争以来，一直延续至今。

借用矛盾论的分析范式，当今世界的主要矛盾仍然是西方发达国家之间因资本过剩导致的矛盾，美国也还是欧美这对主要矛盾的主要方面——1999年欧元问世形成对美元霸权的挑战以来，全球资本主义的主要矛盾就由冷战时期的美苏矛盾转变为后冷战时期的以美元和欧元为中心的两大金融资本之间的矛盾（现在世界货币储备体系中美元占不到70%，欧元占约25%）。

在这种强国政治主导的国际政治经济体系中，中国近百年来的外交战略也有一个特点一直在延续，即试图在大国的矛盾中间寻找自己的战略平衡点。客观来看，中国现在的对外战略思想还大致停

[①] 本文是中国人民大学可持续发展高等研究院于2011年1月上报的2010年秋季宏观形势"闭门研讨会"辑要。——作者注

留在 40 年前老一辈革命家启动国家工业结构调整时确立的框架内——1969 年毛泽东问政于四位老帅，得出的基本结论是"世界大战 20 年内打不起来"，遂利用美苏争霸中中国战略地位提高的机会，在 1972 年恢复与西方世界外交关系的同时期引进了设备和技术（总计 43 亿美元，故称"四三方案"，见本书第一部分关于第三次危机的分析），是为新中国的第二次"对外开放"。

邓小平在 20 世纪 80 年代和江泽民在 90 年代主导对外开放时，也作出过类似的"20 年无大战"的判断。

但是，随着中国在 90 年代的产业资本扩张和在产业过剩压力下纳入全球化，促推全球产业资本在过剩压力下重新布局，目前**中国制造业已经形成了世界最庞大的规模，250 项工业品产量世界第一**。此外，由于中国长期对东北亚其他国家表现为贸易逆差，而对美欧为贸易顺差，国内为对冲大量流入资本而增发的人民币累积表现为中国金融资本过剩，遂使中国在东北亚和西太平洋的"美元湖"的亚区域整合中，处于越来越重要的地位。

中国过去在资本短缺阶段，对于西方过剩资本而言是风水宝地，当然不足以威胁西方；但**中国当前在产业和金融这两个方面的资本都"过剩"的情况下，却必然使早已严重过剩的包括美国在内的西方世界有足够理由认为中国是主要威胁**。只是，由于制造业产值在美国 GDP 中占比仅 12%，所以，中国在新世纪进入金融资本过剩阶段之后，才在新时期对外战略上陷入了"联欧"与"亲美"的两难困境：

如果中国选择力挺欧元并且成功的话，那么等美元、欧元各占世界货币的 50% 时，全球货币体系就形成了寡头垄断的"古诺"均衡，那时中国在金融资本主导的国际竞争中就一点翻身的机会都没有了。何况，欧洲主导国家与中国同样还有在产业资本过剩压力下势必构成恶性竞争的对抗性矛盾。

所以，中国"联欧"前景不好。

另一方面，中国领导人尽管在主观上仍愿意选择与美国战略接近的外交路线，客观上却被美国愈益清晰地作为第一假想敌。然而，以中国的经济和军事实力，中美一旦发生冲突中国又几乎不可能采取军事对抗策略。

所以，中国"亲美"就会始终处于战略被动局面。

二、"亚非大陆桥"：中国对外新战略设想

研讨会认为，处于资本过剩阶段的中国实际上无法按照西方公开声称的自由市场经济的游戏规则做事！无论中国在西方的并购，还是在拉美、非洲的大规模资源开发性投资，都是对上述两难困境缺乏战略统筹的介入，势所必然地面临越来越多的围堵和当地的对抗冲突。这种某些利益集团没有足够准备地贸然介入西方传统势力范围造成的巨大制度成本，显然并不由获利者承担，而是在中国这种集中体制下直接转移给国家政权，愈益倒逼中国走向战略性被动，甚至长期被迫向美欧作"赎买政治正确"的让步（这些让步屈辱反过来也影响国内稳定）。

2010年美国战略调整中得到强调的"巧实力"表现突出——有意识地在中国东海、黄海、南海军事介入，重复表达对韩国、日本、越南等和中国有领土和领海争议国家的军事支持。这些动作表明，**尽管中国长期对美双重输入——低价商品和资本——以在经济上维护美中之间形成 G2 关系，但中国在太平洋"美元湖"的任何晃动"短板"的动作都会导致美国的直接介入。**

有鉴于此，中国近中期亟须作出战略调整，形成"两条腿走路"的地缘战略新思路：一条腿是维持既往的沿海外向型经济，但要加大调整的深度和力度，限制和改造最近30年间形成的粗放型和排斥性增长路径；另一条腿则另辟蹊径，绕开美欧这两个西方主导者设定的游戏迷局。

亦即，中国要尽可能改变原有的欧洲中心主义的对欧亚大陆的殖民化战略，将综合性的战略投资就近转向东南亚和中南亚，进而转向西亚和北非，通过构建中国香港至埃及亚历山大港的亚非大铁路，形成中国东南部制造业中心地区通向北非的大陆桥通道。与此同时，则要渐进地从"美元湖"逐渐撤出。

因为，在实体经济发展和基本建设能力这两个方面，中国已经占有绝对比重并具有相对优势。当务之急是考虑如何利用中国门类齐全、结构完整的产业资本平台去纵向地对周边资源和市场作区域一体化的地缘战略整合。据此看，中国恰恰可以凭着已经过剩的制造业生产能力用于建设香港到埃及亚历山大港之亚非大陆桥。再进一步，则是参与亚历山大港到开普敦的泛非洲铁路建设。这是一个能够使它的产业资本平台发挥整合作用的新地缘战略。

"亚非大陆桥"的另一个动人之处，是它改变了西方传统殖民主义地缘战略的大陆桥概念。

现在的欧亚大陆桥都是从欧洲这个殖民主义的中心出发，东向亚洲，散射状地发展过来，所体现的是传统的、自有殖民主义以来的地缘战略的基本建设以及物流、发展等战略思路。当中国仍只具有产业资本的竞争优势，而在金融资本主导的全球竞争中不具有较高地位的时候，凭什么来改变传统地缘战略呢？

此外，**中国当前百分之七八十的经济重心都在沿海岸线200公**

里以内，造成92%的外贸、95%的石油进口都是通过海上运输。经济发展向沿海集中虽然有利于提高经济效率，但从国家安全角度则意味着风险过大。如何为中国的沿海开放战略构筑回旋空间，提高中国在外交谈判中的战略主动性呢？

当我们把目光投向亚历山大港到中国香港这个亚非大陆桥时，就豁然开朗了。因为沿亚非大陆桥两侧拥有占世界50%以上的人口和资源。如果考虑亚非大陆桥沿线上中印两个世界人口最多的国家的历史矛盾化解，则尤其应该强调这两国制造业都正处在上升期，在大陆桥建设中双方利益一致：一是未来它会大量地吸纳工业化崛起国家的扩大再生产能力；二是其对整个周边乃至于向下到东南亚、中南半岛和南亚次大陆都具有推进区域一体化所必需的"纵向整合"作用。

由于这个大陆桥同时还会带动周边地区劳动力的就业、消费的增长和资源的开发，且基本上不为钟摆理论所制约（铁路运输超过800公里，如果没有人口和市场，那这个铁路是不经济的）。因此，如果产业资本崛起的中国能成功推动建立北非塞得港到东亚香港的亚非大陆桥，一方面势必带动沿线各国发展实体经济；另一方面，因其中蕴含了更多的区域和亚区域的经济一体化整合机会，足可增加沿线各国的基本建设需求，这就使中国国内相对过剩的实体经济有更多对外转移输出的可能。

总之，因为大家都得好处，多重博弈和双赢格局都会产生，沿线的各国应该是乐见其成的。

进一步，中国未来的发展战略，应是基于这个新地缘战略的中、印、俄（RIC）大三角整合。在欧亚大陆这个大三角上，金砖四国之中有三国位处其中，所形成的中、俄、印大三角共占有70%以上的世界资源和接近60%的全球GDP。

再进一步，可以考虑促进 BRIC（金砖 4 国）+3（南非、印尼、土耳其）= E7（新兴 7 国，Emerging-7）的战略协调。

总之，未来全球可持续发展的出路，就在于摆脱传统的美欧主导的殖民主义的地缘战略，形成一种新的南方国家自主地超地缘战略格局。如此，则可使发展中国家避免近 20 年里多次发生的被金融资本危机洗劫的遭遇。

退一步来说，中国如果在对外战略中增加像亚非大陆桥这样方向性的考虑，亦可与当前的沿海战略互为表里，增加国际事务中的战略回旋空间。从地图上看，亚非大陆桥与沿海经济带，正好似有力的双腿，支撑着中国的崛起。

操作上，中国应该先去主动投资和提供设备帮助周边各国作铁路网改造和高等级公路建设，到一定程度的时候，把不同路网之间断头的地方贯通，造就整个大陆桥沿线路网。这样，市场和资源的布局就自然调整了。

这个过程中，当然可能会遇到个别国家的围堵，但这个网络体系其实大部分已经是既成事实了（比如东南亚的铁路网就是既成的），目前只是改造和连接问题。

策略上，不必现在就大动干戈，将整个战略设想和盘托出，而是需要几个比较核心的认同某种战略考量的决策，由一两个部门去做前期的铺垫操作，同时推进扶贫和文化教育等包容性发展领域的交流合作，以此配合加强以中国为主的地缘战略调查研究，然后适当地使之成为大型金融资本和产业部门互相协调的一种结构性的、有组织的基本建设投资战略——像现在这样单打独斗地不带有国家战略内涵的"走出去"是高成本的，只有以银团投资带动产业输出的方式对一个地区进行综合性开发，才有可能长期进行下去。

Ⅲ
灰色经济、压力维稳与政治体制改革

——2010年11月4日闭门研讨会观点摘要

2010年11月4日,中国人民大学可持续发展高等研究院邀请几个经济领域的专家学者在明德主楼931会议室召开了题为"灰色经济、压力维稳与政治体制改革"的闭门研讨会,与会专家就当前我国居民收入差距拉大与灰色经济及收入分配的关系、政治体制改革面临的困难、国内政策调整的重点以及当前国际形势等问题进行了讨论。

经会议讨论,专家们达成以下几点共识:

其一,灰色经济显示我国目前居民收入的巨大差距,进而表明现阶段分配的严重不公,由此而**引发的社会问题为"大众"与"精英"的冲突与抗衡**,客观表现即是群体性事件等政治问题。灰色部分扩张又内生性地形成利益结构,就**导致个别地方政府官员黑社会化**,这是更为严重的发展主义代价。

其二,经济问题反映政治诉求,在贫富差距越来越大的时候政府应该在保障基本民生,保证国内形势稳定的条件下,为下一步的发展创造良好的国内环境。中共需要抓住当前财政相对宽松的历史机遇,先推进对工农基本群众的"还账"——把教育、医疗、退养等公共开支的历史欠账及时补上,以此达到增强群众基础和与新生资产阶级政党谈判的条件，并努力实现中国特色的精英共享政治体制下的基本稳定。

其三，一般认为中国政治体制改革时机已经成熟，但改革的方式有待讨论——无论是否政改，方式上是采取对内先还账的缓和的改革，还是采取与"精英结盟"的"铁腕"式的改革，其根本目的都还是要服从于新的形势和新的国家战略目标的需要。

其四，要正确研判目前的国际形势，主要是大国关系重组与中国在世界格局中的正确定位，而主要的着眼点还在中美关系，中美是否战略接近，左右着中国的国家战略调整问题。

一、灰色收入与居民收入差距

国际上关于发展中国家跟随战后发展主义大潮追求现代化理念，最终大部分堕入发展陷阱——灰色经济的论述很多，中国作为世界上最大的发展中经济体，出现面广量大、不断扩张的灰色经济和建制于其上的灰色治理，也是跟从发展主义的必然结果。我们需要讨论的不是否认，而是如何去除灰色。

（一）关于灰色收入的调查

有专家在一个 2009 年作的关于 2008 年收入分配和灰色收入的调查和研究的基础上展开话题。

该调查分布面比较广，在全国 60 多个城市，调查了接近 5000 个城市住户（包括不同规模的、东中西部不同地区的城市，而且是要求专业调查人员去调查他们熟悉的群体，包括他们很亲近的亲戚、朋友、同学、过去的同事等，以最大限度地保证数据的真实，因为这个调查的起因就是国家统计局的数据所反映的居民收入与其他很多情况对不上）。通过调查推算出的结果很有意思，低收入水平居民的收入和统计局数据相差很小，中等收入水平居民的收入差距就大一些。差别最大的就是占调查人群的 10% 的最高收入这一组，2008 年统计局的数据是年收入 43000 元，推算结果是年收入 139000 元，是统计局数据的 3.2 倍，而且这个数据可能还有低估。收入高低之间差距更大，用城镇最高和最低这两组来作对比，统计局统计数据是 9 倍，用调查所得的数据来算是 26 倍。如果看国家统计局资金流量表，用户部门的可支配收入是 18 万亿元，调查得出的数据是 23 万亿元，调查者把调查数据高于这 18 万亿元的部分——就是 5 万亿元这部分——叫作灰色收入。

相同调查者在 2006 年所作的 2005 年同样的调查与此次调查相比，得出以下结论：**灰色收入这部分翻了一番，增加了一倍，而同期名义 GDP 增长了 91%，即可以判断灰色收入部分可能略快于名义 GDP 的增长**。就是说 2008 年的名义 GDP 比 2005 年高 91%，而 2008 年灰色收入大致比 2005 年高 1 倍，如果各个部分都同比例增长，灰色收入也应该和 GDP 同比例增长 91%，但实际上它的增长比 91% 还高一些。还有一点，按统计数据长期趋势是居民收入比重下降，如果把灰色收入这块加上，再算居民收入的话，在 2005 年到 2008 年期间，居民收入的比重下降微乎其微。但是，虽然加总起来居民收入比重下降很少，**但其中的劳动报酬部分下降很多，因为灰色收入基本上是非劳动报酬**。

（二）灰色收入的内部结构

会议讨论认为，灰色经济是牵涉整个国民收入核算的大事，不搞清楚，会使很多宏观变量失真。**总量规模一变，很多宏观调控的办法都得跟着变，因此把宏观总量弄清楚可能比把个人收入弄清楚意义更重大**，当然这说的是体制问题，反过来说则是宏观调控、宏观运行与发展的问题，这两方面的影响都是非常巨大的。

而考察灰色收入的结构性问题，专家作出如下假设：假定2008年这5万多亿元灰色收入的一部分是在核算中间被遗漏的，根本就没算进去；还有一部分从企业收入或政府收入中间漏了出来，就是本来是政府投资，最后投资的一部分跑掉了，进了个人腰包，这没改变总量，但改变了结构，就是**政府投资实际上没那么多，有一部分变成了个人的收入**。这个遗漏的部分很可能是企业在工资、奖金之外额外发的钱，甚至发购物卡，这些都是不计入成本的。因为GDP核算的是增加值，它根本就没进入增加值，在国民经济核算中间就是遗漏。

假设这5万多亿元有60%是遗漏，没有算到GDP里面，有40%是从企业和政府收入中间流失的部分。这样算下来，**遗漏的5万亿元的60%的部分，大概占当年GDP的10%左右，就是当年30万亿元的GDP里面有3万亿的灰色收入没算进去**。

至于灰色经济部分缘何产生，与会专家经讨论认为，对于上报中央的统计数据，地方有漏报，也有虚报。还有就是中国现在的统计体系对第三产业的统计非常粗糙，遗漏非常多。

学者指出，因为**灰色收入主要发生在城市，因而实际的城乡收入差距比现在的3.3倍要大得多，可能要翻一番，达到六点几了，我们的基尼系数也比现在的四点几还要大得多。这一个数改变了，整个全局都跟着变了**。

另外一个问题是当一个社会的上层灰色收入大到相当量的时候，

灰色收入相关的制度保护或者是为了保证灰色收入而事实上作出的制度安排，就很可能是政治诉求。

有学者认为，我们现在有点东亚模式的毛病，就是**黑恶势力和灰色收入之间由一种内在利益结构的相关性演变成某种财阀制的政治类型**。

如果对灰色收入的部分作点结构分析，它恰恰可以作为一个经济基础，然后从这个经济基础之上生发出一套制度安排，**这个制度安排外在可能是冠冕堂皇的，但是内在却可能具有非规范性或者黑社会性，这也可以理解现在大城市、中小城市、县以下，乃至于乡镇各级政府都在和民众之间形成一种水火不容的对立，多多少少有黑社会化的倾向**。

二、政改面临的三大现实困难

会议认为当前社会矛盾已经取代经济增长而成为中国面临的主要矛盾。主要表现在以下两个方面：

一是维稳经费迅速增长。2009年公共安全支出4744.09亿元，比上年增长13.5%。其中，地方财政负担部分占全部支出的72.86%；中央财政负担1287.45亿元，其中中央本级支出为845.79亿元，对地方转移支出为441.66亿元。**2008、2009年公共安全支出分别占财政支出的11.5%、10.8%，已经逼近国防开支占比**。

二是近年来国内群体性事件频发，形势之严峻引人关注。中国社会科学院法学研究所发布的2009年法治"蓝皮书"称，2008年发生的群体性事件规模之大、影响之广"前所未有"。尽管2009年年初中央将保增长、保民生、保稳定作为应对国际金融危机冲击、维护改革发展稳定大局的重大任务反复强调,但 2009、2010 年群体性事件依然高发,而且主要发生在经济高增长领域。

针对社会矛盾愈演愈烈的紧张局面,不同利益集团都认为中国必须进行政治体制改革。

但在本次研讨会中与会专家根据对国内外局势的综合判断,认为无论主观愿望如何,当前仍不宜激进政改,理由主要有:

第一,当前利益结构已经形成且趋向于政治上的对抗性,激进政改会导致矛盾集中和提前爆发。

会议认为,关于灰色收入的研究对于稳定研究有重要意义——占 GDP 的 10% 的隐性收入与当前维稳经费占财政开支的 10% 相对应,具有内在相关性。由于灰色收入主要来源于灰色经济活动,因此从收入形成的来源结构看,隐性的和灰色的收入都会内在地导向和加强非规范制度,而不是规范制度。也因此,今天很多地方的政府治理很大程度上已经演变成正规权力和非法手段(甚至黑社会)相结合,不断向弱势群体转嫁排斥性增长代价的牟利型治理,而不大可能改制为由普惠制的阳光财政支撑的公共治理。

可见,地方治理结构的黑社会化与经济领域的收入灰色化,实际上是相辅相成的,是一个问题的两个方面。

这也说明,10% 高收入群体作为占有灰色收入的主要精英群体,其在为谋取灰色收入而与弱势群体所发生的利益冲突中,势必处于矛盾的主要方面。现在,这种利益冲突正趋于导向政治制度的对抗性。

有专家认为,灰色收入引发的连锁反应为:当灰色收入形成一个利益结构,这个利益结构提出的制度要求是一种灰色要求,这个灰色要求转化成非规范的制度体系,非规范制度体系使得政府、市长用两手,一手是警察,一手是"烂仔",这个结果使社会愈益严重不公。

这种情况下，如果我们一方面宣传形势大好制造出官方舆论对立于民心，另一方面却是听任地方政府滥用压力型体制，事实上在收入差别越来越大的条件下，会导致社会矛盾冲突越来越尖锐，面越来越广，量越来越大，这个情况反而又变成促使压力型体制向社会上传说的"维稳开支大于行政开支"的情况发展——实际上意味着**压力型体制自我膨胀了，而它越是自我膨胀反而就越不利于解决灰色经济内部利益结构所造成的灰色制度问题。**

第二，新的"经典理论意义"的社会结构变化正在出现，**任何激进制度在农村都要支付极大的制度成本。**

当年中国共产党在以土地革命为主，因而在所进行的最为广泛的国民动员之中，实际上形成了一个全球最大的小有产者群体——农民为主体的国家。这个小有产者群体在整个社会变革中间一定表现为小有产者群体的特色或劣根性，使我国经济既有竞争优势又有劣势。

如中国 20 世纪 90 年代初期开始出现的大规模的流动打工潮，农民工在差不多 20 年的高增长期间忍受了低工资，没有社会福利、失业保险医疗保险……当然，不是哪个农民工愿意忍受，而主要因为他们仍属于受"小有产者家庭劳动力组合投资获取额外现金来追求家庭综合收益最大化"机制约束的劳动者。

只要他们是以维持小农经济简单再生产为目标，而追求短期现金收入的农民家庭派生的剩余劳动力，也就在本质上还不属于西方经典理论的那种工业人口，客观上也没有条件表达作为工人阶级的利益诉求。

此外，在 1994 年分税制的作用下，他们的生老病死也由沿海发达地区和城市甩给内地政府和农村社区,当然就加剧了内地的财政困难和干群冲突为现象的社会矛盾。

据此,可以理解中国在20年高增长时期内虽然对1亿—2亿农民打工者构成超强剥夺,却没有形成西方经典理论意义的工人阶级的有组织反抗。这是城乡二元结构体制下中国产业资本得以在民族国家框架下通过占有"劳动力租"来参与国际竞争的得天独厚的特殊条件,所以才有西方人无法理解的"钟摆型"农民打工潮现象,和相对于其他国家的比较优势——低工资、无福利的打工者创造的低成本的大规模出口。

现在,国内外的政治家和理论家们都要激进地把已经完成以村户为单位的私有化的农民地权进一步搞成"个体化"私人占有的时候,新的实质性变化已经出现了。

2003年颁布的农村集体土地承包法实行后,本质上属于"成员权"的村社土地所有权事实上已经被剥夺,很多地区农民也不能再按照村内人口变动分得土地,村社内部化应对外部性风险的机制也就随之失去了。于是,80后、90后新生代打工者,概因单家独户从事农业风险过大而从种植业"退出"导致"弃耕撂荒+粗放经营"直接影响粮食安全,加上再也不能回家分地,遂更多农民工演变成"无地流动人口"并迅即成为西方经典理论意义的城市产业工人后备军。

于是,以中国打工者为主体的"新工人阶级"在新世纪第一个10年已经成为世界工人阶级中的最庞大群体(发达国家制造业劳动力总量不足1亿),中国也随之从最大的小有产阶级国转变为突然拥有2亿新生工人阶级的国家。国际经验表明,劳工群体仍然需要在长期斗争中和知识分子参与的条件下,才能逐渐形成经典理论意义的自觉的阶级。

"农地私有化"这个涉及农村财产关系的制度演变在以往的农村基本经济制度基础上多跨出了半步，便具有推动中国社会的主要矛盾势所必然地演变成资本与劳工之间的对抗性矛盾的历史作用，遂使经典理论百年难以在中国"落地"的难题，陡然得到解决。

几千年来，因小农经济或称小有产阶级非常弱小，无法抵抗外部性风险，当然会拥护一个集中的政权代表。因此中国被称为"稳态结构"。据此，现在的激进思想者们**如果不支持中央政府为了维护稳定而加强投入的新农村建设，对于现代国际经济竞争而言不仅打破了中国最大的劳动力蓄水池，也同时打破了中国这个仍然维持了"弱者想象"的集中体制最主要的社会基础。**

综上所述，在农村领域的变革中，任何激进的制度演进都会有比较严重的制度成本。

第三，当前欧洲债务危机本源于西方民主制度成本过高。

20世纪60年代到80年代的30年里，世界债务主要是发展中国家在追求工业化进程中引入外部资本所形成的国家外部债务。20世纪90年代至今这20年的世界债务，主要是发达国家维护没有经济基础支撑的上层建筑所形成的政府债务。当前发达国家政府债务占全球的70%以上，**本源于欧洲的以所谓自由、民主为理念的现代政治体制成本过高。**因此，这场起源于西方的经济危机在内涵上更是一种现代政治体制危机。

若沿用传统的政治经济学的分析框架则可知，发达国家20世纪80—90年代国内的产业已经移出，而**其原来的上层建筑是在原来占据全球产业资本最大份额的经济基础之上所构建和演进的。**历史地看西方自由主义思想和自由主义政体，则主要是西方国家工业化初期在地化的产业资本以自由主义的思想和运动与重商主义的王权斗争的结果。可见，当产业资本大量移出以后，**西方的中产阶级运动本质上不再具有原来劳工阶级争取权益斗争提出的自由民主人权等理念之内生正义性，因而，在西方大量占有发展中国家劳动者剩余价值和资本化回流利益的同时，其虽仍然标榜自由民主，却不再具有内生于早期市民运动和后期劳工斗争的所谓"普世价值"，也因此易于被改写为垄断金融资本所利用的"新自由主义"。**

西方产业转移之后所遗留的全部上层建筑和意识形态一定是不断推高治理成本的——欧洲很多国家的财政有一半左右用于社会开支，其占比还在不断增大，主要因为**中产阶级要求的根本就不是过去劳动者满足扩大再生产的社会福利需要，而更多的是西方消费主义和休闲享乐**。由此，西方高福利社会的发展结果，是没有经济基础支撑的整个政治体制维持成本越来越高。

成本愈益高昂的政治体制靠什么来支撑？像美国或中国香港地区这样服务业占比高达 80% 以上的，可以用金融资本泡沫中产生的短期超额收益来维持，而这种超额收益仍然不能覆盖的部分，就转化成政府债务。

美国是用三个一半——不仅其虚拟资本总量占全球一半，并且依靠军费开支占全球一半来支撑政府债务占全球一半，才维持得住美国意识形态的话语霸权。

许多欧洲国家不仅没有用这种"三个一半"作为手段，还缺乏一般主权国家都有的货币工具——欧盟国家没有形成欧元之前，一国政府还可以靠不断增发货币，制造通货膨胀基础来向社会转嫁政府负债的压力，而一旦加入欧元区就放弃了本国货币主权，也不再有储备、汇率和利率、货币等政策。其宏观调控失去了"两只手"，这就相当于把自己的经济主权和货币发行权拱手让人，其国家债务就只能等待欧盟统一化解，而欧盟又是服务于主导国家利益最大化的，于是欧元区国家的政府债务危机就发生了。

危机爆发前欧元区的平均债务负担（财政赤字与 GDP 的比重）是 2.3%，危机爆发后迅速升到 6.7%，有的国家甚至已达 15%。如果以综合债务来衡量，日本的综合债务占 GDP 的比重已经超过 200%，英美都是 100% 左右，欧洲主要国家中的意大利是 120%，欧洲大陆国家普遍在 50% 以上。世界银行估算中国的债务是 9.8 万亿元，但广义综合债务率估计在 100% 以上。

欧美两大集团的对抗性冲突中，欧盟经常是失败者。

这次危机表明，欧盟 10 年来试图整合成一个在金融资本主导的竞争阶段中能与美元抗衡的具有足够势力的集团，这个努力是艰苦的，也是令人扼腕的，但无论其政治上如何结盟，最终的结果仍然是失败的。特别是自这场华尔街金融海啸演化为全球经济危机以来，**源于欧洲 19 世纪以来的产业资本在地化的"现代政治体制"本身正在发生着其问世百年来最严重的内生性危机。**

这恰恰给了我们这个追求"政治现代化"的国家一个及时的教育，因为国内各界在形成政治要求时所参照的模式主要是源于欧洲的这种西方政治模式，**而西方债务危机给中国的"政改想象"至少留下了一个问号，有谁愿意支付这种现代化政治的制度成本？**

另一个还值得引以为鉴的是，虽然中国试图通过政治上的调整成为被西方主流意识形态认可的政治体，但欧美主流金融资本集团之间的对抗性矛盾冲突，显然并不因这种政治调整而有所弱化。

综上，无论何种主义、何种意识形态、持何种价值判断，要想在中国推进政改，就都不得不思考以上这三个现实的困难。

三、当前国内政策调整的重点——"还账"减压

(一)政改需"减压",减压靠"还账"

中国20世纪90年代以来的"去路线斗争"的中央领导换代方式,客观上放弃了以往的"纠错方式"——过去是以"路线斗争"为代价才能纠错——同时又**没有形成新的纠错机制来代替**。这使得**现行政治体制从本质上就是靠不断向下、向社会转嫁成本来维持**,同时因没有纠错机制而难以及时地自我调整。

因此,当前国内社会矛盾的激化,不是哪个领导人或个别地方的问题,而是中国现行的压力型体制的内在特点和结构性缺陷使然。

会议认为,90年代以来的平和的政治换届方式,仍然是制度收益大于制度成本的,但也导致**这种体制下的任何人如果试图对这个体制作出改革,都会使整个体制的累积制度成本压到挑战者头上**。这就如同课题组在研究农村冲突中发现的,上访者因承担整个体制的代价而从此走向不归路。**目前中国的压力型体制已经劣化到对其任何微小的挑战都会招致整个体制的反扑,这时,单一政改的结果会使压力型体制的全部累积代价被引爆或释放出来**。

发展中国家所有的"颜色革命"、所谓的政治改革,也都表现了这个规律。

因此,会议认为,**最好深化那些仍然局部有效的措施,比如依靠"双规"反腐败、抽调外地警力打黑除恶等,但不要在制度压力过大的条件下贸然去作激进政改的尝试**。

会议建议,若果欲推进**政改,则务必要先"减压",只有释放政治体制的压力才能降低政改的制度成本**。但任何关于社会财富分配结构调整的改革,都会招致既得利益集团的强大阻力。让不得不接

受前任遗留债务的现任政府替前任还账,等于"与虎谋皮",是行不通的。更折中的做法是"资源组合还债",重庆就有这种做法。因此,**最不"与虎谋皮"、最不对现有体制作根本性调整且成效最明显的做法,就是在基本公共开支上对群众更多地"还账"。**

(二)"还账"可能带来的连锁效用

第一个明显的连锁效用是提高农民的满意度。例如新农村建设国家战略的实施中,农民的满意度是最高的。2008年以来中国新农村建设的累计投入大约为3万亿元,中国有2亿农户,每户平均获得1.5万元,其中大约一半政府投入是教育医疗养老等作为国家之底线的公共开支。这个对农民群众的"还账"力度是前所未有的。因此,**尽管这么多年各地近乎疯狂地抢占土地,尽管社会上有各种不满情绪,但农民并没有整体性揭竿而起,也许这就是还账的直接作用。**从历史经验来看,无论是30年前以农村的休养生息为核心的农村改革迅速促进了农村经济复兴,反过来拉动宏观经济复苏并形成内需拉动型的国民经济增长,还是**2005年新农村建设以来累计约3万亿元投入中西部和农村地区建设,在中国遭遇输入型经济危机时因打造了返乡劳动力的蓄水池而缓解了城市的就业压力**,这两项政策的重大调整客观上都在其后中国经济的快速增长中起到了弱化社会成本的作用。

第二个连锁效用是降低社会矛盾。现在,在中国的真实基尼系数早都突破0.6的情况下,中共**若在十八大权力更迭时推出更多"还账"政策,其制度收益就尤其明显。**上一届领导人在权力更迭之际提出对农民免税并着力实施,当时的计算是免掉400亿的农业税裹挟的1200亿税费负担,但实际上是化解了3000亿—4000亿元的农民负担。这对农村社会的减压效果是明显的，2006年农村群体性事件数量比2005年明显减少，全国群体性事件起数比上年同比下降16.5%，参与人员同比减少20.2%。可见，只要继续还账，就会降低社会矛盾和体制压力。这也是最直接、最不受既得利益集团阻挠的操作办法。

第三个连锁效用是促进内需。如果对社会中低收入人口加强"还账"，社会保障水平提高，消费就会或多或少地增加。20世纪90年代末中国在产能过剩压力下转向了以外需为主，2008年金融危机爆发前经济的对外依存度已经超过2/3，由此还造成了大量的国际争端。现在应该通过民生领域的还账，将经济增长调整到以内需为主。同时，这也是产业升级的必要条件。

四、国际形势讨论

至于中国当前面临的国际形势，一般认为主要表现在中美关系问题上，与会专家对此大致有如下两种观点：

一种观点认为，**当今世界的关键矛盾不是美中矛盾，而是美欧矛盾，且美欧矛盾到现在也没变。**

表面上看，最近是美中对抗，实际上发展更厉害的是美欧对抗，美国在中国周边的一系列的行动，实际上反映了它更迫切与中国战略性接近的一面。**美国现在从战略上更加主动地靠近中国，是因为中国掌握着亚洲向"美元湖"里放水的速度。**中美战略接近，中国对美国接近的利益所在是政治利益，而现在中国在亚洲正确的战略是突出共同利益这一面。

可以预见，美欧下一段的冲突会有升级，在美欧越接近冲突的时候，美国越会跟中国战略性接近。

另一种观点认为，**中美矛盾已经成为世界主要矛盾。**

美国现在之所以把中国当成最大的假想敌，是因为中国目前的地位已经是世界第二，发展势头和发展成就让美国的对华战略内涵发生转移，因此，中国在发展经济的同时应该更加注重国家安全，在此基础上进行国家战略的调整。

进而，要改变国内的收入分配，不能再像现在这样靠大量出口拉动经济。因为，现在的所谓发展，在地方政府就是招商引资，政策优惠也是外资主导。出口经济中的国内外大资本雇用中国劳工也是尽可能压低工资。相反，如果更多地靠国内产业来支持内需的话，产业升级就上去了，这才是解决之道。

会议的主流观点认为，在正确研判国际形势以及中国的国际地位的基础上，我们有必要进行国家的战略调整，中国完全可以不再停留于传统的美欧主导的地缘战略中。国内主要趋势就是政治经济体制的改革进一步深化。诚然，政治方面要有积极稳妥的改革，不能总是像现在一样用铁腕来治服。只有内政的平稳，才能在国际格局中争取到主动权。

Ⅳ 中产阶级的崛起与中国社会结构的变化

——2010 年 3 月 1 日闭门研讨会观点摘要

中国在 1949 年土改后,占全国人口 85% 的农民大都变成了小土地所有者,不仅由此使中国成为一个世界上小有产者人口最多的"小资化"的国家,并且把这种社会特点延续至今——在相当长的时间里,中国都是全世界小资产阶级人口最多的国家(除了 20 世纪 60—70 年代以外)。家庭承包制改革以后占全国人口 80% 的农民重新分地使中国再次成为全世界小有产者人口最多的国家。

这就是让海内外试图促推中国激进改革的政治家尴尬的所谓超稳态社会的基础。

随着经济快速发展,中国社会除了原来少数占有社会财富比较多的富裕阶层外,又出现了富裕阶层之下、小资之上的中等收入群体,人口是 3 亿左右,在总人口中占比约 23%,这也是 2010 年社科院陆学艺教授牵头发布的研究报告中体现出来的新特点。一般而言,农村人群中中产阶级很少,城市人群中中产阶级较多,且越发达的城市中产阶级越多。经测算,北京中产阶级人口超过 40%。

另一方面,社会阶层的分化越来越清晰,劳资对立的具有西方传统阶级政治特征的冲突性社会结构,也随着最近 15 年的激进市场化政策陆续出台而越来越明显地形成了。

但是，目前无论是意识形态还是中共的执政理念，都并不针对这些问题正面地讨论。所以，现在也很难让中共在现有的意识形态约束之下，针对社会阶层分化的真问题提出政治理论和政策思想的调整——真正意义的思想解放大讨论还无条件开展。

对此，2010年3月1日中国人民大学可持续发展高等研究院邀请有长期政策研究经验和国际视角的人员召开闭门研讨会，**就中产阶级的崛起和中国社会结构的变化**展开了不同角度的分析争论，对事实上已经存在的阶级分化与客观上的阶级构成形成了比较清晰的认识。

一、中产阶级崛起对中国社会结构的影响

中国中产阶级崛起，使得中国社会、政治、经济等方面发生变化。相应地，许多与中产阶级崛起相关的社会问题也日益暴露出来。

但这个阶段的许多基本特点，都在总体上仍然与全世界中产阶级人口最多的国家相似——社会阶级组织不成熟、相对比较容易偏激或激进、政治利益分散、摇摆性大等。

（一）中国与西方在中产阶级形成及其社会结构变化方面的不同

西方出现中等收入群体（他们虽然不是经典意义的阶级，却被简单化地称之为中产阶级），还是在20世纪70年代开始的制造业大幅度移出，以及其间和之后伴生的社会群体去阶级化之时——原来的

资本家阶级与劳动阶级的对抗随着制造业大幅度向发展中国家转移而逐渐弱化,不再以资本家与劳工的冲突形式而爆发,社会相对稳定。

中国正在大规模接受外部制造业,一方面是劳工群体总量不断扩张,另一方面是同时出现了世界上中等收入人口最大规模的但却不同于西方社会的稳定状态——中国的金字塔结构正在巩固(上面有很少的富裕阶层,接着是一个3亿左右的中等收入群体,下面是以小土地所有者农民为主的庞大小资产阶级群体的塔基)。

中国工业化的快速发展带来了中产阶级的快速崛起,相应地也产生了经济结构与社会结构的矛盾。虽然经济危机后迫切要求加快城市化以提高国内资本投资需求,缓解产能过剩给我国经济带来的冲击,但城市化带来的中产阶级崛起又对我国的分配制度提出了新的要求。

考虑到中产阶级崛起带来的社会结构变化,中国近期不宜走加快城市化的激进道路。虽然西方经验表明中产阶级作为一个包括各种职业和阶层的跨度范围很大的群体,其多样化发展对社会稳定具有重要的积极意义,但是中产阶级的快速崛起给中国这种以单一制政府治理为主的社会管理体制带来的挑战,已经从一般经济发展领域过渡到社会结构化的管理领域。如何应对中产阶级崛起,正在考验着新时期的中共在领导艺术上的创新。

(二) 中产阶级崛起带来了新的政治矛盾

中产阶级的崛起使得中国社会结构有了新的变化,传统的社会结构管理方式在某些领域已经不能满足新兴中产阶级的政治诉求,从而产生了新的社会矛盾。

中产阶级在政治上本来应该有倾向于市民社会的诉求,但后来逐渐趋向于保守，容易与中共利益一致——越是"中产"的群体越希望社会稳定。然而中国的中产阶级一方面范围跨度较大，职业众多，没有形成像大资产阶级或者少数富裕阶级那样清楚的阶级意识。另一方面，他们难以跟统治阶级从中直接获取垄断资本收益的体系形成自然的利益结合，也无法对政策决策施加直接影响。所以，在国家垄断条件下的"亲资本"的政策体系中，不能够得到与垄断资本明显一致的制度收益。

中产阶级的阶级意识或者政治诉求表达不够清楚，或者说虽然有表达方式、渠道和表达内容，却处于零乱状态而不能构成"群体表达"。也没有任何政治结构与之相适应，没有任何国内的政治理论机构愿意开诚布公地指导这个崛起的群体；或者，他们的代表者还没有条件形成任何理论与政策，让他们将自己的合理诉求得到合理转化。

于是，内在地具有复杂性的、积压下来的政治诉求逐渐积累，就使得这种不清晰的政治诉求很可能转化为对抗性的冲突。

此外，**政府部门也缺乏处理这方面诉求的理论、策略和技巧**，还没有建立起像在农村应对农民小有产者那样通过改革前的集体化和改革后的合作社或者协会，把国家资本推进原始积累导致的对抗性的冲突转化为非对抗冲突的缓解机制。这时，权益意识或者是阶级意识比较强烈的中产阶级政治精英和经济精英就渴望成为中产阶级的政治诉求的代表，当他们的利益诉求得不到合适的或者公正的满足时，他们就会借助或者直接通过市场化媒体、网络灌水运作或其他手段，带动中产阶级及其裹挟起来的、易于情绪化的下层市民为自己作为阶级的政治诉求而斗争，这就有些类似于西方早期市民社会兴起的暴力运动（如法国大革命时期）那样，带来了许多新的爆炸性的、冲突性的群体事件，为国家维持社会稳定增加了更多变数。

中国现在正面临最大的战略机遇期，同时也面临着所有问题纠集的十字路口和拐点。中国要出问题的话，不会是某一个问题，而是一系列问题，因为所有的问题都联成网了。为此，中国要首先从政治高度考虑是否有或者什么是最根本的"普世价值观"问题，只有这些问题清楚了，才能解决其他问题。

（三）要从政治高度维护中产阶级生存发展

另有学者认为，现在最大的问题不在中产阶级是否发育起来，而在于为什么发育不起来。中产阶级面临的不仅是外部的经济危机环境，也面临国内政治分野的危机。中产阶级刚刚形成就开始衰落，这也是第三世界的一个特征。

中国目前还是图钉型社会，这个大头钉的钉面是大家基本解决了温饱问题，钉杆是所谓的一部分先富起来的人，钉尖是超级富豪。这种现状只有从政治的角度出发提出并实施解决方案才能有所改善。

如果按照美国六个咨询大所的标准计算，中国70%是穷人，但是世界银行却指称中国对世界的减贫贡献高达65%；客观上中国富豪数量远远低于俄罗斯，使得中国社会能够有别于苏联而继续走下去。

因此，首先要改变政府现有资源分配格局，关注中产阶级民生问题。

中国经济按外汇储备总量来算完全是亏损的，亏损量相当于GDP的5%。但是20世纪80年代以来，3亿亩地已经城市化了，农民工加上乡镇企业的劳动力现在是2.5亿，共生产了60万亿美元的产品，给国家留了 2.5 万亿美元外汇储备。

中国有全世界最强的实体经济，但是按这样的分配格局走下去绝对不行——改革开放以来我们**政府开支、消费增加了 144 倍，超过 GDP 的 19%。欧美国家都是占 GDP 的 5%—8%**。对于中国现在的财富政府拥有的最多，国有企业、垄断企业次之，居民是第三。政府过度占有资源将直接影响中国的分配制度，进而影响中产阶级的生存发展。

中产阶级的民生问题显得更为重要。妥善解决中产阶级民生问题，中产阶级才不会为争取生存空间而形成庞大的利益诉求群体，才能避免新的社会矛盾激化。

二、中产阶级崛起带来的社会政治结构变化

经济高速增长阶段是中产阶级发展的黄金时期，中国也不例外。经济发展越好，阶层分化越严重，中国中产阶级崛起带来的社会结构变化主要体现在中产阶级层级分化的资源化、社会管理职能的资本化两个方面。

有专家指出，一般认为中产阶级的崛起带来了公民社会第三部门的发展，但在中国，却是"政府、资本、小资"三方角逐，小资的力量非常弱，上升最明显的还是资本的力量。

（一）中产阶级分化向资源化发展

中产阶级阶层分化大致是资源占有少的阶层向资源多的阶层转化。这几年社会十个阶层中收入涨得最多的，大多集中在国家干部与社会管理者层级中，如大学教授和医院的院长等。**由于国家干部**

和事业单位人员这两个阶层集中在没有被改革的领域，因而占有社会资源丰富，就成了中产阶级崛起造成中国社会内部阶层分化的主要特点。

此外最明显的是农民阶层人数越来越少，工人阶层人数越来越多，1999年农业劳动者占劳动人口的55%以上，这两年已经低于40%了。从整体来说，农民工每年有七八百万从农业阶层中转出来。

（二）社会管理职能向国内为主的资本化发展

近年来社会领域的变化很大，2004年基金会管理条例修改以后，允许个人和企业成立自己的公益基金会了。**从2006—2009年这4年来看，非公募基金会数量增长每年在20%以上，而且规模也翻番。** 2004年规定，全国性的非公益基金会门槛是2000万，现在低于1.5亿民政部基本不考虑，这样一个政策给资本进入社会领域开了一个大门。随着这30年的发展，大企业和富人层出不穷，从现在来看，**资本的力量已经走出经济领域，走入社会领域，发挥着越来越大的作用，成为具有很强的支配性的力量。** 2007年开始出现一个明显趋势，即国内资本提供的资金总量已经超过海外的资源。

过去研究社会部门变化时，因为国内资本的力量非常弱小，所以不仅需要了解政府的态度和策略，还要了解海外的意志。但最近**这两年要了解社会部门的变化，必须了解国内资本的意志**，因为它现在异军突起，成为一支非常强大的力量。

同时政府方面也发生了很大的变化。最明显的例子是北京市。过去，北京市在这方面的变化往往是最保守的，现在不同了。"四加一"文件出台以后，首先在市委和市政府下面成立社会工作委员会，在最高层面上由统一管理社会领域建设和社会组织的机构来负责，把业务主管单位的数量从 51 家收缩到 21 家，充分发挥人民团体的作用（这种组织称作枢纽性组织，而政府主要管批发不管零售；人民团体，例如文联、科协、工会、妇联、共青团等，现在是业务主管单位，和政府一起控制社会组织）。

另外，政府采购开始大规模地扩大，2009 年比 2007 年增加超过 60%，2010 年和 2011 年翻一番，**过去用大棒管理社会组织，现在则用胡萝卜来管理**。同期，开始对社区性组织放手（如深圳等地），改革力度很大。还有在社会组织中建立党组织的，并且推进得非常快。

一方面学术界提出将社会领域建设作为重点，另一方面**政府和资本对社会领域的建设比学术界意识到的更早，而且更有力、更系统、更周全**。

资产阶级的结构日趋成熟，资本所有者已经有了清晰的阶级意识，也有了一点超越自我的利益考虑，但更多的是从自己和整个阶层长治久安的角度考虑问题，其关注也不仅仅局限于经济和政治领域，而是开始在社会领域逐步建立控制体系。哈贝马斯所谓生活领域的殖民化命题中，政治和资本对社会生活进行殖民统治这个过程已相当明显。

由于政府主导的市场化改革的特殊性，因而知识分子一直是以批判政府为主的，顺势接受西方意识形态批判社会主义、批判计划经济。而继承这样的思想脉络发展起来的人，势必会对市场和资本的警惕性和批判能力非常低。于是，**虽然中产阶级和资本的合流非常快，但社会却对此没有什么批判，甚至也没有任何抵抗**，造成这个领域的变化非常大。

总的来说，在经济领域中，政治精英、知识精英逐渐达成共识，就是"私有化+市场化"具有合理性和必然性；而在政治领域中，

20世纪90年代中后期也建立起一些共识，比如对现有结构保守主义的看法，最近逐渐在社会领域中建立起共识。

三、关于全球危机和社会阶层变化的讨论意见

中国所谓的中间阶层，或者中等收入者，在中国的现实条件下发展是极不稳定的，任何一个风浪，都能把中产阶级吞没。中国应结合国际经济形势和国内社会实情，采取更多社会保障性策略来应对中产阶级崛起带来的各种社会结构变化。

（一）全球经济危机演化与中国内在矛盾

如果全球能保持十年高通胀、低利率这种最有利于债务人的结构，那么很多人就会大量地在国外借美元、欧元到中国做各式各样的投资，因为只有中国有亮点。还有就是人民币能够保持顺差，所以一定能保持升值的趋势。按照城市化来算账，把中国的城市人口加上4亿人，就需要200万亿的投资，现在金融市场存差只有20万亿，与200万亿相比差很多。国内所有的过剩都是需求没有释放而导致的，如钢铁，别人完成工业化人均需要一吨钢铁，我们现在500公斤就过剩了，发达国家电机组人均占有量是500瓦，中国400多瓦就过剩了。相对于现在的压低产能策略，提高需求似乎更合乎情理。

次贷危机的爆发，也给中国传递两个需要依靠内需发展经济的信号。**一个是外资对中国不重要，甚至现在是外资对中国产生负面影响了。**2007年开始流入的外资已经减少了，相对而言，以外资筹资的情况会越来越少，在中国境内筹集资金的情况会越来越多。另

一个信号是外贸不再如以前那样重要。所以从 2007 年到现在中国经济的增长态势是逐步摆脱对外资的依赖。从经济运行的情况来看其主要原因如下：

第一，中国现在的经济增长中外需的动力已经见底了，以后中国经济的收支也很难恢复到盈余占比很高的阶段。**以后无论外部的情况好或者不好，都会依赖内需。**

第二，中国的人口红利已经见底。近年来中国的劳动力素质和成本大幅度地提高，劳动力的报酬已经不能弥补和反映劳动力素质的大幅度提高。

第三，**中国的货币化进程已经见底了。**货币化进程是一个货币使用范围不断扩大的过程，原来房子、医疗、教育都不需要钱，现在都货币化了。货币存量不断增加，货币使用范围和货币总量不断扩大，这都是货币化进程。但是现在土地也已经基本被货币化了，在中国国内没有什么东西再需要被货币化，而人民银行还有发币的惯性。货币化见底就意味着收入分配的恶化比我们想象的更大，如果货币化进程在今后 20 年左右加快，收入分配改变的紧迫性就提高了。

第四，从实体经济来说，上游是资源、中游是技术、下游是市场，继续使用依赖内外部市场的现存体制的可能空间也见底了。提升现在的资源保障体系和技术创新能力以及从国际市场的加工者、制造者成为营销者、品牌拥有者，如果不触动现有体制就不行。制造业的增长延续现有的加工生产老路的现象也见底了，在中国还没有成为世界制造业中心的时候就改变了。所以不改变现存的内外部的生存空间，制造业肯定会见底，也就是制造业普遍过剩了。

这些现象都说明我国的外需见底了，我们需要寻找新的增长动力和新的增长合力。

两个过剩中的制造业过剩和农村人口过剩的本质，也要求实现城市化以解决制造业过剩问题和农村人口过剩的问题。中国现在缺乏大规模发展100万以上中等偏大型的城市群战略。目前60万到100万人口城市集聚效益极差，基本没有第三产业。因此亟须100万到500万的城市形成链条和都市圈。

中国以工业化带动城市化，外向的工业化的路基本走到了尽头。化工和冶金行业除了解决本国的城市化所需要的材料之外，更大的一块是用于满足外需。到2008年为止，轻工产品，还有部分的机械产品中有两百种的产量占全世界产能贸易量的30%到50%，甚至比例更高。

我国廉价的劳动力积累了大量的资金，很显然是欧美与拉丁美洲一部分的产能转移过来了。全世界轻工产品在一定的时点内有一定的容量，欧美加在一起的劳动力刚刚等于中国劳动力的总数，用中国的劳动力代替欧美工业劳动力，现在能够做到的极限就是用轻工产品换西方的高技术产品，再往前走就需要费非常大的力量，但是我国现在没有做好这个工作。

从2009年开始，全世界包括西方把贸易矛盾推向中国，导致沿海轻工业的衰落，而转向内需的结果也是沿海轻工业的衰落。在这种情况下，中国的工业化和城市化与欧洲有很大的不同。使用标准产业对比，美国的服务业很大一块是外贸服务业和技术服务业，这两块都是跨国公司来完成的，而我国没有这样的跨国公司，我国是在买外国的高技术服务，所谓的"三产"就剩下餐饮、银行、房地产。

(二) 全球危机对我国的冲击

有些学者对中国的经济形势抱以悲观的态度,认为经济危机并没有过去,相反对我国还会有更大的冲击力,理由如下:

首先,最大的经济体美国的危机还没有渡过去。它庞大的"有毒"金融资产没有得到处理,现在只是把大量的金融合约冻结到2012年以后兑现,通过金融机构做假账掩盖起来,同时希望做新的金融衍生产品,比如虚拟经济衍生化。次贷危机到2010年以后进入到新的爆发期,这个过程中美国走不出去,各国也走不出去,最后就是低利率的时代,不断释放流动性的时代,甚至达到高通胀的时代。所以未来经济是低增长、低利率和高通胀的时代。

其次,国内经济前景不容乐观。一方面,国内的出口可能会一降再降,我国经济可能出现大幅度的萎缩;另一方面从国内来讲,大家谈的风险很多是股市有泡沫,地产有泡沫,但这不是最大的风险,**最大的风险是这次大规模投资中显著加剧的生产过剩危机的第二次爆发**。在经济收缩期的时候政府启动了内需,最先实现了V形反转。在本来就过剩情况下的投资,产能释放时很难收回投资。

这次产能释放高峰是2011年以后,本次投资结构与上次不一样,上次是以新建为主,这次改造和扩建的投资增长速度比较快,形成产能也比较快,2009年、2010年投资,**到2011年、2012年会形成产能的释放高峰**,那个时候正是美国经济出现二次探底的严重时期,**所以说这次中国经济面临内外需双重紧缩的情况比上次还要严重**,因为这次的产能规模比上次大得多,国际环境也会比上一次更加恶劣。

这场危机仍然会使身为中产阶级的大量中小企业主和中小投资者破产。

（三）解决经济发展困境还要靠加快城市化来促进需求增长

从我国目前面临的经济和社会结构形势看，我国既有走城市化道路的需求又存在走城市化道路的风险，这将主要取决于我国采取什么样的政策来解决中国特色的问题，如果解决得好，中国一定能够在全球萧条中很快崛起。

对此，有学者认为出路还是在城市化的发展上。因为城市化有巨大的内需市场空间。一方面，城市化可以提高对过剩金融资本的需求空间，有利于缓解当前产能过剩和对金融资本低需求的形势。另一方面，我们的城市化被压制了60年，如果把这个需求释放出来，中国仍然可以再增长20年。过去由于收入分配导致生产过剩被新的全球化导致的新的外需吸纳了，但目前可能出现内外需紧缩的双重困难，所以必须在分配环节上突破。这种突破往往会在政策制定时就变形。最大的变形在于中国发展的是城镇化，而城镇化会形成倒三七的比例，打工者70%在沿海，30%在内地中小城市，他们的饭碗在东南沿海，却因为家乡原因回到内地中小城市定居——城镇化政策出台以后，众多农民工会因为取得城市户口回到定居地，这也是导致沿海地区民工荒的重要因素。东南沿海这些最需要劳动力的地方反而得不到劳动力，提高了劳动力价格进一步丧失了国际竞争力，这样并不利于中国经济的发展。

研究中国结构变化要包括两个方面，一个是经济结构，一个是社会结构，经济结构变化在前，社会结构变化在后，但是时间不能离太远。中国只搞工业化，不搞城市化，经济结构与社会结构不在同一个平面上，是产生现在政治问题、社会问题，特别是经济社会问题的原因之一。从数据上推算，经济结构属于工业化的中期结构，北京、上海已处于工业化后期，但是现在在社会结构方面，城市化率、中产阶级的比率、就业结构等还处于社会工业化的初级阶段。我们根据国外的经验算了一下，中国改革开放30年，社会结构落后15年，其实从1958年差距已经出来了，从1978年城市化已经严重滞后于工业化，中共和政府对工业化60年没有什么争议，唯一不大赞成的是城市化，1956年文件就是要防止农民盲目流入城市。2003年、2004年才承认农业劳动力进城打工变成工人，这是符合历史规律的。

当前社会各阶层收入分配差距加大是内需难以增加的重要原因。收入分配差距有两方面，一方面是由于不平衡发展造成的城乡差距，另一方面是体制造成的差距。对此，中国领导人提出的城镇化道路是应对发展差距的措施，而提高初次分配中劳动者收入的比重则是应对体制造成差距的措施。双管齐下就可能缓解矛盾。而如果按照西方理论，我们要么通过再分配解决问题，那就需要政府多做事；要么在初次分配方面解决问题，则需要老板多做事。现在我们在这两方面都难有政策突破。

（四）防止发展中国家的城市化陷阱，促进新农村建设

对此，另外有学者认为，大多数发展中国家落入"城市化陷阱"已经是重大教训。我们如果片面强调城市化来应对全球危机，也将会导致中国重蹈覆辙。

中国的城市化不能向欧美看齐，除非让美国的城市化回到农村化去，也搞城乡统筹和农业问题。只有认识到中国的发展特点与态势和西方的根本不同，才能谈城市化问题和中国未来的发展问题。在这种情况下，城镇化建设和新农村建设就是我国城市化的另一种

补偿形式。实际上新农村建设的主战场不在农村，而在城市。工业化、城市化和新农村建设不是非此即彼的东西，不能割裂开来。加速城市化进程与发展现代农业、建设新农村是一个问题的两个侧面，而且我们最终应该形成城乡良性互动的城乡经济社会一体化格局。现阶段资本下乡的趋势是不可避免的，并且资本下乡还要结合一部分的劳动。20世纪90年代之后提出农业产业结构调整，农业发展进入新阶段，农业产业化经营本身就是资本下乡的一个过程。

对于资本下乡，虽然具有资源匹配性，但是农村发展和农业现代化怎么走主要有两种观点：一种观点是在农村的基础上发展农业合作，提高机械化程度，发展农村的政治经济民主；另一种意见是发展大农场，原来的土地归集体，农民变成工人。至于在这个过程中，到底走农业资本主义化的道路，还是走原来经典式的道路值得商榷。所以中央的这几个一号文件中的政策语言在关于农业基本经营制度方面，都没有把话说死，鼓励什么，不提倡什么都是弹性语言。

新农村建设要特别注意农村土地的资本化。现在所有的新农村建设都撤院并村、缩村让地，都是在农民的土地上开刀，开刀以后整个村变成大村，然后把地腾出来作土地的增值变现，这块实际上是资本和权力争夺最激烈的地方，而且直到现在还有一些资产在继续分。

（五）对外政策保持相应的独立性，寻求新的经济战略发展机遇

要保持与美国的缓冲空间，减少美国政治经济失败的负面影响。

美国现在面临的不仅是金融危机与经济危机，还有解体和崩盘的可能性。**美国每1万亿的实体经济都对应着22万亿的虚拟经济。**

美国现在企业债和国债是 GDP 的 350%，从本国圈来和印来的钱救美国经济，结果是只救虚拟经济，不救实体经济，就是把链条暂时焊上，所有的烂账都往后推。美国现在有 35 个州提出来不向联邦政府上交财政收入，有 8 个州提出破产申请。而美国完全靠爱国主义来团结民族，强化整体，却改变不了把矛盾深化的趋势。

在此情况下，中国要与美国保持一定的安全缓冲空间，就如当年拒绝苏联的控制那样，中国亦要在经济上制定策略，以改变为美国政治经济危机买单的被动局面。

另一方面，要加强与周边国家战略合作，增强国家政治经济外围保护屏障。

中国在外交方面亦要摆脱美国的控制，积极与周边国家建立政治、经济、军事等方面的合作关系，充分利用世界各国的有利资源。通过建立经济交流、政治支持、军事配合等形式的资源互补关系，形成多元化的国内国际发展环境，使国内过剩的产业和资本走出去，缓解中产阶级内部发展的压力。

（六）加强财政监管与发展跨国公司

中国目前人口红利和货币化已经见底了，这一过程中的收入分配压力问题需要通过完善公共财政系统来缓解，在现有的垂直支付体系的基础上进一步完善大财政系统：在财政两端，要加强监管力度，使包括国家税务总局、人民银行在内的财政收入和后续的财政收入使用与审计处于财政部的大财政管理系统之下；在财政中间部分，要放宽地方公债与地方金融机构的牌照，让地方发债，减少地方从国有银行套钱的风险。

加强公共财政管理，需要加强以下三个方面工作。首先是建立覆盖面广的公民身份识别系统，如社会保障号、驾照号等识别方法，保证税收及时跟进。其次是发展使用率高的银行卡交易方式。财政系统的所有收费应该基于银行卡，提高对个人征收财产税的便捷性。最后是完善个人所得税的收取体系，实现资源分配的公平化、合理化。

针对市场品牌见底的危机，我国应积极使用外汇储备，组建跨国公司，向海外拓展外贸服务业和技术服务业，改变只能依靠本土企业购买外国高技术服务的单一化现状。

（七）小结

中产阶层崛起的过程，客观上伴随着产业资本的严重过剩。

以往政府亲资本的政策有利于产业资本的形成和扩张，但是不利于现在产业资本的调整。 随着最近这些年产业资本过剩程度越来越严重，金融资本会异化于产业资本，**金融资本与权力高度结合也会走向过剩。** 此外，在产业资本过剩的条件下，扩大产能的金融投入肯定会形成银行业不良资产的占压，因此，同时会出现金融资本与垄断集团的结合或金融资本与房地产的结合。

资本的代价向社会转嫁，直接考验中国的社会结构承受能力。快速的资本流入导致的资源短缺与资源环境过紧的地区，**矛盾向承担代价的载体中间转移，比如弱势群体，就会表现出非理性的爆发形式，** 也就会导致维稳成本的大幅度上升和资源环境代价的越来越显化。

从2002年党的十六大之前的讨论，包括此后强调的"资源节约，环境友好"，一直到2007年中央政府提出的生态文明、绿色GDP等，客观上是试图使资源环境保持承载能力。而在此期间提出的城镇化和新农村建设,似乎也主要是在尽可能地维持承接危机代价的载体,从而不至于使其在承接危机转嫁时完全没有承载能力。

此时,最重要的是从宏观角度来判断代价转嫁的载体是否还能够承受进一步的危机转嫁。从我们这样一个人口稠密、资源短缺、各种关系都很紧张的国家来看,这届领导班子"反弹琵琶"式的政策安排,或者部分地不再亲资本的政策安排还是有效的。短期内我国应对这种社会结构变化还是希望以稳为主,无论怎么计算经济账,都需要在相对稳定的条件下把"守成"时代走下去,这样才能够提高全球危机下国家应对危机的行动能力和自我调整能力。

大事年表

1949 年　土地革命，缓解通胀。

"均分制"的土地革命体现了几千年传统的农民的基本诉求，战争推进了对世界最大规模的农民人口参与国家政治建设的动员。但中华民国自 1937 年以来长达 12 年的恶性通胀仍是最大难题。恰是同期全国恢复了传统的小农村社制，让占总人口 88% 的农民对城市资本经济"去依附"，才缓解了百年中国都得面对的饥饿和通胀两大困扰……

但"均分制"土改遗留的问题是：乡土中国分散且兼业化的亿万小农与城市发展工业化亟须的资本原始积累形成对立矛盾。

1950 年　朝鲜战争爆发，中国得到苏联援助和军事工业投资。

朝鲜北方完成土改而南方对抗土改激化其国内矛盾引发朝鲜半岛战争，遂使中国出兵参战和纳入苏联地缘战略体系，也使中国城市工业摆脱危机进入战时经济，并且带来第一次"苏联外资"，催生了中国以军事工业为主的"国家工业化"。但中国人那时候还不懂"外资势必转化为国家主权负债和政府赤字危机"，由此一般后发国家势必堕入发展陷阱的基本规律。

"二战"以后西方最大的变化，在于从列强纷争改为双寡头垄断的对抗格局。从此，世界进入美苏两个超级大国地缘控制和"麦卡锡主义"加剧的冷战竞争——导致"二战"后美苏分别开展"雁阵式"产业资本输出——苏联援助中国和东欧的工业项目与美国援助西欧和日本的战后复兴计划在形式上如出一辙。

1951年　国家号召2000万农民进城支援工业化建设。"一五计划"开始编制。

这种以苏联输入设备形成的国家工业化内在的以"资本增密排斥劳动"的军、重工业为主，尽管上千万青壮年农民被国家动员进城支援工业，但主要从事的是劳动密集的基本建设——城市"三通一平"需要"简单劳动"。于是，"纯粮食需求"陡然增加。

这一年，受战后美国地缘控制及产业开始复兴的日本得以发展核电及相关技术，这也为60年后的福岛核危机埋下了伏笔。

1952年　国家计委正式成立。

第一个五年计划在苏联专家指导下出台，原在东北局配合苏联军工战时投资组建的"小计委"进京，演变成"国家计划委员会"。

农村很多地方产生以"插犋换工"为主的互助组。初级合作社起步。

1953年　朝鲜停战。斯大林去世。

"斯大林模式"在中国方兴未艾，表现为"地缘战略"约束下国家工业化"路径依赖"——"社会主义过渡时期总路线"对"新民主主义路线"的战略替代,其实质内容是国家资本对民族资本的改造。

国家"统购统销"政策与高度分散的4亿农民之间难以"交易"——毛泽东解决"交易费用"的措施是"满头乱发没法抓,编成辫子就好抓",借机发动合作化运动,把4亿农民纳入400万个初级社,支撑了统购统销。

同样完成土地"均分制"恢复小农经济的东亚,在不同政治体制下以不同名义开展了农村合作社运动。随之是日本的自民党上台,与中国"高级社"形似而权益内容相反的"综合农协"(JA)成为自民党长期票仓。

1955—1956年　两个重要会议和两个重要事件。

两个载入史册的会议:一是苏共二十大上,赫鲁晓夫作批评斯大林的秘密报告,这意味着苏联进入产业资本扩张和对外交换阶段,客观上需要与西方市场"接轨"。二是万隆会议上,中国战略性地参与"不结盟运动",初步作出突破"二战"之后美苏两个超级大国地缘控制的努力。

两个关乎中国转型的重要事件:一是1955年5月26日苏联从战略利益出发,撤回旅顺港驻军,中国实现收回主权的百年之梦;二是1956年6月21日,美国国务院公布了赫鲁晓夫秘密报告全文——赫鲁晓夫对中国共产党的指责,为中苏两党分歧和随后苏联撤资埋下伏笔。12月,毛泽东主持讨论"全盘苏化"倾向,召开34个部委负责人会议。

1956年　服务于国家资本的"农业现代化"和私人资本改造。

中央政府在工业部门"大型工业产品下乡"的迫切要求下提出"农业现代化",实质是"集体化+机械化"同步推进——建立以乡为单位的高级社实现土地规模经营,配合建设拖拉机站和农机修造厂推进农业机械化——实现内含价格剪刀差的"工农两大部类交换"。

同期,国家资本完成对私人资本改造,国家工业化的高增长表明资本原始积累短期见效。但工业资本在城市的积聚意味着风险同步集中,潜在危机也在规律性地孕育之中。

1957年　"二五计划"中辍,"反右运动"开始。

由国家主权对外承担负债责任,通过大规模的外部投资拉动国家工业化高增长,很快在全盘苏化的党政军部门构建的上层建筑意识形态领域形成"制度惯性"。

中苏之间在涉及主权问题及意识形态上的矛盾导致苏联停止投资。中国"二五计划"外部援助性的整体投资中辍,这一年的财政占比"中央坐滑梯,地方坐飞机",潜在危机云谲波诡,各界意见此起彼伏。很多人"被右派"——其言行多是反对剥夺农民和工人的权益,反对"全盘苏化"干部中的官僚主义和教条主义。

1958年　调动地方积极性的"大跃进"与服务国家工业化的农村公社化。

中央在11月"第一次郑州会议"上提出调动"地方积极性",一方面发动地方投资接续国家工业化,另一方面建设综合性多功能的人民公社,以劳动替代资本,转换依赖外资的发展方式。主因还是苏联中辍对"二五"援助使得由中央财政投资的国家工业化难以为继。但不到一年，1959 年 2 月的第二次郑州会议，中央就得纠正地方工业化毫无经验地推进的"大跃进"、"大炼钢铁"和人民公社化冒进等错误。问题的实质，却是各地政府陡然得到资本原始积累的机会而迫使有限资源在短期内粗放地"资本化"。

1959 年　经济高增长转向赤字危机。

苏联减少专家和援助，中苏两党分歧。对苏联这样的"陆权国家"而言，是"雁阵战略"断掉了一侧，不能像美国那样完成对西欧、日本的雁阵式产业转移，实现地缘战略控制，由此埋下 30 年后败于美国的伏笔。对中国而言则标志着危机的爆发——中华人民共和国成立后第一次外资带动的工业化突然发生"资本趋零"，使国家财政竭泽而渔维持资本密集型工业化投资——赤字危机代价初现。

1960 年　第一次城市资本危机代价向"三农"转嫁。

本源于 20 世纪 50 年代先民族资本、后国家资本的两种原始积累代价造成的第一次危机大爆发——各级地方政府加快工业化形成财政巨额赤字的累积，反过来导致投资拉动型的、集中于大城市的国家资本主义工业化难以为继。于是中央政府发起第一次城市失业青年"上山下乡"运动，靠农村的集体化承载了 1000 万以上的城市过剩劳动人口。

政府开始对苏联还账，虽然同期连年灾荒造成农产品短缺，但仍然主要用农产品还债。

1961—1962 年　经济萧条阶段的政策调整。

整个 20 世纪 50 年代工业化的资本原始积累造成的巨大代价全

面显现。虽然还没有超越意识形态化的对危机和萧条的反思,但却已经有了政府遭遇危机的对应性的调整措施;在中央"七千人大会"上的争论、为克服三年经济困难提出的"三自一包"(自留地、自由市场、自负盈亏、包产到户),以及各地救灾亟须统筹等情况迫使中央上收部分财政权。

1962年 国内经济复苏但周边地缘环境趋于恶化。

中央政府财政收权和农村部分恢复小农村社制的政策调整见效,经济初显复苏迹象。

但同期中国遭遇两个超级大国地缘控制下的全面封锁,周边地缘环境"环形恶化"。例如:中苏论战造成国家关系全面恶化;中印爆发边境冲突;西方介入东南亚区域战争;退守台湾的蒋介石"反攻大陆"付诸行动;美国军机和军舰数百次入侵中国领空和领海……

1963年 放弃"三五计划"与四个现代化提出。

试图贯彻"农轻重比例协调"的计划经济思想的"第三个五年计划"虽然准备就绪,却因遭遇全面封锁和周边战争威胁,不得不转向战备建设而胎死腹中,国家计委也随之被搞战备建设的"小计委"顶替。同时,领导人在"两会"上宣布中国要实现"四个现代化"的伟大目标。

1964年 三线建设展开,国家工业化成本陡然上升。

在地缘环境极度紧张的压力下,国家工业迫不得已从沿海和大城市向内陆山区作"空间平移",实行"大分散小集中",但这不仅不能创造增加值,还客观上增加了国家工业化成本,加上对外对内的"还债",以及加强战备的开支,种下了中国的第二次财政赤字危机的种子。

1966年 "文化大革命"爆发与城市工业下滑。

李先念宣布中国从此没有外债——仅用5年就还清了包括朝鲜战争开支在内的对苏联负债。

苏式上层建筑本质性地不适于中国发动群众重建经济基础所内含的长期矛盾——沿用革命党意识形态则屡次称之为"路线斗争"——终于在城市以"文化革命"为表象集中爆发,并且规律性地反作用于经济基础,致使由国家垄断资本控制的城市工业停摆。

1967年 财政赤字增加,第二次工业化危机孕育。

三线建设和军事工业(包括核武器研发)集中占用了大量资源,城市工业化投资下降、就业严重不足。但同期城市进入"文化大革命",使政府转而投资于农田水利基本建设,发动农民以"成规模的劳动力"投入替代过于稀缺的资本要素——这是"农业学大寨"运动的宏观背景。此后,随着灌溉面积增加,粮食产量增加。

中国第一次以援助的形式带动工业产品输出——中国政府和坦桑尼亚、赞比亚两国政府在北京签订关于修建坦桑尼亚—赞比亚铁路的协定。

1968年 中国第二次赤字型经济危机爆发,代价仍向"三农"转嫁。

偿还外资转化的国家债务,以及三线投资和军事战备,都属于财政长期高投入,因而不可能对应民间消费需求发展生产,遂导致累积赤字危机第二次发生。于是，向农村转嫁上千万过剩城市劳动力的第二次"上山下乡"运动开始，城市危机再次"软着陆"。

1969年 周恩来宣布既无内债也无外债。中国成为第三世界"去依附"的榜样。

美国扶持的发展中国家出现符合其地缘战略的军人政权分布规律。第三世界维护国家主权斗争风起云涌，遂有超越两个超级大国地缘战略控制的毛泽东思想广泛传播。一些拒绝跟从的欧洲国家如开始与中国建立外交关系。

鉴于中苏边境冲突，周恩来安排陈毅、叶剑英、聂荣臻、徐向前四位元帅研究国际形势，四位元帅认为中国20年无大战。这一结论虽与军界主流的认识不同，却对毛泽东作出缓和与调整的决策起了重大作用。

1971年 一个对中国与世界都重要的年份：布雷顿森林体系解体。中国启动乒乓外交。

建立于1944年的因确保美元纸币兑换黄金比率不变而有利于美元成为世界储备货币的布雷顿森林体系，被美国单方面放弃。客观上成为"西方世界的中央银行"的美国因得以占有货币化收益而率先进入金融资本阶段，由"政治金融"主导西方币缘战略的新时代从此开始。

毛泽东约见基辛格，美国在尼克松访华之前半年宣布解除对华封锁。

1972年 中国第二次引进外资的"四三方案"由周恩来提出、

毛泽东认可。

中国缓和与西方的紧张关系引发国际形势巨大变化，毛泽东认同周恩来提出的从西方国家引进设备的"四三方案"——借助西方资本改造原来苏联投资形成的"军重偏斜"的工业结构，势必随之改变包括管理体制在内的上层建筑。后来领导者则顺势"从苏化向西化演变"。

同年，美国开始了从贸易顺差到贸易逆差的转变。

1973 年　第四次中东战争爆发，形成世界性的能源危机。

第四次中东战争爆发，石油价格大幅度上涨，形成世界性的能源危机。与此同时，石油输出国积累了大量美元，那时的人们误以为世界货币进入了"石油本位"的时代。

1974 年　中国第三次财政赤字危机爆发，代价仍向"三农"转嫁。

中国加大西方设备引进力度和国内配套投资都造成财政赤字增加，很快突破百亿大关，中央不得不治理整顿。同年启动最后一次"上山下乡"，向农村集体化输送了约 1000 万过剩劳动力。

由于连续两年气候异常造成的世界性粮食歉收，加上苏联大量抢购谷物，全球出现粮食危机，加之石油危机引发西方国家大量耗费能源的实体经济危机严重，从而西方国家更多向外转移产业。美国削减对拉美的援助贷款。

1975 年　中国财政赤字危机连年突破 100 亿。

如同 1950—1960 年全面引进苏联装备制造业造成过高负债和赤

字危机，导致上层建筑意识形态领域一系列"路线斗争"，1972—1974年大规模引进西方设备也造成类似高负债和赤字危机，连带引发被称之为"批林批孔"和"批邓反击右倾翻案风"的政治运动。

1976年 唐山地震。周恩来、毛泽东相继去世。地方工业化再度起步。

华国锋和邓小平萧规曹随地继续"以外资改造国内工业结构"的路径依赖，提出更大规模引进外资的"八二方案"。余秋里、谷牧主持国家计委讨论外贸创汇最多的江苏省管理体制改革。出于国家还外债的需要，允许江苏省财政体制从1977年开始试行比例包干，这类似于1958年的"放权让利"。此后，包括"社队工业"在内的地方工业化得以再度起步。

1977年 "八二方案"和"洋跃进"促进高增长，财政赤字再次突破百亿。

中央领导集体提出引进82亿美元西方设备的"八二方案"。毛泽东继任者要求石油部门为创建十来个"大庆"而奋斗，后来被批为"洋跃进"。大规模外部引进与国内追加投资拉动高增长，但累积赤字同步大幅度提高。第三次危机在发酵之中。

1978年 中国经济面临崩溃边缘。"上山下乡"转为"知青回城"。

中央领导人增加引进西方设备的同时国家外汇已经严重赤字。于是，发展外贸换汇成为优选扶持领域。胡耀邦年底在京西宾馆预言家式地指出中国遭遇危机：中国经济已经到了崩溃边缘，党风问题到了生死存亡的地步。

1979年　中国第四次危机爆发，年度赤字相当于50年代累积赤字总额。

中国整个70年代处于国家工业化结构调整时期，路径依赖地采取"负债增长"。本年所形成的年度财政赤字接近200亿。危机促使对外贸易体制进一步转变——凡有利于减轻对外还贷压力的项目都可以上。同时，开始价格双轨制改革——对同值的标的物实行按计划的垄断性定价和按市场定价两种不同的定价机制。

1980年　农村集体化趋于解体，第一次城市"硬着陆"触发的大调整被称为"改革"。

乡土中国30年向国家工业化贡献了过多剩余，加之中央财政的赤字压力迫使政府减少财政支农投入也意味着"政府退出"最不经济的农业。于是，"财政甩包袱"式的改革从农业起步。并且，恰因集体化解体才使这次城市资本经济30年来最严重的危机没有顺畅地向农村转嫁制度成本。农民终于得以"休养生息"。

1981年　大萧条中的"待业青年"与"两个严打"。

城市资本危机"硬着陆"在城市：企业"关停并转"引发大规模失业——约4000万被称为"待业青年"的过剩劳动力滞留城市，社会治安随之严峻。政府发起两个"严打"运动——严厉打击"刑事犯罪"和"经济犯罪"。

中美关系进入蜜月期。英美联手推进金融自由化，西方产业资本阶段的传统地缘战略向金融资本阶段的"币缘战略"转变。

1982 年　中国改革:"财政甩包袱"与农村"大包干"。

中央政府在财政严重赤字压力下,出台一系列体现"财政甩包袱"的改革政策:一方面是城市企业"拨改贷""利改税";另一方面,第一个中共中央国务院"一号文件"允许家庭承包——与 1950 年土改类似,再次按人口分地到户,此后连续 5 个"一号文件",其中 30 多个"可以可以也可以,允许允许也允许",属于典型的国家资本允许"小农经济"回归传统的让步政策——其实是把农业生产力基本要素还给农户和村社。

1983 年　政府靠"单位制"化解城市危机。

政府迫于"维稳"压力要求国企打开大门吸纳就业——"5 个人的饭 10 个人吃"。同时要求"机关办三产",干部子女纷纷进公司。于是,初期的"官倒公司"横空出世,利用"价格双轨制"倒买倒卖,捞到"第一桶金",但也从内部扰乱了"价格改革"以来的市场秩序。

1984 年　"财政分灶吃饭"促使地方再工业化内向型原始积累"异军突起"。

集体化体制坍塌之后的乡村上层建筑无力维持,遂发生"撤社建乡,撤队建村"之后涉农领域进一步"政府退出",农村"七所八站"几乎倒闭,其中的经济单位如信用社、供销社、粮食局等全面亏损,直接转为农业金融部门坏账。同期,中央地方之间"财政分灶吃饭"实现地方分权,导致地方再工业化和农村制度空白的特殊条件下大办乡镇企业带动的第一轮圈地高潮——超额地租直接转为企业收入。就在这一时期,乡镇企业被媒体和政治家称之为"异军突起"。

1985年 "时代广场协定"力推日元升值。中国确定"先富"战略。

西方国家联手促日本接受"时代广场协定",力推日元翻倍升值,日本劳动力密集型的低端产品生产线丧失竞争力,遂加快梯度转移。同期,中国兰州召开的"西部会议",强调率先发展沿海和部分地区先富的"梯度理论"。沿海各地率先开放,得以借加工贸易引入外资生产线,挤占国内上游设备制造业市场。

1986年 中国加快改革开放促进沿海经济增长,官倒囤积与腐败泛滥并行。

中国经济高速增长导致经济关系全面紧张——通货膨胀凸显,宏观调控乏力。相对于长时期的高通胀形成"金融深度负利率"条件下的普遍寻租,官倒公司囤积居奇更加扰乱市场价格体系。腐败泛滥,民怨沸腾。但同期乡镇企业发展导致城乡收入差别迅速缩小到历史最低。

1987年 财政甩包袱与对外高负债带来的高增长被媒体归功于改革。

政策界讨论的价格财政税收联动配套改革的"大方案"的全面性,远甚于此后苏联采行的"500天私有化计划",只是在中国领导人那里没被批准。其间,市场与股份孰先孰后也在经济理论界引起争议。中央政府部分地出于国家产业资本回避竞争的垄断利益要求,推出了沿海地区和乡镇企业"大进大出"的进一步开放战略。

1988 年　中国第五次危机：物价闯关失败，诱发抢购挤兑和高通胀。

全年 CPI 超过 18% 的高通胀不是价格改革失败的标志。危机原因在于，一方面是诞生于改革、正在捞"第一桶金"的"官倒公司"大量囤积居奇加剧"改革危机"，将初步完成"国家资本集团化占有"的原始积累制度代价尽可能甩给社会！另一方面，政府由于已经把改革意识形态化而并无改革失败的应对预案，危机调控反应滞后，而且为了遏制民众挤兑而简单化地骤然大幅度提高存款利率，立刻使银行因深度负利率造成的亏损直接转化成为高达 500 亿的巨额财政赤字。

1989 年　中国"三角债"全面爆发与"生产停滞"。

政府在大幅度提高存款利率数月之后迫于银行亏损而不得不大幅度提高贷款利率，致使全社会陡然遭遇"官方高利贷"，致使所谓"三角债"在全国爆发。恶性通胀旋即与生产停滞伴生，形成经典理论意义的"滞胀危机"。随之而来的萧条期间，这种滞胀形态的全面危机诱发了反"官倒"和反腐败的群众抗议浪潮，是为"政治风波"。

1990 年　中国城市资本危机代价转移，影响农村。

中国经济在滞胀危机爆发后处于萧条阶段。农产品和乡镇企业产品全面滞销，使农民现金收入从此连续 3 年增速下降。但 1984 年财政甩包袱时期设立的县以下"预算软约束"的农村上层建筑却呈现"开支刚性"，导致农民必须以现金支付的负担加重，农民群众中广泛流传一句话："头税轻，二税重，收费是个无底洞。"已经显著缩小的城乡收入差别再次拉大。

1991 年　苏联东欧地缘政治格局解体，同时国家金融体系坍塌。

长期停滞于产业资本阶段、拒绝经济货币化的苏联垄断资本集团，却因受困于西方意识形态攻势而实行政治改革优先，致使只能依托主权创造货币信用的苏东国家金融体系全面崩溃，完整结构的产业资本遂因恶性通胀加上分散私有化，造成产业链内部交易成本爆发性地大幅度增加。这种上层建筑的制度变迁代价直接向经济基础转嫁的"反作用"，遂致行业解体与企业破产同步。

朝鲜早就先于中国实现了70%的城市化率，但其农业现代化依靠的是拖拉机和石油，随着苏联解体失去供给来源，此后遭遇西方封锁下的粮食和能源危机，国家转向"先军政治"。

1992 年　邓小平南方谈话。中国的"货币化元年"。

中国研判苏东解体。中共十四大提出社会主义市场经济新体制的目标。实践过程中，政府迫于财政赤字压力取消了粮票等几乎一切票证，中国人开始有了真正作为一般商品等价物的货币，由此而不期然地启动了"经济货币化"进程，改出了苏联换货贸易模式。由于取消票证消费，农民流动不再受限，出现农民工在全国范围的大规模流动。

顺势于货币化的启动，证券、期货和房地产这三个富有投机性的资本市场开放。经济随即进入高涨。但与之矛盾的是，中国还没有真正意义的商业银行！财政赤字增加势必继续从银行透支，吃空了银行的资本金后接着吃存款。

1993—1994 年　中国第六次危机：三大赤字同步爆发。

中央政府虽然强调了宏观调控，但货币化和三大"投机性吸金市场"所推动的经济高涨难以逆转,随之而来的是财政、外汇、金融三大领域均发生严重赤字,国家综合性负债超过 GDP 的一倍以上。通货膨胀拉动粮价高攀,中央要求实行省长"米袋子",市长"菜篮子"的地方补贴制度。四川仁寿县谢安乡农民张德安率群众抵制该县修公路摊派过重,这是改革以来农村第一起群体性事件。

1994 年 这是一个对世界很重要的年份。中国出台三大改革。

这一年,世界贸易组织(WTO)因纳入了农业与金融等战略产业的自由化而取代关税及贸易总协定(GATT),被称为世界进入全球化的标志,但 1 月 1 日问世的北美自由贸易区(NAFTA)和前一年诞生的欧盟(EU),却表明世界进入的是强权国家主导的区域一体化!就在当天,墨西哥恰帕斯州的土著游击队武装起义,"打响反全球化第一枪"。

中央宏观调控得到贯彻,但严重的危机已经爆发——CPI 攀升至 24%,恶性通胀甚于 1988 年的"物价闯关"。在政府综合债务大于年度 GDP 的压力下,城市资本危机"硬着陆"引发三大改革:一是本币名义汇率一次性贬值 57% 的"外汇并轨",同时大幅度增发国债和货币扩张政府信用;二是把财政"分灶吃饭"进一步制度化为中央与地方之间实行"分税制",促使地方政府兴起第二轮"以地生财"的"圈地运动",致社会群体性事件显著增加;三是彻底放弃"单位制",推行国有企业"下岗分流,减员增效",致近 4000 万人失业。

1996 年 中国财政总收入/GDP 下降到历史最低,教育、医疗等公共事业"被产业化"。

中央政府遏制通胀的宏观调控措施显著加强。投资和内需双下降，经济对外依存度急升。同期，地方政府财政赤字和公共负债都大幅度增加，基层干部向农民转嫁代价导致农村税费负担加重。城乡社会群体性事件迅速增加。

1997 年　中国第七次危机。主要特征是受东南亚金融危机影响发生"输入型通缩"。

政府总理刚宣布宏观经济实现"软着陆"就遭遇东南亚金融危机。这是中国第一次遭遇外部输入型危机。随之进入连续 4 年的通货紧缩。由于粮食产量突破 1 万亿斤的大丰收连带价格下降，加上大部分乡镇企业在完成私有化改制后普遍体现"资本增密、排斥劳动"的规律，致使农民收入从此连续 4 年增速下降。

中共十五大报告历史性地公开使用了"资本"这一概念，并在银行坏账大幅度增加的压力下提出国有银行与金融资本制度接轨的市场化改制。

1998 年　中国启动国债投资应对危机，力保 GDP "七上八下"。

长江流域特大洪水，中央调集全国各类军队参加抢险，彰显政治权威得以有效继承。

中国首次主要依靠扩张性财政手段有效调控输入型危机：出口显著下降，紧急启动积极财政政策增加国债拉动内需，维持至少 7%的 GDP 增长率，减缓新增就业压力；政府开始讨论高校作为劳动力蓄水池而扩招的建议，遂致教育产业化与学校过度负债同步。政府应对措施还有：大力推动住房货币化，把粮食统购与农行资金联动"封闭运行"，延长农户土地承包期，加快中国加入 WTO 的谈判进程，等等。

1999 年　欧元启动与巴尔干危机同步，中国大使馆被炸震醒中国。

从 1 月 1 日起，欧元在 11 个欧元区国家正式使用。接着科索沃战争和巴尔干冲突，中国驻南斯拉夫大使馆被炸震醒中国民众。纳入北约的欧盟国家以财政支付了 78 天的轰炸，造成米洛舍维奇的政治垮台与欧元失去政治合法性的"双输"。欧元兑美元汇率跌幅超过 23%（1 欧元兑换 1.07 美元变为 1 欧元兑换 0.82 美元）。不论是否阴谋论，巴尔干冲突客观上迫使欧元区国家突破了要求各国财政赤字低于 3% 的合法底线。这一年叶利钦辞职，普京上台，俄国重新崛起。

2000 年　中国在世纪之交告别百年短缺，进入"生产过剩"。

中国在萧条阶段遭遇通货紧缩。千种商品供求统计显示，需求大于供给的一种也没有。马洪、林毅夫相继提出中国进入产业过剩阶段。政府针对性地强调"以人为本"，在已经启动西部大开发、天然林保护工程等大规模国债项目的同时，决定增加总额超过 2 万亿元人民币的国债投资用于基本建设，维持投资拉动的 GDP 增长。

2001 年　中国加入 WTO。美国遭遇"9·11"，发起以反恐为名的区域战争。

中国在正式加入 WTO 之际，勉力保住了国家货币主权和资本市场控制权。同年，中央领导人认识到"三农"问题形势严峻。

东南亚金融危机向其他区域蔓延。多国相继遭遇金融危机。美国 IT 泡沫破灭。"9·11"事件爆发，恐怖分子劫持的 4 架客机摧毁包括纽约地标性建筑世贸双塔在内的许多建筑，五角大楼也遭袭击。

10月7日美国采取报复行动，发起阿富汗战争。中国加入国际反恐行动，但随即面对"双重标准"。

2002年　中国提出全面小康。中国的"商业银行元年"。

中共十六大提出在21世纪头20年全面建设小康社会的新目标和统筹协调的发展方针。政府启动"东北老工业基地振兴"，投入1万亿元以上的国债项目，化解设备老化和资源枯竭等城市的遗留问题。中国四大国有银行的商业化改制基本完成，在脱离票证后10年，终于有了独立于政府财政的商业银行。

2003年　中国提出"三农问题重中之重"。美国攻打伊拉克。

胡锦涛总书记在中央农村工作会议上首次提出把解决好"三农"问题作为全党工作的重中之重。出现基本建设投资拉动型的宏观经济过热。结合全球产业过剩促推的国外直接投资大量涌入，出现中国重化工业外资占主要份额。银行在完成商业化改制之后渐次异化于没有流动性的实体经济。地方政府"以地套现"向银行争取信贷支持的第三轮圈地运动进入高潮，群体性事件明显增加。

美国"莫须有"地出兵伊拉克，向世界展示其"同时打赢两场战争"的单边军事强权。

2004年　中国提出"和谐社会"。提出取消农业税。

中央年末召开四中全会提出"和谐社会"，开始宏观调控，但各地仍在高涨过热中。中央严查铁本事件（江苏常州市铁本钢铁有限公司未经审批开建800万吨钢铁项目，违法占地近6000亩，4000多农民被迫搬迁），标志着对地方政府公司化的第三轮"圈地运动"

敲山震虎。

2005年　中国提出新农村建设国家战略。

体现中央民生新政思想的"科学发展观""和谐社会",与国务院提出的宏观调控政策均难以贯彻。各地追求GDP与派生的群体性事件都继续维持高增长。宏观调控得到贯彻。中国开始建立石油储备体系。

2006年　股市大跌销蚀7000亿社会投资。

国家十一五计划8个重大战略正式启动,其中以国债为主的"三农"投资大幅度增加。农村完成取消农业税的改革,基层累积公共负债问题暴露出来。重庆大旱凸显"水利私有化"弊端。人民币汇率体制改革。

2007年　中国提出生态文明发展理念。美国发生"次贷"危机。

中共十七大提出生态文明,要求基本形成节约能源资源和保护生态环境的产业结构、增长方式、消费模式。《农民专业合作社法》千呼万唤始出台。

美国房市下跌引发的"次贷"危机捅破了虚拟资本的经济泡沫。

2008年　华尔街金融海啸爆发。中国遭遇"输入型通胀"。

美国采取扩张型政策增加信用规模应对金融危机,救市代价迅疾向实体经济转嫁——全球粮食、能源、原材料和贵金属价格暴涨,引发37国粮荒。中国亦因石油价格大涨大跌而致两大油企巨亏。同期,"中国威胁论"蔓延。西藏"3·14事件"爆发。北京奥运会火炬在西方遇截,但仍成功举办。汶川大地震,中央从全国调军抢险。陈良宇案审结。

中共十七届三中全会确立2020年两型农业目标,呼应十七大提出的生态文明,但当期发生了三聚氰胺奶粉事件,食品安全问题受到空前关注。

2009年　中国经济遭遇第八次危机。全球经济危机爆发,中国政府4万亿巨资救市。

中国沿海数万企业因全球危机打击而倒闭,致2500万打工者失业。中国接受10年前应对东南亚金融危机的经验教训,"化危为机",借力调整经济增长结构:继续加大中西部和农村的基本建设投资,使失业农民工返乡得到创业和就业机会;把用于刺激出口的退税补贴中的13%转用做补贴农民,以扩大内需。

商务部涉外法规司某司长因受贿和谋私被捕,媒体疑与外企超国民待遇优惠制度有关;次年中国引资目录调整,引进外资条件趋严。同期,始于希腊的欧债危机拉开序幕。中国乌鲁木齐发生"七五事件",境内外"三股势力"支持"疆独"。

2010年　全球危机深化为西方现代化的综合性危机。中国保持高增长。

上海举办世界博览会。中国外汇储备近3万亿美元,成为美国第一大债权国,国内为"对冲"增发货币成为通胀基础。依赖于稳定的中国对美债投资,美国遂行"量化宽松"对外转嫁代价,导致全球能源、粮食价格持续上涨。食品进口依存度过高的国家遭遇输入型通胀危机,演化为国外势力支持的社会、民族(部落)等不同背景的街头政治。

在缺乏统一财政的欧盟国家,欧债危机深化。

2011年　中国基本实现宏观调控。美国击毙本·拉登。

始于纽约的代表99%民众的街头政治在全球多个城市陆续发生。泛地中海各国相继爆发街头冲突,表明世界上两类国家难以化解美国金融资本向全球转嫁的危机代价:一是长期受殖民化控制的依赖单一经济的后发国家,如突尼斯、埃及、利比亚等相继发生政权解体或者国家动乱;二是老牌殖民主义宗主国,如西班牙、葡萄牙、希腊、爱尔兰、意大利等相继爆发街头冲突。上述两类国家大致构成"地中海危机圈"。

附录
温铁军归来[①]

温铁军已经"沉寂"许久。

一切都源于5年前那场戛然而止的乡村试验。

河北定州翟城村,本是华北平原上一个不起眼的村庄,距北京200余公里。1926年,留美归来的晏阳初首先选定这里,作为他乡村建设和平民教育的实践之地,由此,这场被称为"定县试验"的乡村建设运动,让翟城村名噪一时。1933年,社会学家李景汉又在此撰写了名著《定县社会概况调查》,解剖麻雀般向世人展现了这片"天然完美的农业地"。

70年后的2003年,"三农"学者温铁军带着他的团队来到了这里。当时,中国一个新的被称为"民生新政"的政治周期刚刚开始,中国正站在与"民国黄金十年"相比更高的10年增长的起点上,同时更具进步意义的是,"三农"问题正式进入决策视野,成为国家的重中之重。作为一直为农村问题鼓呼的学者之一,"温三农"等到了在实践中检验并发展理论的机会,在媒体的聚光灯下,他的团队试

[①] 《中国经营报》记者马连鹏采写,见报时有删节。

图把翟城村建成"生态农业环保农村"的样板。在温铁军团队看来，翟城村开始的新农村建设，与20世纪30年代那批知识分子的乡村试验一脉相承，"我们都是脚踏实地的知识分子，不是一般的踏在地上，而是踩在泥里水里面的这样一批人，我们的现实感很强"。

但就像黑泽明的电影《七武士》中表现的那样，世代饱受苦难的农民面对精英们绘制的蓝图，总是会小心翼翼地保留着自己的算计。温铁军寄予厚望的合作社一开始就内外交困，不仅有外部的干扰，内部监督机制也不成熟，出现了理事搭便车的现象，被社员批为"以权谋私"。

而温铁军利用央视等主流媒体全力推销的生态化有机农业，也被村民质疑为难见效益。尽管温铁军一直劝说村民"要先忍得住，只有我们忍了两三年之后，才能告诉城里人说合作社的产品是最安全的"。但早已习惯了化肥农药换高产的村民应者寥寥。

下乡秀才们的理想之路走得并不顺利。但既然是试验，就总要有试错的过程，彼时的温铁军应该有这样的心理准备；他的团队只好把有机农业安排在乡建学院墙内的40亩地上。

但让温铁军没有想到的是，晏阳初的乡村建设持续10年，后因抗日战争全面爆发而被迫中断，而自己倾注心力进行的生态化的立体循环农业试验也只持续了4年，就突然被外力终止了，并且是以一种他最不愿意看到的方式。

5年后，当记者问他怎么看当时的情况，仰天沉默许久后，温铁军感叹："今天我只能说，那是一个误会。"

也正是从那次挫折之后，温铁军从主流媒体"消失"了。其实，从2003年成为央视年度经济人物开始，加之国家战略大调整，"三农"问题成为重中之重，温铁军成为媒体争相采访的焦点。"央视当时对我算是吃干榨净的。"温铁军回忆,"甚至有一次将我按在他们那里一天,制作了可以连续播出一周的节目。"

作为20世纪90年代"三农"问题的提出人,温铁军当时也觉得自己有义务正本清源,将"三农"问题讲清楚。但他同时也意识到,作为一个学者自己不能总跟着媒体的节拍跳舞。而且随着"三农"问题讨论的普及,一些派性争论开始出现,这让被贴上新左派标签的温铁军很不适应,认为"无知者无聊"。他当时想,有一年的热度,应该就可以逐渐退出了。

乡村建设遇挫,使他真正得以逃离聚光灯,潜心于学术性的调查研究。因缘际会,他再次恢复起的一项研究——20世纪中国史述要——正是在他人生的上次挫折中开始的。

那是20世纪90年代末,中国经济正遭受亚洲金融危机的冲击。当时正在全国农村改革试验区工作的温铁军,因为在某些具体政策上过多坚持了"三农"立场,与当时的经济决策层意见相左而被靠边站,"客观上不能再去干乡村试验工作了"。温铁军说,当时领导同志的决断是战略性的,"三农"问题让位于中国抗击东南亚金融风暴带来的4年通缩,"我现在理解了,但当时认识不到"。

从1998年开始,"闲"下来的温铁军正好碰到有人出资30万让他牵头做20世纪中国史经济卷的写作,这也就是今天他的新著《八次危机》的源起。温铁军说,这本书"很贵"。因为,从接到这个工作起,就开始到处搜集资料,甚至到台湾地区和大洋彼岸的美国查阅国内没有的资料。之后,他初步理出一篇文章《百年中国一波四折》,发表在《读书》杂志,基本构成了20世纪经济史述要的写作大纲。但随着研究的逐步深入,温铁军发现,他的研究成果跟当时价值对立的主流教科书都不符合,为此他去征求了一些老同志的意见，他们告诉温铁军，按照他形成的思路，这本书将是颠覆性的。显然，出书的时机尚未成熟，只能暂时放下。这一放，就是十几年。

"30年才能磨一剑"，温铁军感叹道，现在看来"从1979年捧读'社会主义结构性危机'（手抄本），1988年发表《危机论》，1993年发表《国家资本再分配与民间资本再积累》，1994年发表《建国以来历次周期性经济危机的分析》，1996年发表《国际金融资本的全球性危机与中国改革》"开始，就是在为这本书做准备，"到今天已经30多年过去了"。

当被问及，今天《八次危机》的出版，除了大环境出现了变化，是否也在呼应新的政治周期。温铁军回答："从1999年中国主要决策者提出以人为本，到今天提出生态文明，是中华民族与时俱进的整体努力，这本书是我们顺应这个变化过程所形成的思考。但是，我主观上并没有去想呼应谁。"当然，"我们也有足够的自信，以我们现在所拥有的国际视野，决策部门早晚会从中借鉴的"。

一、农业现代化与资本化对生态文明的背离

《中国经营报》：你一直关注农村建设，但有些学者认为，田园牧歌式的农村生活的消失是社会现代化进程当中的一个必然，你怎么看？

温铁军：国际上也有过很多关于"终结农民"的所谓学术讨论，我历来没有对这些说法表示过认可，是因为它本源于以殖民化为条件的大生产理论。而所谓大生产理论，又恰是20世纪30年代美苏

两个政治对立的体系在经济领域最为一致的表达——在美国是福特主义，在苏联则是斯大林主义——纯粹从经济上看这两者没有本质区别，只不过这种话语的表达方式稍有不同，其"后殖民主义"内涵却何其相似。我们应该理解这些说法的历史背景，但是恐怕也得通过媒体提醒一下，中国当前某些似是而非的说法背后，也有利益背景。这个背景多说无益，作为学者，应该把一个客观的思考端出来，任由不同利益群体或者不同利益集团做取舍。愿意舍的人就舍，愿意取的人就取，与我何干。当然，随着社会进步和人们认识的提高，会有越来越多的人，不仅是考问这些人的理论，而且是考问这些人的背景。

《中国经营报》：你把生态文明的提法看作十八大报告中的一个亮点，你如何看待生态文明这个概念？

温铁军：思想理论界早就有人提出所谓工业文明时代与资本主义的终结，其实，2007年中共十七大报告中生态文明的提出，就已经是一个重大发展理念的调整了。什么叫生态文明？照本宣科的人试图做很多附会解释，但生态文明最根本的特点就是内涵具有多样性并且必须尊重自然界和人类的多样性存在。具体来说，无论人类以什么方式存在，都是人类作为自然界一个部分维持其融入自然的生计的方式。比如说，人类在黄土高原住窑洞，那窑洞就是比砖盖的房子冬暖夏凉，它的使用寿命也未必比钢筋水泥房短多少，为什么一定要把窑洞都拆了，把本来就冬暖夏凉的居住环境改造成一个必须用工业文明制造的空调和暖气的环境？其实生态文明这样的理念，如果了解欧洲、日韩的社会变化则并不难理解。

《中国经营报》：在中国，生态文明建设的关键障碍是什么？

温铁军：生态文明在中国的实现，可能还要经历一个很长的过程。因为中国追求工业文明这 100 年已经付出了巨大的成本，向生态文明转型过程中，这个成本如何消化，是个还没有被深刻认识的大问题。比如，今天中国农业为追求符合工业文明要求的现代化，已经使农业成了我们国家面源污染贡献最大的领域，大大超过了城市生活污染和工业污染，这在世界范围内都是极为罕见的。再具体些看，自从产业资本扩张的 20 世纪 90 年代建设设施农业以来，我国大棚面积已经占全球大棚总面积的 87%。哪个国家有我们这么大量超采极度稀缺地下水资源的所谓"现代化"设施农业？还有，我们占全球 19% 的人口，生产了全球 67% 的蔬菜、50.1% 的猪肉、30% 的大米，而这些由资深专家提供的数据解释了很多弊病——快速资本化农业长期追求粗放的数量增长，当然会导致菜贱伤农、谷贱伤农和肉价大起大落！对此，有人认真反思过吗？这样因产业资本过剩向农村转嫁成本的现代化生产，还造成了中国每年的食物浪费至少是 20% 以上。为什么没有政策专家们把这些数据拿来说事，这不都是随手可得的数据吗？我在 2008 年十七届三中全会上，强调两型农业的同时，就主办过国际会议，到会的国际组织提供的全世界 54 个国家的专家测算出的权威数据是，如果按照人均卡路里计算的满足健康生存的实际需求量，全球农业生产的总过剩是 30%，世界之所以有饥饿，主要是制度不合理。学者们近年来开始强调工业领域中的过剩经济，难道在农业领域中不是这样的吗？我国农业出现这样的高污染与高浪费同步的问题，归根结底都是因为没有贯彻从科学发展观到生态文明的发展战略。

《中国经营报》：农业生产过剩的确很少听到，我们更多强调的是保证粮食安全。

温铁军：这种倒掉牛奶、埋掉果菜等教科书式的农业过剩现象已多次出现。因此，指出生产过剩不是我的发明，而是资本主义时代的 ABC。马洪、陆百甫等老一辈经济学家及我们同辈的林毅夫，都先后在 20 世纪 90 年代末期指出中国出现生产过剩危机。现在产业资本过剩是明显的，但农业领域中的过剩从没有被真正承认过，这是不符合科学发展观的。当然，学术界内部大家都讨论过这个产业过剩问题，认为我们现在的做法是用远期过剩掩盖当期过剩，这恐怕也是政策界的共识。这样的共识却很少出现在公共媒体上，除了媒体的失职，背后也有利益集团的急功近利在作祟。

《中国经营报》：现在讲述 20 世纪 40 年代大饥荒的电影《一九四二》上映了，是不是国人对饥饿的集体记忆太深了，所以更强调粮食安全？

温铁军：我不能解释电影，只能说客观事实是什么，而且这都是有国内外的研究数据作为依据的。这数据也不是我发明出来的，我只不过摘引了这些数据。每年农民都被农产品价格波动折腾得死去活来，难道不是我国农业引入后殖民主义的大生产理论在半个世纪的实践中已经造成过剩的最好例证吗？

二、西方大规模农业产业化之路在中国走不通

《中国经营报》：产业资本和农业生产双双过剩，而你对产业资本进入农业也一直保持很警惕的态度？现在有所改变吗？

温铁军：那是因为在当年农业产业化的始作俑者中有我，彼时决策层要搞产业化农业，我是农业产业化政策的首批研究人员之一。但我当时就在研究报告中指出，通过拉长产业链的方式增加农业收益的政策思路符合一般经济理性，但检验农业产业化成功与否的标准不是看产业资本的收益，也不能简单看农业装备系数提高了多少，农业科技进步贡献率提高了多少，而是要看作为第一生产力的农民，在这个过程中的收益到底增加了多少，组织化程度提高了多少。如果农民达不到这个产业的平均收益率，那就不能认为农业产业化成功了。我在90年代中后期提出坚持"三农问题必须以农民为首"的政策思想，但至今没看到任何有关产业化政策文件强调过这个检验标准。

《中国经营报》：通过引入产业资本提高农业的装备水平，走大农场的模式，你不认可这样的路径？

温铁军：我从来没有反对或同意，作为一个坚持客观立场的学者，应该是坚持去价值化的研究，我在其中没有任何利益，为什么要表示对错呢？我只想说，客观情况是，以现在的农业政策思路和所谓产业化农业的发展模式，造成的客观后果是：农业从提供双重正外部性的产业变成了制造污染和食品安全恶化的双重负外部性的产业。

《中国经营报》：近年来，不断有新闻曝出大型国有企业，或者民营资本、跨国企业，进入农业领域，这个趋势似乎不可逆转？

温铁军：这个问题大概在1996年前后就被提出了。当时是三九集团牵头28家大型工商企业提出推进农业产业化的人大提案。这个提案是农业部转到我们手里，由我处理、回复的。从那时开始，工商业资本促进农业产业化就破题了。可以说，现在这些企业进入农业和十五六年前的那些提法，并没有本质上的差别。

一般而言，资本化农业一定必须靠土地和其他资源的规模化，通过占有更大规模的绝对地租，来支付提高农业的装备系数、设施化农业水平的巨大成本。但是，西方只能靠殖民化才能走这种大农场模式。从国际经验看，只有美加澳这些殖民地国家才有大农业模式，主要是通过外来殖民者大规模占有原住民土地，才能形成绝对地租的总量增加，由此来对冲掉资本化过程中的投入成本。但从90年代后期开始，欧盟和日本都逐渐放弃美国式的农业产业规模化的做法，因为它们不是殖民地，也不可能解决污染问题。如果真的想强调生态文明，就应该知道，把上万头牛集中到一起打嗝、放屁所造成的甲烷污染比汽车尾气的污染要严重得多。但目前我们农业领域中的决策者仍然坚持这样高污染的道路，这是值得社会反思的。当然，这算是带有价值判断了。我只想告诉大家，美加澳式的大农业，是因为它们大幅度减少了原住民人口造成地广人稀，相对污染分布就不那么集中。但在中国这样100%的原住民国家，本来就人口众多，并且农业已经造成严重面源污染的情况下，如果听任资本集团推进这种大规模资本化的农业，其结果就是农业污染和食品安全问题日趋严重。

《中国经营报》：但很多人认为农业只有实现规模化、产业化，才能真正解决食品安全问题？

温铁军：这些似是而非的提法，大都是有一定利益背景的，我们不参与争论，也不去辩驳。我只想讲基本事实。亚洲只有一个国家是以大规模农业为主的，那就是菲律宾，它被殖民化了400年，才形成了西方人留下的大种植园经济。而即使是像印度这样的半殖民地国家和日本韩国这种高度工业化的国家，至今也还是小农经济。在整个亚洲大陆，恐怕也找不到支持农业大规模产业化的可验证的经验依据。我做了40多个国家的比较研究，才敢拿出有自己经验依据的说法，在这样严肃的发展战略讨论中可不敢拿本教科书就胡说，更不敢坐办公室拍脑袋。

三、城市化是一个资本集中和风险同步集中的过程

《中国经营报》：你对城市化也一直持否定态度，认为那只是一个梦想。现在随着经济增长压力的加大，很多学者还是会把城市化作为中国经济未来增长的主要支撑，你的观点是否有变化？

温铁军：不是观点变化，而是不断调研和反思，提高认识客观世界的能力。通过长期的国际比较研究，我提出过一个基本判断，在大型发展中国家中，我的确没有看到城市化成功的典范。如果有谁看到了请告诉我，我会虚心学习。有相当多的发展中国家城市化率很高，比如巴西、委内瑞拉等，但都出现了"空间平移集中贫困"的规律性现象，也即大量出现贫民窟。那是社会的灰色地带，黑势

力滋生，黄赌毒泛滥，正规的国家制度难以有效执行，所以才有巴西出动国防军镇压黑社会、墨西哥正规的警察无法抗衡毒贩的现象发生。中国到目前为止已经通过诸如西部大开发、东北老工业基地振兴、中部崛起等一系列的国家大规模投资，相对地解决了原来的"准贫民窟"问题。现在我们的城市化率尽管达到了51%左右，但其实仍然有数以亿计的人沦为城市边缘的"蚁族"，稍有不慎他们就会变成贫民窟式的灰色生存群体。

在中国，农民进城要考虑两个关键问题。一是现在农民工按照国家要求上社保的比例不到20%，为什么？因为现在农村建立社会保障的成本低于城市，农民工一般不需要在城里再建另外一套自己额外交钱的保障，更何况城乡二元分割，农村的保障带不进城市，城市的保障带不回农村，各地政府让农民工缴纳社会保险，这就客观导致农民工负担加重、本地财政占便宜。二是农民进城前后的身份变化。在农村，农民有房子有地，相当于"小资产阶级"，你让他变成产业工人，意味着变成无产阶级，有人愿意从小资产阶级变成无产阶级吗？改革开放前，农民没有地，仅有房子，城市工人却生老病死有依靠，工农之间的差别相当于中产阶级跟贫民的差别，所以农村才会出现一人当工人、全家都幸福的情况。现在还是这样吗？我不反对城市化，只是提醒政策制定者要多做实际调研，别拍脑袋下结论。

《中国经营报》：但中国的城乡二元结构，最终是要通过城市化进程来解决吧？

温铁军：其实那也是反生态文明的观点，经过这10多年的国际比较研究，我们的意见也都向上反映了。现在看来决策层应该是听进去了，他们强调中国要加快城市化进程，但我们的城市化是通过城镇化来实现的，"十一五规划"谈到新农村建设的部分，重点强调了县域经济发展，那要依托于两大内容——中小企业发展和城镇化。这个政策思想，跟一般意义上的加快城市化是不同的。更进一步从理论上讲，城市化其实是一个资本集中和风险同步集中的过程。城里人现在享受的是资本的溢出效应，但同时能不能有效地把城市化的风险弱化掉，就要考验政策艺术或治理能力了。

《八次危机》中提出，以往遭遇的八次社会经济危机凡属于能够向农村转嫁成本的就都实现了"软着陆"，凡属不能向农村转嫁就会"硬着陆"。当我们把农村彻底"化"掉的时候，危机实现"软着陆"的条件就没有了，而"硬着陆"在中国这样的人口大国一定会引发社会政治动乱。别说我危言耸听，现在城市出现这么多群体性事件，不是已经足够警醒了吗？是想让内部矛盾分散化，还是想让矛盾集中起来爆发，这是事关和谐稳定的大问题。决策者千万别被少数利益集团左右，因为城市化一定程度上意味着资本，特别是房地产资本和金融资本相结合的资本扩张，意味着这些利益集团攫取更大规模的利益。

《中国经营报》：你还认为，因为基本土地制度改变——主要是"新增人口不分地"，导致现在城乡矛盾的集中，这怎么理解？

温铁军：现在所谓"80后""90后"的农民的父母大多四五十岁，尚处于农业劳动力的主力状态，占9亿户籍农民人口的多数，在"新增人口永不分地"的政策前提下，那就意味着这部分农村劳动力的相对结构性过剩问题的恶化。再加上，现在农村的教育培训很多是进城打工的技术培训，这就导致新生代农民很难再融入农村生活，成为城市边缘人。其中大部分在城里不愿意当产业工人的，就回乡在农场中变为农业工人，还是把小有产者变成无产者的思路，只有站在资本的立场才有这种思路。但，这种思路不能保证长治久安。

《中国经营报》：你说新生代农民工正在形成一个新的工人阶级，这其实是一个挺吓人的说法。

温铁军：这只是我作为一个学者对客观经验的归纳，并不意味着我主观上有任何倾向。我还可以更直白地说，中国当代的资本家阶级比西方工业化时期的资本家阶级更为直接地亲手制造了自己的掘墓人，因为他们对农民工是搞集中化管理的。为什么出现 13 连跳？是因为尽管工厂有娱乐室、读书室，但同时高度集中劳动、集中居住、集中吃饭。24 小时都集中起来，更加使其参与到具有准军事化的高度组织化特征的训练中。当农村土地不能再分配，断了他们回家乡去当"小资"的路，城里又把本来不愿意当产业工人的农村青年逼成高度组织化的工人阶级时，可不就有马克思主义经典理论 100 年不能落地、现在终于得以落地的机会了吗？

四、未来应学习日韩走综合性合作社道路

《中国经营报》：农民的地权问题如果能得到落实，是不是就不会出现你说的那种无产化的后果？现在好多问题都纠结在土地上了。

温铁军：中国近代史上就是有某种纠结。孙中山提出"节制资本、平均地权"的旧民主主义纲领的时候，就明确了"土地涨价归公"的政策思想；然而，辛亥百年了，国民党和共产党都做不到。如今在中国加快私有化改革和纳入全球资本主义竞争的条件下，情况更加复杂。

当产业过剩的时候，产业领域的投资者不可能获得社会平均收益率，于是资本就离开产业，变成一个异化于产业和社会的金融资本，这种异化的金融资本最可能直接结合的就是地产资本，而地方政府由于从来拒绝跟中央政府分享土地变现收益，从而最鼓励这种结合。因为，我国现有经济体制的基本特点是："中央政府承担最终风险责任条件下的地方政府公司化恶性竞争。"中央因为要承担国家主权和社会稳定责任，因而要保证粮食安全、农村稳定等，所以三令五申禁止滥征滥占农民土地，但地方政府在招商引资过程中的长期亲资本政策已经成了"路径依赖"，再加上金融和地产之间的结合在任何体制下都是天衣无缝的，中央实际上没有手段去控制这种紧密结合。由此，出现宏观调控的两难：现在中央如果强力控制地产价格暴涨，那地方政府圈地套现获取实际资金额度和收益就会下降，地方政府融资平台的累积债务危机就会爆发；但如果不调控地产价格，那就会重蹈日本在20世纪90年代初遭遇泡沫崩溃的结果。这个两难的调控到现在为止还是两头受气，中央政府的平衡术已经做到极致了，已经很艺术了。因此，今天的土地问题根本不是私有化不私有化的问题，而是如何打破金融资本和地产资本结合的国际性难题。

《中国经营报》：那么你认为，未来中央政府和地方政府会以一种怎样全新的政治安排，才能真正解决这个问题？

温铁军：中国的政治体制改革并不是人们所说的，按西方体制如何重构的问题，而是"条块分割、尾大不掉"，是中国当今政治体制的核心问题。这其实是延续了几千年的不断发生的中央失控，根本不是简单照搬西方政治制度就能解决的。这是对十八大后新的领导集体的真正考验。

《中国经营报》：在当前情况下土地制度应该怎样改革？

温铁军：与农民和村社权益高度相关的土地问题，历来是中国稳定的第一要务，是国家稳定的政治合法性基础。历代统治者维稳的核心政治就是向农民承诺平均地权，同时遏制任何集中占地的趋势。中国五千年的农业文明社会，历朝历代都通过均田免赋、遏制地方豪强吞并土地来稳定国家，当代中国改革也是逐步均了田，28年之后又免了赋，但是现在要破坏均田免赋、促进豪强大族对土地兼并集中的势力影响很大。

《中国经营报》：你多次提出中国农民应该借鉴日韩的经验，走综合性合作社的路子，但现在很多农民其实对所谓的合作组织也是若即若离的感觉，使得很多地方的合作社形同虚构。

温铁军：农民组织从来就是不可能自发形成的，指望一般市场手段来形成农民组织那也是不符合新制度经济学理论的观点的。因为诺斯和科斯的理论都讲得很清楚，当市场交易因交易对象过大而无法交易时，就得形成科层组织体制，那就是建立企业，因此企业是反市场的组织，这其实是对所谓市场是看不见的手的一种反对意见，相对于新古典经济学则是带有革命性的理论创新。现在我们虽然承认交易费用理论，但是却仍然以为高度分散的农民会自发形成科斯所说的反市场的组织。何况在农村基层困难重重的条件下谁能自发？不可能的。

五、怎样认识中国新崛起的中产阶层及国企管理精英

《中国经营报》：说到阶层变化，一般认为当中产阶层占多数，即形成橄榄型结构时，社会就会处于相对稳定状态，你却在书中提醒执政者，中产阶级崛起过程可能带来社会的不稳定，怎么解释？

温铁军：中国不具有橄榄型社会结构的条件，除非你把农民的地权剥夺了。中国的社会结构是一般发展中国家难以具备的金字塔结构，底层社会百分之六七十是小有产者，也包括小有产者家庭派生的农民工。而熟悉中国农业文明史的老一代执政者跟小有产者的关系最容易处理，因为那时候在农村有村社共同体，在城市有单位共同体，小有产者人身依附于共同体。现在城市单位解体了，村社也面临解体，许多分化出来的人被称为中产阶层，其中也有大量的近郊"小资"农民通过卖地变身为"中资"。

在我们国家，个人所得税占的比重只有百分之六点几，即我们的中产阶层不同于西方通过纳税来表达社会责任的中产阶级，所以，

现在中产阶层的利益诉求是散乱的,只通过网络来随意表达,很难整合。这就带来了社会治理的巨大挑战。例如,杭州市委认识到,在当地户籍人口中,中产阶层已经占到了50%左右,政府必须面对中产阶层崛起所带来的治理挑战,所以委托我们做了两期课题,主要研究方向就是怎样调整治理结构,为中产阶层的崛起提供良性治理?政府怎样才能帮助中产阶层组织起来?怎样让他们逐渐理性地表达利益诉求?

《中国经营报》:现在有没有一个大概的结论出来?

温铁军:在中国,政府治理做出结构性调整本来就是与时俱进的表现。建设所谓公民社会不能只是贩卖西方与中产阶级崛起同步发生的自由主义思潮。首先要靠中央政府下决心推行税制改革,改变以间接税占92%的税收结构,让中产阶层成为纳税人,由此演变成为所谓的社会责任担当者。其次,要开放各种各样的社会组织,要允许人们以自己的剩余来搞各种公益性的社会活动,政府不要再对社会发展大包大揽,因为越是散乱的利益表达,政府治理面对的信息成本就越高。

《中国经营报》:那金字塔的顶端呢?

温铁军:中国最具有"自觉"特点的其实是在金字塔顶端的大资,同时最不愿意自觉的也是大资。中国大资的获利领域主要靠国家政策,由此而最自觉地意识到必须维持国家稳定。但其实大资中相当部分人根本没有理念。因此,他们所作所为又好像有捞一把就走的那种恶作剧的感觉，成为最不愿意自觉的群体。

对此，我得先强调：国有资本是一回事，控制国有资本运营的大资精英群体是另一回事。这里说的大资，主要是指国家出资的国有垄断部门的代理人。我认为应该借鉴内部人控制理论去好好地规整这类大资精英，因为他们把事情看得很清楚，但又最不想承担责任。因此，这个连大多数上市公司都难以解决的内部人控制问题，才是中国大资精英对国家和社会构成的真正威胁。

《中国经营报》：怎么规整呢？

温铁军：国家作为国有大资本的所有者，在当前主要面对全球化中的硬实力和软实力挑战，必须使用国有大资本作为主要手段加入国家间的全球竞争，因此，也就必须有足够的手段使大资中的精英群体全面体现国家意志。一是短期即可操作的政策：实行阳光法案，公布董事会成员和科以上干部及其亲属的财产来源，便于社会监督；同时，国家应该明确占有全部收益用于再分配，严肃查处并且公布那些挪用国家收益的人员名单，从法律上禁止这些挪用者得到在相关领域就业的机会。二是长期应该列入储备可以深入讨论的政策，例如，在私人资本、外国资本权益清晰的压力下，把国有企业的全民所有制基本属性通过财产关系安排具体地体现出来。

此处补充的是：中央政府必须加强国有大资在地缘战略和币缘战略中的布局作用，以此构筑中国参与国家间竞争的条件。

《中国经营报》：本届领导刚上台，就给农民减税，你认为是还账，并且认为这是政改的前提。十八大以后，新一届领导人要启动

政改的话也是先还账？

温铁军：中国终于成为工业化大国了，但工业化的资本原始积累本来是靠占有两代劳动者的剩余价值才形成的。尤其是在农村，主要通过剪刀差和集中使用劳动力来形成国家资本。有人算过账，农村对城市资本的贡献大数是 17 万亿元。因此，给农民减税、增加"三农"投入，都还是部分地还账。现在一些利益群体要想让资本排他性地占有独立的收益，不还账的话，社会矛盾是解决不了的。

我举个最简单的例子，15 年前我首次装电话的时候，除了要好烟好酒送给那些来装电话干活的人，还要去电话局交 5000 元装机费，为什么？电话局明确告诉我们是因为进口了设备，这个设备钱老百姓就得出。那我出了这部分钱，就应该成为电信企业的出资人。但现在电信的原始积累阶段过去了，变成国有大型垄断公司了，那么它的收益都是自己的吗？当年它形成资本的时候，那些普通出资人的付出就能被否认吗？

中国经济发展中形成的政策逻辑是先形成国家资本，然后庞大的国家资本产生收益了，政府再通过二次分配向社会投入，这么做符合一般国家的经验，我当然赞成。比如现在向"三农"的投入，改善农村电网、给农民建立社保等，这些都是还历史的欠账，何时还完要征得当年付出者的同意。

后　记

本书，是温铁军及其科研团队长期努力开展调查和比较研究的成果之一。

我们坚持"没有调查就没有发言权"的原则。为了形成本书的思想，我们在2008年华尔街金融海啸爆发的时候去了美国纽约。在"欧猪"债务危机爆发时去了意大利、希腊、西班牙、爱尔兰作考察。在世界寄望于金砖四国缓解危机的时候，我们去了巴西、委内瑞拉、印度、埃及、土耳其、墨西哥等发展中经济大国。此外，我们团队还有很多青年教师和学生去南非、印度、尼泊尔、巴西、泰国、韩国作实地调查。至于国内调研，自不待言。

2008年以来，我们每半年组织一次思想务虚会，亦称宏观形势分析闭门会。历次会议上参与观点讨论的有王建、高梁、张木生、汪晖、陆学艺、崔之元、胡鞍钢、王小鲁、张晓山、王湘穗、康晓光、钟伟、张文木、汪三贵、周立、马九杰等国内知名学者。此外，我们还向伊曼纽尔·沃勒斯坦、萨米尔·阿明、弗朗索瓦·浩达等一批海外资深学者当面请教。

科研团队中参与本书调研、写作、资料整理和翻译等任务的人员如下（根据工作排序）：

温铁军、董筱丹承担了本书理论逻辑建构和书稿起草、文字修改等工作。

刘健芝、黄德兴、薛翠等参与了本书观点讨论，承担了相关文章和资料的翻译工作。

刘海英、谷莘和陈传波承担了收入本书第二部分内容的相关会议的组织和财务等工作。

刘海英、杨帅、石嫣、程存旺、李晨婕、王平、邱建生、兰永海、曾天云、张琴、武广汉、胥梦秋、张艺英、周华东等参与了观点讨论、资料收集和整理等工作。

借此书稿付梓之际，我们团队特向相关各方致以诚挚谢意。

首先应该感谢的是中国人民大学纪宝成校长、程天权书记和担任中国人民大学可持续发展高等研究院院长的冯惠玲副校长对我们近年来开展的跨学科的广泛的国际比较研究所给予的全力支持。同时，也应该感谢中国人民大学各有关部门，特别是科研团队所依存的中国人民大学农业与农村发展学院及其党政办公室全体工作人员，如果没有领导们对我们科研团队这种实践与认识相结合的创新活动的大度宽容，就不可能有这些因与目前高校学科分野和制式教育难以吻合而略嫌另类的科研成果发表！

其次应该感谢的是联合国开发计划署（UNDP）中国代表处对我们研究、写作和翻译等工作的支持和资助；同时感谢国家 985 二三期项目、国家社科基金、国家自科基金，以及教育部人文社会科学基金项目、北京市交叉学科重点项目、首都经济学科群建设项目等诸多方面给本项研究的资助。

第三要感谢海外各界朋友对我们的帮助，感谢那些几十年来热心参与我们的讨论（包括争论）、不厌其详地介绍他们的多样化实践和思想创新，特别是引导我们深入考察各种政治经济现象的当地志愿者。是他们不辞辛苦地带我们走进偏远农村、游击区和大城市的贫民窟，是他们给我们打开了一扇又一扇世界之窗。正是在各国在地化的这些热心群众的指引下，我们才能形成去意识形态化、广泛借鉴多元文化的思想境界。

写作本书，意在正本清源，错漏之处在所难免。唯愿批判者推陈出新。